教育是美好的修行

汤勇 著

长江出版传媒　长江文艺出版社

图书在版编目（CIP）数据

教育是美好的修行 / 汤勇著. -- 武汉：长江文艺
出版社，2021.11（2022.10 重印）
ISBN 978-7-5702-2414-2

Ⅰ．①教… Ⅱ．①汤… Ⅲ．①中小学教育—教学研究
Ⅳ．①G632.0

中国版本图书馆 CIP 数据核字（2021）第 201643 号

教育是美好的修行
JIAOYU SHI MEIHAO DE XIUXING

———————————————————————————————————

选题策划：秦文苑
责任编辑：马　蓓　王雯雯　　　　　责任校对：毛季慧
封面设计：柒拾叁号　　　　　　　　责任印制：邱　莉　王光兴

———————————————————————————————————

出版：长江出版传媒　长江文艺出版社
地址：武汉市雄楚大街 268 号　　　　邮编：430070
发行：长江文艺出版社
http://www.cjlap.com
印刷：武汉中科兴业印务有限公司

———————————————————————————————————

开本：720 毫米×970 毫米　　　1/16　　印张：19.25　　　插页：1 页
版次：2021 年 11 月第 1 版　　　　2022 年 10 月第 5 次印刷
字数：265 千字

———————————————————————————————————

定价：45.00 元

———————————————————————————————————

教育有"毒"

看到这个题目，很多人会吃惊。

教育是塑造人，塑造人的心灵，塑造人的未来的事业，教育是美好的，教育承载着神圣，教育充满着期待，教育令人向往。教育怎么会有"毒"呢？

有一首叫《香水有毒》的歌，大家应该耳熟能详，歌词大意是说一个人一旦坠入了爱河，陷入了情网，便难以自拔，于是诅咒"香水有毒"。

从事区域教育管理十多年，全身心投入教育，用心用情用良知做教育。教育，成了我生命的全部，我整个生命似乎全部融入了教育，我也把生命中最好的年华给了教育。

为了教育，我放弃了世俗眼中所谓的很多"发展"机会，远离了喧嚣与浮躁，抛开了功利与各种困扰，用一种平和与从容，一种淡定与宁静，潜心于教育，执着坚守，不离不弃。

为了教育"超期服役"，按规定，在一个岗位不能超过两届，也就是十年，我从事区域教育管理近十二年，打破了规定，必须交流。

受教育耳濡目染，与教育相厮相守这么些年，对教育有了一种虔诚的信仰，一种特殊的情感，一种挥之不去、难以割舍的情谊，这或许就叫情怀吧！

当安排我离开教育的时候，我记得当时的感受，就像与心爱的人生死离别一样，内心承受着一种煎熬和不尽的痛，我最终选择放弃一切，做一个纯粹的教育人，传播陶行知教育思想和自己这些年所积淀与倡导的"朴素而幸福的教育"理念。

为了教育，我带上心的火种，以布道者的姿态，以"花婆婆"的精神，以在"油锅里捞孩子""捞一个算一个"的信念和勇气，不停地行走。不管寒暑秋冬，也不论路途遥远，我都马不停蹄，四处奔走，从未停歇。坚持用脚步丈量教育的世界，用步履书写生命的答卷，用一路留下的足迹诠释一个教育人的铮铮誓言和不懈追求！

为了教育，我从未勒住思考的缰绳。人是会思考的芦苇，人因思考而走向成熟，走向深邃，教育因思考而走向本原，走向美好。这些年，我魂牵梦萦的是教育，日夜思考的是教育。对教育的冷静思考，对教育现象的深刻反思，让我对教育有了理性的认识；让我对教育的情愫，犹如陈年老酒一样，恒久弥香；让我的每一段时光，都因教育而留芳，对每一个"嘀嗒"，都因教育而充满希望。

为了教育，我坚持不断地阅读和写作。阅读是站在巨人肩膀上做事；写作，则是站在自己肩膀上飞翔。每天不管怎样忙，怎样累，我都要坚持阅读，读教育报刊，读教育理论书籍，读经典人文读物；我都要坚持关注教育热点，写点教育文字，记录教育生活，讲述教育故事。

白天不行，就利用晚上时光，哪怕是在凌晨都要补上当天的课。如果一天不读点东西，不涂鸦几笔，总会感觉这一天空落落的。读书与写作，似乎已经成了我的一种生活方式，一种生存需要，一种生命状态了。

你说，这不是教育有"毒"吗？

这"毒"，让我"中毒"太深！随时想的是教育，琢磨的是教育，玩味的是教育，惦记的是教育。

清晨，眼睛一睁，眼前晃动的是教育，思考的是教育；白天，聊到的是教育，奔波的是教育，碰撞的是教育；晚上躺在床上，回味的是教育，展望的是教育，甚至在梦中，梦到的还是教育。

感觉，今生今世我就是为教育而生，为教育而活，只有教育，才适合自己，才对自己的路。其他的一切，我都没有兴趣，都不关乎自己，对这些都没有情感，都提不起兴致。

对教育之"毒"，我要由衷感谢。

是这教育之"毒"，让我熟谙了教育的博大精深，懂得了教育的气象万千，知晓了教育的本原真谛，也洞悉了教育的千疮百孔。明白了教育对于一个国家和民族，对于一个社会和家庭，对于一个个鲜活生命成长的意义，更深知一个教育人肩上所扛的沉甸甸的责任和使命。

是这教育之"毒"，让我全身心投入其中，全神贯注，如痴如醉，如癫似狂，达到了忘我的境界，体验并享受到了沉醉的感觉，美妙的时光，幸福的滋味。

是这教育之"毒"，让我能够单纯地做事，能够创造性地做事，能够做自己喜欢做的事，能够做实现自己的人生意义和人生价值的事，让我这样一个平凡而普通的人，因被赋予了"教育"的元素，烙上了"教育"的因子，而让自己都能感受到一种精彩。

是这教育之"毒"，给我注入了一股强大的动力，给我提供了一种巨大的精神支撑，让我在教育路上尽情地观赏沿途的绚丽风景，在教育的画卷上涂抹上属于自己的一道道色彩，在教育的诗与远方上添加一束源自心底发出的光芒！

教育这"毒"，我愿这样一直"中"下去，直到岁月远去，慢慢变老！

汤勇

2021 年 9 月 3 日于四川阆中

目　录 | CONTENTS

第一章

教育心语

让理想烛照教育

一个印度人看到一只蝎子掉进水里，便急忙伸手，想把蝎子救上来，他的手刚碰到蝎子的时候，不料被蝎子蜇了一下。那个印度人尽管被蜇，但他还是想救蝎子，于是再次把手伸进水中，蝎子再次蜇了他。

这时有人问他："蝎子这样蜇你，你还救它干吗？"印度人说："蝎子蜇人，是它的理想，爱是我的理想，我怎么能因为它蜇人的理想，而放弃我爱的理想呢？"

雨果曾说，世上有一种东西比所有的军队都更强大，那就是恰逢其时的理想。

人不能没有理想，教育不能没有理想，作为传道、授业、解惑的教师，则更不能没有教育理想。那么，教师为什么不能没有教育理想呢？

教育是人的事业。十年树木，百年树人。教育不是一蹴而就，一步登天，需要我们坚持不懈的付出，需要我们一如既往的追求，需要我们水滴石穿般的坚守，需要我们咬定青山不放松的执着。

如果教师没有教育理想，则很难做到锲而不舍，坚而不疑，困而不惑，挫而不止，败而不馁。

教育是慢的事业。教育就像种田，需要时令与季节的酝酿，需要耐心与细心的加持，需要润物无声与细水长流的滴灌；教育如煲汤，需要"小火慢炖"的火候，需要舒缓连绵的节奏，需要静候花开的工夫。

因而，教育需要倾听，需要等待，需要放慢脚步，需要"牵一只蜗牛去散步"。如果教师没有教育理想，他会有这份淡定与闲适，这份期待与耐性吗？

教育是用心的事业。教育是"一棵树摇动另一棵树，一朵云推动另一朵云，一个灵魂唤醒另一个灵魂"。因而教育是需要静心潜心，需要全心投入，需要用整个的心去做整个的事业，而不是浅尝辄止，得过且过，应付了事就能干好的事情。

教师如果没有教育理想，就不可能心无旁骛地去面对每一个平凡而又平淡的教育日子，也就不可能激情而诗性地同孩子们过一种优雅而幸福的教育生活，完全有可能被卷入世俗喧嚣与浮躁的洪流中，亵渎教育，贻误事业，失去自我。

教育是面向未来的事业。教育虽着眼于现实，但它是面向未来培养人，培养能走向未来的人。

教育要走向未来，要有新作为，这就要求教师不能苟且于现状，不能功利于现实，要有梦，要学会做梦，要立足全局，要胸怀远方，要心系未来，要塑造面向未来的教育，要做面向未来的教育者。要做到这些，教师如若没有教育理想，是很难做到的。

教育也是存在诸多尴尬的事业。教育本来是美好的，温馨的，富有诗情画意的，然而一方面由于单一的评价，所主导的唯分数的教育，一味刷题的教育，只有考试的教育，彻彻底底的应试属性的教育，让老师戴上沉重的枷锁，坠入应试教育的深渊，难以舒展身心，难以自由呼吸。

另一方面来自方方面面的形式主义和各种人为负担，分散了教师的大量精力，给教师增添了诸多的压力，让教师失去了宁静的讲桌，不能静下心来教书育人。

如果教师没有教育理想，就会逆来顺受，完全陷入应试的泥淖而不能自拔，就不会去寻求改变，完全沦为应试的俘虏而心甘情愿，就只会戴着镣铐张牙舞爪，而不会跳出优美的舞蹈。

教育更是夹杂些许悲凉的事业。教师职业本来是备受尊崇的，然而现实中，一方面来自社会的不理解，要求老师是神，不是人，要求老师是完人，要绝对高尚，不能有丝毫差错闪失，否则便是不依不饶，百般刁难。另一方面来自家长的不理解，常常因为对其孩子的严格要求，或者孩子在校园里的一点小擦剐，而大闹校园，辱骂老师，有的还扇耳光，逼教师下跪，让老师情何以堪，充满不尽的心酸。

面对这样的一些无助与悲凉，试想，如果教师没有教育理想的支撑，他会有信心、有勇气去诠释职业的意义，去演绎这欲哭无泪的教育人生吗？也许最终自暴自弃，自甘堕落，堕入"灰色的人生地带"，便是一种必然。

林语堂先生说过："梦想无论怎样模糊，总潜伏在我们心底，使我们的心境永远得不到宁静，直到这些梦想成为事实。"

我以为，教师有了教育理想，就不会因循守旧，亦步亦趋；就不会安于现状，不思进取；更不会迷茫沉沦，消极厌世。他们会不忘初心，不易素心；会勇于变革，不断突破；会满怀希望，心有向往；会创造条件，追求卓越。

教师有了教育理想，就有了强烈的责任意识和使命感，就有了对事业的执着追求和孜孜以求，就有了对自我的挑战和不断超越，就有了对良知的捍卫和对寂寞的坚守。

教师有了教育理想，就有了直面现实困惑与各种烦心的坦然，就有了忍受生活艰辛和挫折的底气，就有了感悟生命历程和创造喜悦的豪迈。

教师有了教育理想，就有了对职业不悔选择的坚定信仰，就有了对神圣事业快意追求的豁达从容，就有了不媚世俗抵制反教育的勇气和行动，就有了对教育走向未来的憧憬和探索。

教师有了教育理想，就有了在心中燃烧起教育理想熊熊火焰的热情，就有了使平凡的教育工作每天都荡漾着不尽快乐的激情，就有了让平常的教育细节都时时展现出奇妙的智慧，就有了把平淡的教育人生都书写出生命的精彩与传奇。

"外面是一片漆黑，一个人正在爬行，他手上的指甲已经磨破，他的脚上缠着破布，布上浸透着长途跋涉留下的鲜血。"这是美国学者房龙在《宽容》一书序言中塑造的探索者的形象。他翻过蜿蜒绵亘的山脉，穿过深邃破败的溪谷，走过漫无边际的荒野乱石，归来时已是遍体鳞伤，却因为触犯权威而受到最严厉的惩罚，然而他的脸上带着微笑，眼中放出喜悦的光芒："我已经找到一条通往更美好家园的大道，我已经看到幸福生活的曙光。"

行走在教育的路上，也许这一路免不了雨雪风霜，免不了坡坡坎坎，也许用尽一生也无法实现自己的教育理想，但只要我们心若在，梦若在，并顽强地坚持，我们就可以离理想的教育很近，很近！

你真正的生命是你的思想

一个人真正的生命，是一个人的思想，人因思想而存在，人因思想而独立，人因思想而伟大。

人的生命除了身体的生命外，还有思想的生命。一个人没有思想徒有身体，那是活着的躯壳，或者仅是会说话、能吃饭的动物。一个有思想的生命，才会让人成为真正的人，让生命成为真正的生命；才会让我们拥有一个丰富而美好的精神世界；才会给我们的心灵以温暖而温馨的慰藉，给平淡的日子以清新而明丽的感动。

现在很多教师停留于平庸，我以为不是能力上的平庸，而是思想上的荒芜。是什么造成教师思想上的荒芜呢？

一方面，自我封闭，与外界隔绝。两耳不闻窗外事，一心只教圣贤书。一名好教师一定是对周遭，对外部世界，对时代脉搏保持着敏感的人。只有与周遭、与外部世界和时代脉搏主动保持着血肉联系的教师，他才会生成思想，独树一帜，与时俱进，终身发展。

另一方面，埋头拉车不看路，长期瞎忙乎。两眼一睁，忙到熄灯。成天忙得不可开交，忙得不亦乐乎，忙得晕头转向，忙得焦头烂额。到头来，竟不知道忙些什么，为什么而忙。

心亡则忙。人最大的痛苦并非忙碌，而是瞎忙碌，不知道忙碌的是什么，乃至忙碌而无效，忙碌而无为，品尝不到忙碌的成果，体验不到忙碌的意义，感受不到忙碌的价值。

同时，把自己当成了一台机器。或者机械地重复，没有创新，也没有超越，只是年复一年地重复着相同的工作，日复一日地重复着昨天的故事；或者把自己与学生一同捆在应试教育的战车上，一起拼杀，为分数而战，饱受应试的折磨，备受分数的折腾；或者不再有自己的见解和主张，不再有自己的思想和灵魂，被动地被编程，木讷地在执行，一切都是亦步亦趋，照本宣科，依葫芦画瓢。

只有个性才能塑造个性，只有灵魂才能唤醒灵魂，只有热情才能带动热情，只有激情才能迸发激情，只有思想才能点燃思想。

有思想的教师，就有了自己的头脑，就有了自己的话语体系，在学科教学中就能驾轻就熟，信手拈来，左右逢源，得心应手，在教育实践中就会具有学生立场，把学生当学生，让学生站立于教育的中央，让自己站在成全"人"的发展的高度，把学生培养成他应该成为的他那样的人。

有思想的教师，就会坚持生活信条，坚定人生信念，坚守教育信仰，就不会人云亦云，鹦鹉学舌；就不会成为墙上芦苇，摇摆不定，见风使舵，看脸色行事；就不会被喧嚣的社会，浮躁的心态，功利的教育所湮没和吞噬，就不会忘掉初心，易掉素心，丢掉宁静而美好的教育心；更不会让我们在还没有来得及改变教育的现实的时候，就被教育的现实改变了。

有思想的教师，就不会只盯着枯燥的知识、冰冷的分数而任其摆布，被应试无情绑架，也不会泯灭良知，跪着教书，丢失尊严。他会站在知识的原野，以他独特的视角和深沉朴素的姿态站立三尺讲台，用虔诚和执着把学生的目光引向灿烂而深邃的星空，从而教出一批批有思想，能够自信地面对未来的学生。

有思想的教师，他会善于学习、敏于求知、勇于试错、敢于质疑、勤于总结，他会通过思考、思考，再思考，去粗取精、剥茧抽丝、去伪存真、由表及里、由此及彼，形成自己对教育特有的、立体的、综合的、全方位的、多方面的深刻认识和系统思想，而不会唯各路所谓的"专家"马首是瞻，也不会一味地奉迎所谓的"模式""经验"，更不会迷茫游荡于当下的教育乱象而无所适从、躬身屈从、俯首称臣。

思想让人这根苇草成为一根能思想的苇草，一个好老师一定是有思想的。我们不奢望成为思想家，但至少我们应该成为一个教育的思想者。

用成长定义成功

我在想这样的一个现象和事实：

有一棵苹果树，它结了 10 个苹果，主人摘下 9 个苹果，苹果树自己得到 1 个，对此，苹果树愤愤不平，于是自断经脉，拒绝成长。

第二年，苹果树只结了 5 个苹果，主人摘下 4 个，苹果树得到了 1 个。苹果树想，去年得到了 10%，今年却得到了 20%，足足翻了一番，这下心理平衡了。苹果树又继续成长了。

如果苹果树第三年结 100 个果子，拿走 99 个，它得到的仅 1%，是不是它更会远离成长，拒绝成长呢？

其实，自己得到多少果子这是不重要的，最重要的是成长。

有了成长，苹果树就可以长成枝繁叶茂的大树，就有了按季节收获的，令人们羡慕的丰硕果实，那些曾阻碍自己成长的力量都是不重要的，也是微不足道的，曾经的或得或失都是用不着去计较的。

对于年轻老师来说，有很多东西或许值得我们去思考和关注，但我以为，个人的成长至关重要，我们更应该思考和关注的是自己的成长。明白这个道理，很多东西我们就可以释怀，就可以理性面对。

比如，一个先进名额，尽管你自己觉得非常优秀，非常够资格，而领导却给了其他同事，你一定要放得下，想得开，千万不要往心里去，更不要对得到荣誉的同志不舒服，甚至去作对。

比如，在某方面利益和待遇上，有可能遭遇到不公平，但你也要识得透，看得淡，这个世上，对于生命，对于健康，对于成长，才是自己的事，其他的东西，都是身外之物，生不带来，死不带去。

还比如，学校缺一个副校长，有三个后备人选，尽管旗鼓相当，但还是有些差异，根据综合考核测评，你排名第二，组织上拟按考核顺序，任用排位第一的，你也很有上进心，那么这时你的态度有三种。

第一种，不择手段，联合排第三位的，PK掉第一位。第二种，先把第一位搞掉，再把第三位搞掉，能够上就上，即或上不了，大家都搞不成，心理也平衡。第三种，支持第一位上，赢得老三的支持，继续做好工作。

显然你应该选择第三种，因为这既会帮你赢得下一次或更多的机会，又能赢得其他教职工对你人品的认知与接纳，更重要的是能促使你不断成长。

再比如，工作上多做点，多担当些，这绝对是好事，多一份承担，就多一份信任，多一份历练，就多一份机会，多一份成长，我们绝不能因为工作多干了，任务多承担了，就斤斤计较，叫苦不迭，牢骚满腹。

很多人只在乎成功，不在乎自己成长。我们来看看，什么是成功。

如果说结婚是成功，那么你只要领取一张结婚证，你就能达到成功，你成功之后如果面对的是一个没有共同语言，抑或是一个你不爱的人，这样的成功你觉得有意义吗？

如果说钱赚得多就算成功，那么有这样两个人，一个人赚了10万，挺满足，很快乐，还有爱心，承担了相应的社会责任，有人脉，赢得了人们的爱戴与拥护。

另一个人赚了500万，却嫌赚得太少，只晓得拼命赚钱，不顾一切，活得很累，后来身体还出了问题，而且连起码的一点责任心都没有，大家觉得他除了钱不缺，其他什么都缺，你说谁成功？

如果说成功就是考高分，如果我们的学生分数考得很高，但除了分数之外，其他的一切，包括人品、心态、情操、能力、身体健康都没有，要这种成功干啥？

如果考上清华、北大才算成功，每年能够被清华、北大录取的，可谓凤毛麟角，是不是考上其他大学的和没考上大学的，就都不算成功？

还有，成功不可模仿，每个人的情况不同，成功的条件、环境、路径是不一样的，比尔·盖茨没有读完哈佛，中途退学，却成功了，因为他拥有得天独厚的一些优势和资源，他的父母是IBM董事，如果我们每一个人都去模仿比尔·盖茨，是不是都能成为比尔·盖茨？

小猪和乌鸦同乘一架飞机，小猪听见乌鸦在头等舱对空姐吆五喝六，小猪觉得乌鸦好威风、好神气，感到乌鸦似乎就是它仰慕已久的成功人士，于是猪也学乌鸦的派头，对空姐指手画脚。

空姐气不打一处来，把小猪和乌鸦从五千米的高空扔了下去。这个时候，乌鸦对小猪说："哼，小样儿，我有翅膀，你有吗？"

成功不可复制，成功需要天时地利人和，成功需要机遇，机遇是不可多得的，他人有的机遇，不可能人人都有这样的机遇。

巴菲特8岁就去参观纽交所，是他国会议员的父亲带他去的，而且由高盛董事接待的，是不是人人都有这样的条件和机遇呢？

所以，我觉得，成功都是相对而言的，成功永远都是小概率事件，人人都想获得成功是不可能的。

如果我们仅把结果无限放大，把无限放大的结果定义为成功，然后不顾一切地去追求，就会错过生命沿途中的许多美好风光，就会让自己失去很多快乐和幸福，甚至还会干一些蠢事，种下祸根。

罗兰说："成功的意义应该是发挥了自己的所长，尽了自己的努力之后，所感到的一种无愧于心的收获之乐，而不是为了虚荣心或金钱。"

而成长作为内心的一个尺度，那是每个人生命所必需的。就像一粒种子，它不会在乎其最终的开花、结果，只要把它播在土壤里，它就会自然地生长。

同时，对于成功，可能会有人从中作梗，阻碍你的成功。而对于成长，比如你的身体成长、你的学识成长、你的专业成长、你的人格魅力成长，这是谁也不能阻挡的，也是阻挡不了的。

我认为，人这一生，只有一条路不能拒绝，那就是我们每一个人的成长之路。

我还觉得，这个世界一定是一个无法承担更多单一成功的世界；这个世界一定是一个从成功走向成长的世界；这个世界一定是一个每个人都能成长为属于自己的世界。

我所接触的许许多多的年轻老师，一路走来，靠自己的打拼，能够站立神圣的讲台，能够担负起教书育人的神圣使命，能够在工作岗位上取得不同程度的业绩，能够赢得方方面面的声誉和信任，这应该是不容易的，这从某一个角度，反映了一个阶段的成功。

那么，更应该面对和思考的是，我们如何成长。

我们应该明白，成长是自己的事，也不仅仅是自己的事。

成长是自己的事，我们应该努力让自己不断学习，不断思考，不断进步，不断成熟，不断成长。

成长也不仅是自己的事，我们的成长是为了孩子们更好地成长。最好的学习是老师们学习之后孩子们的学习，最好的成长也是老师们成长之后孩子们的成长。

我们应该自觉成长，带头成长，主动成长，不放过每一次成长的机会，不错过成长的分分秒秒，让成长之花时时绽放，让成长的滋滋拔节声不绝于耳，让我们的成长为孩子们带去更多的成长可能。

虽然我们再努力也成不了飞人，但我们可以享受奔跑的乐趣；虽然我们不惜一切代价都不可能成为巨人，但我们可以体味成长的滋味。

我们可以不成功，但一定要成长。要明白，幸福永远比优秀重要，成人永远比成才重要，成长永远比成功重要！

给生命装入大石块

一次讲座的互动环节，我给大家提出了这样的一个问题，给你一个广口瓶，一堆细沙，一个大石块，一杯水，还有一些小石子。按照怎样的一个次序，你才能够把这些东西全部装进广口瓶呢？

有的学员说，先装小石子、细沙，再装大石块和水。有的学员说先装水、细沙，然后装小石头、大石块。

按照这些次序，你肯定无法把这些东西全部装进去。而正确的次序是先装进大石块，再放进小石子，然后填进细沙，最后才倒进水。

给生命装入大石块，这实际上既涉及一个哲学命题，又涉及一个时间管理问题。

人们常说，要管理好自己的人生，人生怎样管理呀！我以为，只要我们能够管理好属于自己的时间，人生也就自然而然地管理好了。

对时间的管理，也就是对人生的管理，所以这也是一个涉及人生管理的话题。

时间对每一个人都是公平的，一天都是 24 小时，不可能哪个人有钱，地位高，就多给他一个小时，也不可能哪个人没钱，地位低下，就少给他几分钟。

但是时间上有一个管理的问题，把属于你的时间管理好了，一天比平常人多出三四个小时的时间，是轻而易举的。人与人之间的差异，往往就在每天的这三四个小时的差距里。

哈佛大学有一个著名理论，人的差别在于业余时间。塑料大王王永庆曾说，一个人的命运决定于晚上 8 点之后这段时间的利用。

如果我们每晚能够抽出一两个小时用来学习，读读书，思考思考问题，写一点文字，你可以想象一下，在坚持数年之后，你的生命状态、人生状态将会是怎样的一种美好，有可能你不想优秀，不想卓越，那都是不可能的事。

你去观察一下，我们的身边总有一些老师，他们可以有时间埋怨自己的工作这也不如意，那也不称心；他们可以有时间抱怨自己身边的人这也不好，那也不顺眼；他们可以有时间牢骚社会上的一些现象这也不公平，那也不公道；他们可以有时间羡慕这个人发了财，那个人又升了官。可就是没有时间为自己的人生的改变，为自己工作的改进做点什么，以至于让有限而宝贵的时间，竟从身边白花花地溜走。

我想，其实我们每天只需腾出那么一点点时间，哪怕一刻钟、三十分钟、一个小时，做你想做的事，做点有意义的事。有梦想就有希望，有付出就有收获，有坚持必有奇迹。长此以往，你就会与众不同，变得不可替代。

我们提倡老师们要坚持阅读，拥有书生气息、书香人生，其实，这不仅是关乎老师的素养提升，专业发展，而且关乎对孩子们的示范引领，孩子们阅读习惯的养成。

但是一些老师总是以没有时间为借口，远离阅读，甚至从不阅读，总与阅读擦肩而过。

果真没有时间吗？一个人再忙，每天利用一刻钟阅读，要么早起一刻钟，要么晚睡一刻钟，要么挤那么一刻钟，我相信这是任何人都能够做到的。

果真没有时间吗？我们可以扪心自问一下，我们每天有多少可以利用的珍贵时间，被我们视而不见，被我们忽视，被我们无情地浪费了。

果真没时间吗？如果是我们生命里最重要的朋友与我们约会，我们会因没有时间而推辞吗？吃饭穿衣睡觉，这些作为我们的生活方式、生存需要，我们会因为忙，没有时间而拒绝做吗？不少人喜欢打麻将，乐此不疲，通宵大战，越战越勇，我们为此会没有时间吗？

人生苦短，一个人来到这个世界所拥有的时间本来就不多，能够活个百岁，那简直是凤毛麟角，差不多的人就那么几十年光阴，把吃饭休息睡觉，闲聊应酬的时间除去，还把年幼的时候不懂事，年纪老了又不能做事的时间剔除，自己真正能够支配的时间，能够让自己用来做事的时间，就那么一点点。

有人测算了一下我们可以有效利用的时间，只有两万个小时。这两万个小时，就是我们可以用来实现生命价值的时间，就是可以用作诠释人生意义的时间。如果我们不去好好管理，甚至还虚度浪费，不是觉得太可惜了吗？

要记住，时间就是生命。美国著名科学家富兰克林说："你热爱生命吗？那么别浪费时间，因为时间是组成生命的材料。"人的自然生命是有限的，但是能够有效管理时间的人，就会让自己拥有比他人更多的时间，这无异于延长了自己的生命，相当于拓展了自己生命的宽度。

要懂得，时间就是金钱。时间抓起来就是黄金，抓不起来就是流水。假如一个人每天能挣200元，而你娱乐了半天，或躺在沙发上消磨了半天，支出了50元的娱乐或消磨成本，你不要以为你只花了50元，更重要的是你失去了你可以挣到手的200元。时间对于我们每个人来说，是宝贵的财富。

要坚信，时间就是成功。我们每个人都在呼吸空气，都在吐故纳新，都在接受阳光雨露，似乎都在工作，都在学习，都在生活，但在时间的管理上，却是有差别的。如果我们比别人每天多用一个小时，哪怕半个小时、二十分钟来读书、反思、写作，一天两天，可能看不出什么，但如果一年、两年乃至十年、二十年呢？那将是怎样的一种差距，怎样的一种变化呀！

要深知，时间就是机遇。机遇往往稍纵即逝，机遇往往就在那一刹那间，机遇往往会青睐有准备的人，机遇往往会给那些善于捕捉时间的人。人们都知道电话发明者是贝尔，但当时有一个叫格雷的人与贝尔是在同一个时期取得这项研究成果的，仅仅因为贝尔到达专利局比格雷早了两个小时，贝尔就理所当然地成了电话机的发明者。我们经常见到有的人运气好，也常常说有的人机遇好。我认为，与其说他们运气好，机遇好，不如说他们是善于管理时间罢了。

真正壮美的生命，是做时间之王。一个人无论拥有什么，如果不能在时间上做自己的主人，他所拥有的仍不过是贫困的一生。

我们每一个老师，不应该虚度自己的光阴，应该不断学习，不断创造，并享受属于自己的幸福时光。这不仅仅是为了自己，而且是为了我们的学生。

我们善于管理时间，我们的学生，在时间管理上，便不会差到哪个地方去！

"我凭什么站立讲台？"

有这样的一件事：

西南联大中文系教授刘文典是著名的《庄子》研究专家，这个人学问大，脾气也大，他上课的第一句话常常是："《庄子》，嘿嘿，我不懂，就没有人懂了。"抗战时期，为了躲避日军飞机轰炸，大家争着跑进防空洞。

有一次刘文典看见作家沈从文也在往防空洞跑，他很是生气，大声吼道："我跑进防空洞，是为《庄子》跑，我死了就没有人讲《庄子》了，你凭什么进防空洞呢？"

沈从文凭什么进防空洞呀？当然凭的是著名小说《边城》，凭的是畅销一时的《湘行散记》，凭的是精深的文学造诣，凭的是在读者中的巨大影响。

为此我常常问老师："你凭什么站立讲台？"

后来我在阅读中，看到记者对 2006 年诺贝尔文学奖获得者——土耳其作家奥尔汉·帕穆克的提问："你凭什么获得诺贝尔文学奖？"

奥尔汉·帕穆克激昂陈词："凭我是人格的感染者。"

于是我以为，一个好老师首先应该掷地有声地说："凭我是人格的感染者。"

人格魅力，是最生动、最真实、最具力量的教育。学生从书本上学到的知识，主要是为了应付考试，还有很多做人的东西，都是从老师身上学到的，包括他们的价值取向、道德习惯、人文情感、人格品质、情操毅力等。

叶澜老师说："教师在学生面前呈现的是其全部的人格，而不只是'专业'。你的一言一行都在呈现你是谁，学生也在判断你是谁。学生对你有敬意或瞧不起，反抗或喜欢，都不是仅仅因为你的专业，而是因为你的全部人格。"

一个好老师，他会不断修炼自己的人格魅力，让自己的人格熠熠闪光，辉映师德，他会努力让自己成为美好的自己，也会把最美好的自己教给孩子。

一个好老师其次应该铿锵有力地说："凭我是学识的引领者。"

教师同医生一样，更是专业性很强的职业，必须有很强的专业支撑。很难想象，一个学识浅显、缺乏专业素养的老师，他能够站稳讲台，胜任本职，教好学生。

一个好老师他不会在意自己过去文凭有多高，曾经拥有的知识有多广，取得的成绩有多大，也不会计较自己现在多大年龄，身处什么环境，工作担子重不重，他会不断学习，不放弃学习，不遗余力地坚持终身学习。

他会以扎实的功底，渊博的学识，让自己在课堂上驾轻就熟，游刃有余，在教学上信手拈来，得心应手，在能力上超越他人，独树一帜，在专业上享有权威，左右逢源。

一个好老师再次应该金声玉振地说："凭我是责任的担当者。"

责任胜于能力，责任大于一切。

一个有责任的好老师不会落下每一个孩子。他始终相信，与孩子，是一次美丽的约会，也是一场美好的相遇。孩子在他生命中最重要、最关键、最需要的时候，来到他的身边，他不会辜负这次约会，也不会亵渎这场相遇。

他会坚信，一两个孩子被落下，虽然只是他工作对象的几十分之一，但对于孩子，就是整个人生的事、一辈子的事。对于孩子的家庭，就是一代人、几代人的事。

爱孩子是师德的灵魂，是教育力量的源泉，也是孩子幸福成长的基石。他会善待孩子，尊重孩子，他会眼里有孩子，把孩子当成自己的孩子，他会播撒爱心，用爱去温暖每一个孩子，让每一个孩子都阳光自信，明媚活泼，都抬得起头来，他不会让任何一个孩子掉队。

一个有责任的好老师会大胆地承担起解放孩子、保护孩子的责任。面对还不尽如人意的教育现实，他不会在那里一味责怪、埋怨、牢骚，好像这一切都与己无关，他也不会坐看热闹，坐山观虎斗，或者把改变寄希望于明天，寄期待于他人，他更不会随大流，顺势而为，火上浇油，为应试教育推波助澜。

他会为理想的教育不忘初心，无所畏惧，他会为教育的理想敢于破冰，敢于超越，敢于逆风飞扬，敢于突破重围，他会为教育的改变竭力坚守教育良知，捍卫教育本真，尊重学生身心发展规律，在教给孩子文化知识和分数的同时，注重孩子的生命健康和精神成长，在为孩子当下负责的同时，更为孩子们一生幸福奠基！

"我凭什么站立讲台？""凭我是人格的感染者""凭我是学识的引领者""凭我是责任的担当者"，有更多的老师能够有底气地回答，我以为，好老师就多了，好的教育也就有了！

幸福永远比优秀重要

我一直以为，教师是人，不是神，不是圣人，教师要生活，要生存，要食人间烟火，要养家糊口，教师需要幸福；教师传道授业解惑，职业神圣，责任重大，使命崇高，教师应该幸福；只有教师的幸福，才有学生的幸福，才有教育的幸福，才有教育生活的幸福，教师必须幸福。

作为一个教师，我们可以不优秀，也可以暂时不卓越，但一定要幸福，一定要做一个幸福教师。那么幸福教师有哪些特征呢？

第一，幸福的教师能够知足常乐。一个幸福的教师他会明白，选择做教师就有可能选择了清贫，选择了清苦，与荣华富贵，与显赫地位便无缘了。他也会认识到，教师幸福感不可能来自物质层面，教师的幸福更多的来自心灵与精神的需要。

他甚至会更明白，一个人仅仅追求物质的需要，是永无止境，是永远满足不了的，也是不可能获得真正的幸福的。而从心灵与精神层面获得的幸福，最持续，最长久，最容易满足，而且幸福感也最强。

因而，一个幸福的教师他会知足常乐。这种知足，不是不思进取，安于现状，得过且过，而是懂得取舍，懂得放弃，懂得适可而止，他不会在物质上、名利上去过度攫取，一味追逐。

相反，一个幸福的教师他会在物质、名利与做人上知足，而在做事上知不足，做学问上不知足。

一个幸福的教师在达到这种人生境界的同时，就会永远保持一种看开看淡，优雅平和，乐观豁达的人生状态。

第二，幸福的教师能够与快乐相伴。一个幸福的教师不是没有烦恼，没有苦恼，没有忧愁，而是善于调整自己的心态，善于调节自己的情绪，善于从琐碎的生活中，找到真实的美好，善于从平凡的教育日子里，获得快乐的源泉。

他们听到小草呓语，潺潺流水，鸟儿在林间唱歌是快乐；闻到泥土芬芳，花木飘香，空气中弥漫春的气息是快乐；看到白云悠悠，蝴蝶翩翩，孩子们在校园嬉戏打闹是快乐。

他们以为，在讲台，能够释疑孩子们一个又一个问题是快乐；在办公室，能够在作业的批改中与孩子对话是快乐；在校园小道，能够与孩子们缓缓而行，促膝谈心是快乐；在宁静的夜晚，坐在灯下，静静地看一本书也是快乐。

总之，一个幸福的教师他会感受到快乐无处不在，快乐就在身边，就在眼前，自己时时刻刻都被快乐包围着、裹挟着。

第三，幸福的教师能够做最好的自我。幸福的教师会在岁月中不断认识自我，专注于自我，并活出自我，不断超越于自我。他不会活在别人的脸色中，也不会活在他人的闲言碎语中，他更不会盲目去与别人做比较。

他知道人比人，气死人，人与人之间是无法比的，但是他会随时拿自己和自己比，拿今天的自己和昨天的自己比，拿明天的自己和今天的自己比，看今天的课上得是不是比昨天好，看今天的学习是不是比昨天更有收获，看今天的自己是不是比昨天更努力，看今天考虑问题是不是比昨天更全面，看今天对孩子的情感是不是比昨天更细腻，看今天写的教育反思是不是比昨天写的更深刻，看今天的精神状态是不是比昨天的自己更振作。

虽然每天的自己有可能都不是最好的，每天都会留下些许遗憾，但作为一个幸福的教师他会在这样的一个过程中，不断进步，不断成长，不断向那个最好的自己靠近，从而做最好的自己。

第四，幸福的教师能够保持内心的宁静。什么是幸福，幸福是来自内心的一种感受。一个人只有在内心保持宁静的状态下，才能真正感受到幸福。

很多人拥有很多幸福，但是他却若无其事，视而不见，不但感受不到幸福，相反还怨天尤人，牢骚满腹，这也看不惯，那也看不顺眼，感觉别人都欠他的，都对不起他，自己就是那个最不幸的人。其原因就是心浮气躁，难以宁静自己的内心。这种人，是永远收获不了幸福的。

天下熙熙，皆为利来；天下攘攘，皆为利往。又特别是对于当下这个充满着喧嚣与浮躁的社会，一个人要保持一份内心的宁静是多么的不容易。

而一个幸福的教师，他会远离喧嚣，摒弃浮躁，在纷繁嘈杂，闹腾不休中，做到云淡风轻，闲庭散步，宠辱不惊，从容自若，不为世俗所困，也不会为名利所缚，不易素心，不忘初心，内心依然保持一份宁静，一份简单与安然。

第五，幸福的教师能够远离功利。当下教育最大的问题就是教育的功利，一切为了分数，一切冲着分数，为分数而教，为分数而学，为分数而考，育分不育人，见分不见人，让教育被异化为只有应试，让教育沦为分数的奴隶，让教育在反人性、反教育的路上越走越远。

教育的功利，让不少教师陷于功利的泥淖，急功近利，急于求成，让自己和学生一起被捆绑于应试教育的战车上，不顾死活地冲刺于硝烟弥漫的战场上，让自己身心疲惫，让学生遍体鳞伤，让应试教育愈演愈烈。

而一个幸福的教师，他能够抛弃功利，遵循教育规律，捍卫教育本真，坚守教育良知，呵护学生的天性，尊重学生的植物属性。既教给学生以知识，又教会学生做人；既给学生以分数，又给学生一生更有用的东西；既让学生能够有实力应对中考、高考，又让学生有信心、有底气赢得人生大考！

第六，幸福的教师能够享受到职业的幸福。我们说，教师的职业是美好的，但是我们不得不承认，教师职业的现实又是骨感的。

教师职业不可谓不辛苦，压力不可谓不大，甚至压力山大。教师既要备讲批辅查，又要因材施教，个性化教育；既要忙于学生管理，又要完成教学任务；既要学习充电，提升自己，又要应付学校交给的其他任务；既要做好本职工作，又要遭遇各种形式主义东西的折腾；既要面对质量提升的责任，还要应对学生安全不能有丝毫闪失的压力；既要承受学校的重负，又要忍受来自社会、家长的不理解。更何况教师这个职业长期封闭在校园里，几十年如一日，周而复始地同学生打交道，单调乏味，在一些教师眼里，这哪有什么幸福可言呢？

而对于幸福的教师，他会调整心态。从别人对"哎，只有半杯水"的叹息中，充满万分感激，"哇，我还有这半杯水"；从别人"没有鞋穿"的抱怨声中，心怀感动，"我还有脚"；从别人对教师这个职业的不满意、懈怠中，尽情地感受教师这个职业的幸福。

他们懂得，只要用从容的心态去应对教育生活的种种困惑，就能够修复教师职业生活的疲惫和倦怠，就能够把每一个明媚的日子，每一个温馨的时刻，每一点成功的喜悦，每一步跋涉的记忆，每一束学生手捧的鲜花，每一声学生的祝福与问候，都化成人生的幸福与经典。

他们也深知，只要用积极的人生态度，去接受有形与无形的压力，就能够从雾霾中看到阳光，从绝境中看到希望；就能够从学生的成长进步，今后对社会的贡献中发现自己职业的幸福；就能够从教书育人的使命担当，对事业的赤胆忠心中感受到自己职业的幸福；就能够从自己的专业发展，自己的学习改变中提升自己的职业幸福；就能够从教师职业的内在美、外在美、永恒美、高尚美中享受自己职业的幸福。

幸福比优秀重要。老师，在你的身上有这些特征吗？若有，恭喜你，你就是一个幸福的教师了。若没有，或没全有，也不用着急，从现在开始，好好地修炼吧！

每天"一点点"的人生哲学

很多老师都期待，自己能够变得不可替代；我也时常给老师们提出要求，尽量让自己变得不可替代；在我们身边的很多老师，也的确通过努力让自己变得不可替代。

一个人如果能让自己变得不可替代，既是一种自我的实现，又是一种自我的超越；既是一种价值的体现，又是一种人生意义的诠释；既是一种人气的象征，又是一种魅力的折射；既是一种竞争的筹码，又是一种令人仰止的标识。

那么，怎样才能让自己变得不可替代呢？

我们先来看下面一组用数字表达的公式：

$(1 + 0.01)^{365} = 37.78343433289$

$1^{365} = 1$

$(1 - 0.01)^{365} = 0.02551796445229$

把这组数字表达公式用文字转换一下，意思是：

一个人每天多努力一点点，哪怕这"一点点"就是"0.01"，一年之后，你的进步就会很大，远远大于"1"。

一个人每天在原地踏步，没有多努力，也没有少努力，一年之后，你就不会有进步，你仍然原地踏步，没有一点变化，还是那个"1"。

一个人每天少努力一点点，哪怕这"一点点"只有"0.01"，一年之后，将远远小于"1"，说明你的退步会很大，远远被人抛在后面，以致"1"事无成。

美国的盖洛普民意测验所，曾对世界上 100 多位多才多艺的社会名流的成功经历进行调查，他们从中发现了一个令人吃惊，也是极其简单的结论——他们的辉煌，只不过是因为每天多用了一点点时间来做其他事情。

第二次世界大战期间，美国总统富兰克林·罗斯福的精力十分旺盛，有人认为他是休息得好，还有人认为他是使用了其他营养品，但盖洛普的调查结果却是：罗斯福每天都要花一个小时的时间把自己关在屋子里玩邮票。

世界织布业的巨头威尔弗莱·康日理万机，他在中年以后却成了一名出色的油画家。原因是他每天早起一个小时来画画，一直画到吃早饭为止。画画让他养成了早起的习惯，因此他的身体也特别的健康。十多年后，他所创作的油画有几百幅被人以高价买走。他把这些卖画的钱全都用作奖学金，奖给那些攻读绘画艺术的学生。

其实，不管任何人，只要他每天肯花时间多努力一点点，不管为之努力的是否与工作有关，哪怕是自己的爱好，一点小兴趣，他都完全可以成就自己，改变人生，书写传奇，创造辉煌。

其实，作为教师，如果我们在工作中能够坚持每天比他人多努力一点点，比如说，我们坚持每天早到一点点，在校门口带着微笑迎接班级里每个孩子的到来；我们坚持每天与班级里的孩子多交流一点点，充分掌握孩子的思想与成长动态；我们坚持每天多做一点点，既做好分内事，又主动干点分外的事；我们坚持每天多想一点点，看怎样组织课堂教学更有效，怎样营造班级文化更温馨，怎样开展社团活动孩子们更喜欢；我们坚持每天多用心一点点，相由心生，情由心出，事由心成，一切皆由心使然，或许就可以让工作达到更为完美的境界；我们坚持每天多付出一点点，付出不是为了回报，但往往总会迎来机会的光顾与敲门；我们坚持每天多读一点点，畅游书海，与美好相遇，让心灵丰盈，让每一段时光更有意义；我们坚持每天多写一点点，以我笔言我心，用文字真实记录自己教育教学中的点点滴滴，成败得失。

虽然你每天只比他人仅多努力那么一点点，但是日积月累，坚持不懈，持之以恒，水滴石穿，磨杵成针，你就会获得长足进步，甚至人生将获得几何级数的增长。

大家一定知道对折报纸的游戏吧！

给你一张报纸，让你对折再对折，反复地对折，这张报纸哪怕只有 0.1

毫米厚，当你把这张报纸对折 51 次的时候，想一想将会达到怎样的高度呢？

你也许会说大概有一个冰箱、一层楼或者一栋摩天大厦那么高？不，不是，错了，差太多了，通过计算机模拟，这个高度超过了地球和太阳之间的距离。

同样的道理，一个人要变得不可替代，只要在认准的方向上，坚定地做下去，你的人生最后将达到别人永远不可企及的高度，更会让你变得不可替代。

孩子背着书包，颤巍巍地来到我们的身边。看到他们一个个如鲜花般绽放的生命，看到一双双渴求知识的眼睛，看到一件件发生在校园里随时让你充满感动的事，孩子们就像上天一不小心坠下的小星星，我们为什么不去为他们多做一点点，为什么不去为他们多想一点点，为什么不去为他们多用心一点点，为什么不去为他们多付出一点点呢？

也许正是在为他们多做一点点，多想一点点，多用心一点点，多付出一点点中，不仅仅让自己变得不可替代，让自己拥有属于自己的人生天空，而且更关键的是，把一颗又一颗小星星擦亮，让他们闪闪发光，熠熠生辉，让他们也拥有属于他们自己的浩瀚星空。

基于此，让自己变得不可替代，不仅仅是为了自己，而且更是为了教育，为了孩子！

让自己成为自己的 CEO

教师行走于这条职业的路上，怎样调动自己的工作主动性、积极性和创造性，怎样释放更大的工作热情和激情，怎样在普通而平凡的岗位上书写出精彩的教育人生，我以为，可以从以下六个方面去做一些坚守与捍卫。

第一，职业信念。信念不朽，信念无敌，信念至上。信念是一个人的精神支柱，也是引领一个人前行的巨大动能。

《圣经》上说："如果你内心的光明熄灭了，那黑暗多么可怕。"

正如一个人不能没有信念一样，教师更不能没有职业信念。很难想象，一个没有职业信念的教师，他能在教育路上走多远，他凭什么去影响他的教育对象。

"人类教育最基本的途径是信念，只有信念才能影响信念。"著名教育家乌申斯基说。

一个教师有了对教育职业坚定的信念，他就有了前行的勇气；就有了坚守的信心；就有了坚持的力量；就有了"咬定青山不放松""任尔东西南北风"的执着；就有了"衣带渐宽终不悔，为伊消得人憔悴"的付出；就有了云淡风轻，闲庭散步的豪迈与从容。

一个教师有了对教育职业坚定的信念，他就不会计较得失，怨天尤人；就不会见异思迁，徘徊不定；就不会得过且过，懈怠职业。

一个教师有了对教育职业坚定的信念，哪怕条件再差，待遇再低，工作再苦，哪怕前进的道路布满荆棘，泥泞坎坷，坑坑洼洼，哪怕教育的乱象再多，教育的生态再不好，遭遇的误解和不理解接二连三，此起彼伏，他们都会勇敢面对，无怨无悔，主动适应，寻求改变。

　　更重要的是，一个教师有了对教育职业坚定的信念，他就有了教育的理性，他不会任性，也不会盲从，更不会随波逐流，他会保持一份清醒，一份冷静，他会辨识教育的方向，把握教育的取向，他会在这泥沙俱下的教育洪流中有所为，有所不为，他更会用自己的教育智慧和担当，呵护心灵中的那份美好，守住教育的那份纯粹。

　　第二，职业理想。什么是理想，理想就是心中的愿景，就是对未来的憧憬，就是人生的梦想。郑智化的《星星点灯》里有这样一段歌词："天边有颗模糊的星光偷偷探出了头，是你的眼神依旧在远方为我在等候。星星点灯，照亮我的家门，让迷失的孩子找到来时的路。星星点灯，照亮我的前程，用一点光，温暖孩子的心。"

　　"星星点灯"，就是理想，就是理想的光芒。

　　教育是富有理想的事业，教育不能没有理想，作为教育的从事者、演绎者、诠释者的教师更不能没有职业理想。

　　教师有了崇高的职业理想，就有了强烈的责任心和使命感，就有了对事业的潜心与虔诚，就有了对自我的挑战和超越，就有了对教育理想和理想教育的向往与追求。

　　教师有了崇高的职业理想，就会在心中燃烧起教育理想的熊熊火焰，就会在平凡的岗位上迸发出昂扬的教育激情，就会在平常的教育细节中生发出奇妙的教育智慧，就会在日常的教育生活里创造出一个个令人叹为观止的教育精彩，更会让平淡的教育人生变得充实、快乐而有意义。

　　教师有了崇高的职业理想，就不会因循守旧，拿着一张旧船票去重复昨天的故事，就不会满足现实，安于现状，抱着铁饭碗睡大觉，更不会在面对教育的诸多尴尬和无奈时，心灰意冷，萎靡不振，困扰不前，甚至自甘堕落，自我绝望，走向平庸。

　　第三，职业精神。教师的职业精神，应该体现在三个方面。一方面指的是教师的精神状态。教师要有精神，也就是要有精、气、神。

　　鲁迅说："人是要有点精神的。"教师是学生的精神模板，为此我们特别需要振作精神，抖擞精神，昂扬精神，特别需要重视自身精神状态的榜样力量，在教育对象面前，随时都要有一种精精神神的形象和表达。

因为作为教师有没有精神，既关乎自己的工作投入，也影响着教师对职业的态度，更决定着我们所培养出来的学生的精神状态。

如果教师有一种振作亢奋的精神，会使人感觉到他周围的空气都弥漫着一种力量，一种感染，一种热烈的氛围，会感觉到他身边的每一个人都有着一种朝气，都充满着一种活力。

相反，如果教师缺乏一种精神，你会感受到他的暮气沉沉，而且这种暮气会像传染病一样，迅即传染给他身边的孩子，甚至会让这个教师所在的班级、所在的教室都像患上重病一样，空气凝固，缺乏生机。

另一方面指的是教师的专业精神。教育专业性很强，教师需要具备一种专业精神。这种专业精神体现在：教师需要有丰富的学科知识，需要有基本的教育学常识，需要有深厚的人文素养，需要有终身学习的能力，需要有严谨的专业态度和价值观。

业精于勤，教师这种专业精神的获得，必须勤于学习，勤于思考，勤于实践，勤于发现，勤于总结，勤于提炼，勤于表达。

还有一个方面指的是教师应该具有教育家精神。教育家精神其实并不是要求我们一定都要成为教育家，而是我们必须要有教育家的情怀、教育家的品质、教育家的智慧，还要有教育家的理想、教育家的行动和教育家的追求。

这就要求我们要树立正确的教育价值观，要热爱教育，要研究教育，要熟悉教育，要成为教育的学习者、思想者，要致力于改变教育。

第四，职业品质。创新是教育的灵魂，也是教师必须具备的重要品质。

未来已来，我们如何面对未来，如何走向未来，如何胜任未来的教育，如何教出能够适应未来的学生，不二的选择那就是创新、创新，再创新。

2020年一场突如其来的疫情，教育从线下被赶到线上，很多教师一下子就蒙了，就不适应了，不少教师没有做出一些探索和改变，仍然照搬线下教育的方式和手段，给线上教育带来了很多诟病和吐槽点。

未来的教育，一定是更加注重智能的教育，一定是线上线下高度融合的教育，一定是突破围墙的开放教育，如果我们的教师依然是人云亦云、故步自封、按部就班地开展工作，则只能被时代所淘汰。

事实上，教师有了创新的品质，不仅能从现在预测未来，从静止中看到发展，从变化中寻求变革，从正常中感知异常，从善变中见微知著，从创新中积淀并形成自己的教育思想和独特的教学风格，而且让我们从不断的变化与发展中获得取之不尽、用之不竭的精神动力，这可以说是让教师远离职业倦怠，永葆职业青春的一个法宝。

第五，职业良知。农活误了仅是一季的事，孩子误了则是一生、一辈子的事，也是孩子家庭一代人、几代人的事。

教育是良心活儿，是良知事业，教师应该有良知，应该坚守和捍卫自己的职业良知，应该做无愧于良知的教育。

做无愧于良知的教育，首先不能懈怠自己的职业，不能荒废孩子的学业，不能影响孩子的未来人生。

要知道，在教师手中所攥着的是一个个正在成长中的生命，他们在最需要的时候来到了我们的身边，他们每一个都如此不同，他们每一个都如此重要，他们全部对未来充满着憧憬和梦想，他们都依赖我们的指引、塑造以及培育，也只有我们对他们付出爱，对职业倾注热爱，才能帮助他们成为最好的个人和有用的公民。

想想这些，难道我们能够忍心对职业掉以轻心，应付了事吗？难道我们还有什么理由不涵养情怀、忠于职守吗？

做无愧于良知的教育，其次必须做真教育，必须做遵循教育规律和孩子身心发展规律的教育，必须做着眼于孩子未来、对孩子一生负责、为孩子幸福人生奠基的教育。

这就意味着，面对教育和孩子，我们只能从容，不能步履匆匆，只能慢，不能急于求成，只能学会等待，不能拔苗助长，只能尊重个性，不能整齐划一，只能多一把尺子，不能唯分数是从。

这也昭示着，只有适合的教育，没有最好的教育，只有每一个生命的有枝可依，没有生命的无缘无故和无枝可寻。

第六，职业幸福。我们所从事的职业绝对不是最好的职业，然而它是一种使自己、使他人、使人类都会变得更加美好的职业，我们所面对的职业也绝对是排不到职业排行榜最前面的职业，然而对于一个对自己的职业有一种客观而真实认知的教师来说，他会发自内心地把教师这个职业排在职业排行榜的前面。

因为教师这个职业，我们可以以创造性的劳动去实现自己的生命价值；我们可以单纯地、不受任何干扰地做自己喜欢做的事情；我们可以遵从自己的内心做体现自己人生意义与实现自己人生价值的事；我们可以在自己的一方天地里燃烧教育激情，放飞职业理想，成就职业梦想；我们可以在和孩子朝夕相处的分秒里，涵养一颗永远不老的童心；我们可以在远去岁月的时光中，收获弥足珍贵的师生情谊；我们可以在为物质生活的清贫而懊恼的同时，拥有丰盈的精神世界；我们可以在身心付出的时候，享受因教育本身而带来的自身生命力焕发的欢乐；我们可以在伴随每一个奋斗和跋涉的足迹的瞬间，收获成功的喜悦、进取的快乐、创造的幸福。

从这一点来说，我们的职业是最高尚的，也是最幸福的，这是我们敬业、精业、乐业永远的力量源泉。

能够从这六个方面去获取动力之源，相信每一个教师都可以成为自己人生的 CEO！

教师发展的最美好状态

发展教育，必先发展教师，这是颠扑不破的真理。发展教师，怎样发展，我以为，除了外在的一些因素促成教师发展外，更重要的是，教师的自我发展。教师的自我发展，是教师的一种主动发展，自觉发展，也是教师发展最美好的状态。

教师怎样在自我发展中，呈现教师发展的最美好状态呢？

第一，认知职业，对职业抱定一种积极的态度，激发自我发展的内驱力。

一个优秀的教师，应善于"认识自己"。苏格拉底说："认识你自己。"人最难认识的是自己，人生最大的不幸，便是不认识自己。

认识自己，除了了解自己、懂得自己外，首要的一点是认同自己。一方面要认同自己是一个独一无二的个体，是无法复制的。另一方面就是要认同自己的职业，一个人连自己的职业都不认同，他无论如何，都是不可能热爱上自己的职业的。

我一直以为，教师这个职业绝对算不上最好的职业，但它确实是一个很神圣、很崇高的职业，一个孩子就是一个生命，一个故事，我们的职业就是帮助孩子成就他们美好的生命，帮助孩子编织美好的人生故事；教师这个职业也绝对不是人人羡慕的职业，但它确实是能够在教育生活的创造中，充分实现自己人生价值的职业，在与孩子们放飞教育梦想过程中，能够让自己拥有一个幸福人生的职业。

一般人通常只有一条命，人一死生命就结束了，而教师他有两条命，除了自然生命外，还有学生的生命。你的思想，可能由你的学生传递下去；你的精神，可能在你的学生身上流传下去；你的生命，可能通过你的学生延续下去。更何况，我们每天都会从学生身上感受到他们童心的天真与无邪，青春的精彩与激情，生命的活力与张扬。

教师对自己的职业有了这种认同，就能够获得一种强大的内驱力，让自己爱业敬业，精业乐业，一辈子钟情于自己的职业而心无旁骛，一生奉献于教育事业而无怨无悔。

第二，宁静内心，拥有属于自己的"地下室"和"瓦尔登湖"，涵养教师自我发展的持续力。

南怀瑾先生说，生命的能源来自宁静。《挪威的森林》一书序言中有这样一段话："每一个人都像是一座两层楼，一楼有客厅、餐厅，二楼有卧室、书房，大多数人都在这两层楼间活动。实际上，人生还应该有一个地下室，没有灯，一团漆黑，那里是人的灵魂所在地。我常走进这个暗室，闭门不出，独自修炼……"

《瓦尔登湖》的作者梭罗，为了静心沉思，听从内心的召唤，去森林中过一种隐士生活，摆脱了一切剥夺他时间的琐事、俗事，全心全意记录自己的思考和人生的感悟，为人类留下了丰富的遗产。

这个世界很喧嚣，不少人更是心浮气躁。其实，人生的终点不是物质的终点，而是心灵的终点，一个人最难安顿的是他的内心。

真正的智者，会让自己拥有一个"地下室"，拥有一个属于自己的"瓦尔登湖"，他们会在这个"地下室"里，或者在这个"瓦尔登湖"畔，守卫孤独，忍受寂寞，自我咀嚼，自我思考——心灵是那么清澈，那么恬淡，那么宁静。

当你有这份心境时，你的世界会为你蓬勃起来，你的人生才会真正幸福起来。

教育是慢的艺术，也是静的事业，是生命间的活动，是用一个智慧生命开启许多智慧生命，是用一个心灵唤醒诸多心灵，是用一种人格去影响更多人格，是用一种热情去带动众多热情。因而，做教师更需要宁静，需要教师拥有更多的从容与淡定，更多的闲适与优雅。

淡泊明志，宁静致远。只有静下心来，才不会被外界所扰，被名利所惑，被烦恼所困；只有静下心来，才能摒弃杂念，一门心思，研究教育，研究教材，研究课堂，研究学生；只有静下心来，才能从爱出发，让爱进入孩子的心灵，用爱滋润孩子的心田，以爱点亮孩子的人生，凭爱辉映孩子的未来。

第三，重拾阅读，以书相伴，因书而醉，迸发教师自我发展的原动力。

优秀教师都是读出来的。读书会让枯燥的教育生活变得有意义，有意思；会让单调重复的工作富有情趣，极具新鲜感，为职业永远保鲜，让生命永远充满活力；会丰盈我们的灵魂，丰富我们的精神世界，让我们的内心永远保持纯净、宁静、浪漫、美好。

麦家说："阅读有什么好处，不读书的人是不知道的。因为不读书，你可能连自己都不认识；因为读书，你可能了解所有人，包括五百年前和五百年后的。"

梁文道先生说："每天睡眠之前的最后一刻，是一本书在陪伴我，今天的最后一刻和我对话的就是这本书，它在不断地改变我，直到临睡前我都在被改变。于是第二天早上起来的时候，我是一个新的人，和昨天不一样，就因为昨天晚上的阅读。"

作为教师，我们再忙都不要放弃阅读，再没有时间都要坚持阅读，对当下的教育现实不管持一个什么态度，都要重视阅读。

一个不读书的教师，他只可能人云亦云，亦步亦趋，按部就班，拾人牙慧，不可能在课堂实践中拥有丰富的教学智慧，也不可能在教育教学研究中有什么独特的建树，他会不思进取，自甘平庸，放弃自己，放弃自己的成长，放弃自己的发展，落入"温水煮青蛙"的境地，最终堕入"灰色的人生地带"。

一个不读书的教师的职业生涯，完全可能是一种毫无意义的单调重复和难受，是一种对自己身心的压抑和痛苦，他只可能安于现状，得过且过，应付了事，当一天和尚撞一天钟，不可能"为一大事来，做一大事去"，更不可能"衣带渐宽终不悔，为伊消得人憔悴"，他完全会把教师这神圣的事业，沦为养家糊口，挣点钱过日子的一个苦差事。

一个教师要过一种诗意般的教育生活，要在教育的路上步履轻盈，走向远方，必须让自己进入一种坚持、自觉、深邃的阅读状态。

第四，不断反思，让自己从习以为常的教学惯性中超拔而出，唤醒教师自我发展的自信力。

为什么一同毕业，一同参加工作的教师，几年之后的专业成长却有很大的差异？为什么同一学校的教师面对同样的教学环境和条件，教学能力、教学水平、教学效果迥异？为什么同样参加学习或聆听相同的讲座，其收获有的大，有的小呢？我觉得，其主要原因还是在于我们的教师会不会反思。

没有完美的教师，也没有完美的教学，教师永远需要进步，教学永远需要改进，专业永远需要成长，这就需要教师的不断反思。

反思能让教师从习以为常的教学惯性中超拔而出，不断叩问自己内心深处发出的声音，不断梳理审视教学中的成败得失，从而赋予教师不盲从、不盲信、不盲动、不盲目的职业素养和行为准则，增添教师的教学情趣和智慧，使教师的教育教学从无效走向有效，从有效走向高效。

反思是教师发展的快捷方式，是优秀教师成长的共同特征。有人说，一个教师教一辈子书不可能成为名师，如果一个教师坚持三年进行教学反思反而可能成为名师。

一个有思想的教师，肯定是一个善于反思的教师，一个善于反思的教师，一定是一个超越经验主义，快速发展的教师。

因此，我们再忙也要留出反思的时间，一个小时的反思胜过一周甚至一月、一年的忙碌。

在反思中写作，把反思的点滴诉诸文字，以写教育叙事、教育日志、教育反思作为促进反思、内化反思的一个载体，则会让反思更有指向，更有成效。

在反思中研究，把反思作为研究的方法和取向，把研究作为反思的立足点和归宿，让反思为研究注入强劲的动力，让研究为反思插上腾飞的翅膀。

我想，每一个教师能够围绕这四"力"做一些努力，教师的自我发展便会进入一种自主、自觉、自动发展的状态！

为教师职业保鲜

初恋，很甜蜜，很美妙，轰轰烈烈，惊天动地。尽管如此，这种初恋的激情，也会随时间的远去，而渐渐淡去，逐渐消退。

同样，老师们对教师这一职业的激情，也会随时间的推移而慢慢消减，慢慢淡掉，随之会逐渐产生职业厌倦，甚至患上职业倦怠症。

大家可以回想一下，我们当时踏上神圣的讲台的前一夜，那是多么地兴奋，多么地激动，不少人可能辗转反侧，通夜难眠，瞪着双眼，盼着天亮。而当第二天走上讲台时，面对新的环境，新的同事，新的学生，或许更是信心百倍，精神抖擞，斗志昂扬，热情似火，激情四溢。

可当工作一段时间之后，随着新鲜感的消失，再加之条件上的限制，工作上的烦心，生活上的碰壁，心理上的落差，一些老师的这种激情与热情，也有可能就会慢慢消退。

出现这种情况，虽然是正常的，但那是相当危险的，对于教师，对于学生，对于学校，对于社会都是不利的。正如一些学者所言，倦怠的感觉，正打击着无数有爱心，有理想，乐于奉献的教师，教师正在逐渐放弃他们的专业工作。

爱情需要保鲜，教师职业也需要保鲜。那么如何保鲜呢？我以为可以从以下几个方面去做一些尝试。

第一，正确认识教师这个职业。

教育家叶澜说，教师是一种使人类和自己都变得更美好的职业。

教师这个职业能够让我们有稳定的工作，不必为生计折腾奔波，有固定的收入，足以居家过日，养家糊口，有人们羡慕的寒、暑假，可以有大段的时间，供自己自由支配。这是教师职业的外在美。

教师这个职业能让我们单纯地做事，能创造性地做事，能在自己天地里做自己喜欢的事，能遵从自己的内心做体现自己人生意义的事，能追求人生抱负做实现自己人生价值的事。

如果要用这几个"能"去定义一个职业的意义，那就非教师这个职业莫属了，其他的一些职业有可能看起来很诱人，很光鲜，但是要真正体现出这几个"能"，则很难做到和具备。这是教师职业的内在美。

我经常在想，50年之后，像我们这种年龄有可能不在人世了，但我们教的学生还在，我们的思想还会通过学生一代代传下去。这就是教师职业的永恒美。

而且教师这个职业，会让我们或许为物质生活的清贫而懊恼的同时，使我们拥有丰盈的精神世界；会让我们在和学生朝夕相处的同时，涵养一颗永远不老的童心；会让我们在让学生成长的同时，不断地自我成长；会让我们在岁月远去的同时，收获弥足珍贵的师生情谊；会让我们在伴随每一个奋斗和跋涉的同时，收获成功的喜悦、进取的快乐、创造的幸福。这就是教师职业的崇高美。

朱永新老师曾说，教师这个职业永远不可能排在职业榜的最前面，但是一个收获职业幸福的老师会在自己的内心，把教师这个职业排在职业榜的前列。

教师职业要保鲜，我们就要打破传统的对教师职业的那种是春蚕、是蜡烛，是清苦、是孤寂，是只有奉献，没有任何索取的认识，重新审视，重新定位，从教师职业本身的美好中，找到幸福的意义与价值，找到幸福的理解与感觉，找到职业幸福的起点与源头，从而涵养持续的职业幸福，成为幸福职业的终身拥有者与享受者。

第二，让生活也充满情趣。

我们教师要职业保鲜，要想在教育这条路上走得更远，我们就得既要热爱教育，热爱学生，也要热爱生活。因为美好的生活，是我们取之不竭的激情与能量的源泉，是我们事业前行的动力支撑与保障。

一个幸福的教师绝对是一个有情趣的教师，一个有成就的教师绝对是一个热爱生活的教师，一个热爱生活的教师，他绝不会把工作作为唯一，甚至当作生活的全部。

我们提倡认真工作，但并不是眼中只有工作；我们主张不懈怠工作，但并不主张人人都做工作狂。那些工作狂人，除了工作还是工作，除了工作连自己的身体出了状况，都没时间去看医生，除了工作连自己喝杯咖啡的时间都顾不上，这样的人，是苦行僧，是铁心汉，活着是没有什么情趣的。

教书育人是享受，除了教书育人，我们应当还有别的享受，这才构成完整的幸福，也才能获得长久的幸福。

我们不要把时间和生命全部给了孩子，给了教育，我们在给孩子、给教育的同时，一定要留一点时间给自己，给生活。

我们也不要把自己的工作仅当成只是流泪的付出，只是不惜一切代价的燃烧，应该在照亮孩子世界的同时照亮自己，应该在燃烧自己的同时给自己注入源源不断的燃料。

我们要善待自己，珍重生命，呵护健康。生命是本钱，健康永远是第一位。没有基本的健康，没有鲜活的生命个体，其他一切都是白搭。

我们要扮演好人生的每一个角色，我们除了做好教师外，我们还要做好儿子或女儿、父亲或母亲、丈夫或妻子、哥哥或姐姐、弟弟或妹妹、同事或朋友，让自己的每一个角色不仅要尽责，而且要出彩，更重要的是，要富有温情、温暖和温度。

我们要有自己的志趣爱好，有自己丰富的业余生活，让自己可以"沉醉"于自己的世界，"沉浸"于自己的空间，"沉迷"于自己的天地，让生活多一些浪漫，多一点情调。

我们还要有"梨花一瞬"的恬淡和优雅，闲暇间去呼吸呼吸江上的清风，去观看观看山间的明月，去欣赏欣赏小鸟在空中快速划过的痕迹，去感受感受小草在土地里的悄声呢喃。

第三，保持乐观向上的情绪。

教育工作不仅要劳力，还要劳心，不仅要面对质量、安全管理、学生成长的压力，还要面对来自社会、学校、家庭等各方面的评价，不仅要克服学习、工作、生活中的一些困难，还要调整心态去努力适应环境。

在这样的情况下，我们如果没有一个乐观情绪，那么我们的身心就会显得疲乏，生活就会显得沉闷，我们就会享受不到职业的乐趣，感受不到职业的幸福，我们对职业不但不可能保鲜，相反还会过早地对职业产生厌倦情绪。

首先，要学会调节自己。我们在面对不利的工作环境，诸多的工作头绪，较大的工作压力时，要善于调节自己，要保持快乐的心情，要相信阳光总在风雨后。

余华说："最初我们来到这个世界，是因为不得不来；最终我们离开这个世界，是因为不得不走。"

而且想想人活着最有意思的是只能活一次，我们永远不知道下一秒会发生什么，永远不知道老天爷还要跟自己开个什么玩笑，所有的细节自己都无法知晓，所有的未来都无法预测，所有的悲欢离合都无法逃避，那我们就得好好地活着，好好地善待光阴，好好地过好每一天，好好地珍惜生命中的每一个日子。

更何况，一天24个小时，我们是以低迷忧郁、愁眉苦脸的心情去对待，还是以阳光豁达、快乐自信的心情去面对，都是在打发时光，都是在生存生活，都是在面对工作，但是所带给我们的生活质量、生命状态、人生体验，以及由此积淀下来的身心健康、工作效果和对他人的感染，却有着极大的差异。

既然如此，我们为什么不以快乐的情绪，乐观生活，愉悦地工作呢?

要懂得，态度决定一切，保持良好的专业心态和积极的人生态度，比什么都重要。世界，其实就是我们自己。痛苦与快乐，烦恼与高兴，成功与失败，充实与失落，完全取决于我们自己，取决于我们自己的心态。

其次，要正视现实。现实有可能无情，现实也可能很残酷，但现实毕竟是现实。太阳有升起有落下，是现实；生活中有欢笑，有眼泪，是现实；世界有美好，有真诚，有黑暗，有丑陋，也是现实；我们工作的学校条件有好有差，路途有远有近，这都是现实，这是谁都躲不了的。

山不过来，我可以过去。当条件和环境一时还无法改变时，与其在那里牢骚埋怨，不如学会勇敢面对，与其选择逃避，还不如学会主动改变。

要明白，我们也许不能改变天气，但是可以改变心情；我们也许不能改变他人，但是可以改变自己；我们也许暂时改变不了环境，但是完全可以改变活法；我们虽然不能阻止鸟儿在头上飞过，但是完全可以阻止鸟儿在头上筑巢。

再次，要学会向下看。很多人不幸福，是因为他爱比较。人比人，气死人，苦恼之源常常来自比较。别人评优了，他苦恼；别人中奖了，他苦恼；别人班孩子的成绩考得比他班好，他苦恼……在无休无止的比较中，苦恼可能会如影随形，与之相伴。

一只猴子爬树，往上看全是猴子屁股，往下看，全是猴子的脸。有些人之所以有不尽的苦恼，那是因为他只盯着别人比自己优秀的地方，也就是他只会向上看，向上攀比，而不会向下比较。

比上不足，比下却有余。在向下比较中，会让我们树立自尊，远离烦恼，得到快乐，收获幸福。

当我们没有鞋穿的时候，要想到还有一些人没有脚；当我们工资不如人家高的时候，要想到有的人还处在贫困线下；当我们对教师这个职业感到不满意的时候，要想到还有人因失业没找到工作而发愁；当我们对自己枉有千里马之才，却没有遇到伯乐而纠结的时候，要想到古今中外还有很多旷世之才，他们却惨遭不幸。

第四，永远昂扬进取的姿态。

心理学研究表明，快乐来源于紧张感的释放。一旦一个需求已经完全被满足，紧张感就会消失，兴趣就没有了，快乐就没有了，激情也就没有了。

所以我们要设法为生命，找到一个永远不能被满足的乐趣，那就是进取，不断地进取，永远昂扬进取的姿态。

一个人，不能仅"活"着，还要有"追求"，更要有"进取"，不然，生命不仅失去了实际意义，而且生命力将不断枯萎。

作为教师，不仅肩负着"传道、授业、解惑"的重任，而且承载着社会和家长的重托，承担着学生未来发展的希望。因此，"进取"不仅是每一个教师必然的选择，而且也是始终充满活力，保持激情，让职业保鲜的不二法门。怎样进取呢？

一是不断地学习。教育是一个终身学习的过程，也是我们不断进取的最大动力。我们应该树立终身学习的意识，永不满足，活到老，学到老，边教边学，边学边教，教学相长。

中小学教师这个职业发展的空间很大，只有坚持学习，把学习与教书真正融为一体时，我们才可能将内心的惶恐与不安，将灵魂的飘浮与焦躁，转化为一种淡定与从容，一种虔诚与执着，一种对教育的热爱与坚守，一种对职业的认同和热忱。

二是拥有一颗事业心。事业心与积极性、责任感相比，积极性是外在的，需要调动，需要通过外部约束来储存，责任感是发自内心的自愿的一种行动，但它的不足是可能不愉快。而事业心是积极的，主动的，稳定的，长久的，也是很愉快的活动。

因此我们应该努力让自己拥有一颗强烈的事业心。有了事业心，就有了信心，就有了进取心，就会从工作中寻觅到无限的乐趣，就会始终澎湃着一种活力与激情，就永远都不会产生对职业的厌倦和懈怠。

三是全身心地投入。毛阿敏演唱的《投入地爱一次》中有这样一段歌词：

> 投入地笑一次/忘了自己
> 投入地爱一次/忘了自己
> 伸出你的手/别有顾虑
> 敞开你的心别再犹豫
> 投入蓝天/你就是白云
> 投入白云/你就是细雨
> 在共同的目光里
> 你中有我/我中有你

对于教师这个职业，不管我们是热爱，还是不喜欢，是把它作为神圣的事业，还是作为赖以生存的职业，我以为，只有我们真诚地、全身心地投入其中，用自己的生命去演绎，用整个的心去诠释，你才能寻觅到和你的学生"在共同的目光里，你中有我，我中有你"的曼妙与美好，你才能感觉到做老师是多么有意义的一件事儿，你也才能收获并延续真正的职业幸福。

第五，让播种幸福的人先幸福起来。

教育就是播种希望和幸福，每一位教师都是幸福和希望的播种者，播种者都没有幸福，没有希望，怎能去为孩子未来幸福人生奠基？怎能对职业始终保持高昂的热情？

我认为，教师的幸福是乐于从教、潜心从教、终身从教的动力资源，也是教师永葆工作激情，永葆昂扬斗志的坚实基础。

教师的幸福，除了教师的不懈追求外，我们的学校，应该尽最大努力成为教师心灵的港湾，精神的栖息地，成为教师成长的生命场，幸福的供给所，成为教师实现生命价值和人生意义的殿堂和舞台。

一方面，学校应该通过文化引领、精神引领、思想引领、专业引领，通过搭建平台，通过主题活动，本着"教师能爬多高楼，学校就架多长梯"的原则，为教师的专业发展，潜能发挥，提供支持和保证。

另一方面，学校要牢固树立"教师第一"的观念，具有教师立场和视野，具有同理心、共情心，尊重教师，理解教师，一切着眼于教师，对教师本着人文关怀，人性关切，人本关照，让教师感受到团队的温暖，让教师每天都带着愉悦的心情走进校园，走进课堂，让教师在学校能够收获满满的幸福感。

同时，学校还要充分信任老师。信任比黄金重要。信任的潜在力量不仅在于能发挥教职工的积极性，而且能让教师充分认识到学校就是自己的家，自己就是学校的主人。

学校对教师的一分好，教师不仅会以十分好来回报学校，而且更重要的是，教师会喜欢学校，会依恋学校，会因喜欢、依恋学校，而喜爱上学生，喜爱上教师这个职业。

每一个教师能够在以上五个方面，去做一些尝试和努力，相信你就拥有了职业保鲜剂，拥有了职业保鲜秘方，你就会始终以饱满的激情，在教育的路上昂首阔步，自信前行……

致青年教师

青年教师朝气蓬勃，充满活力，浑身洋溢着青春的气息。青年教师也是学校的中坚力量，更是事业发展的希望。青年教师怎样才能成长得更好，我想送给大家四句话。

第一句话：责任与生命同在。

责任胜于能力，责任大于使命，责任意味着机会，责任比态度更重要。

责任这个神圣的名词，告诉我们一个人应该成为怎样的人，可以成为怎样的人，一定要成为怎样的人。

责任这个崇高的称谓，能够让一个人在软弱的时候坚强起来，在懈怠的时候变得勤奋，在畏惧的时候勇敢地面对，在失去信心的时候拥有无限憧憬和希望。

在工作和生活中，我们每个人都扮演着不同的角色，每个身份属性都代表着一种责任，每个人身上都承担着一份使命。

青年教师一方面作为社会的一员，要对自己的人生负责，要对自己的所作所为负责，要对他人和这个社会负责，不断向身边人带去积极影响，向这个社会注入正能量。

另一方面作为教育的一分子，应该牢记自己的责任和使命，对事业倾注心血，对教育倾注热情，对学生倾注关爱，多一份情怀和担当，多一点压力和动力，多一种良知和使命。

教育是日常的浸润，平常的生活，我们对教育的责任，对学生的担当，也绝不会是轰轰烈烈，惊天动地的。

收起怒气，换种语气和方式批评学生，是责任担当；收起偏见，给贫弱的学子多一点笑容和关爱，是责任担当；收起虚荣，直面每一节课的成功与失败，也是责任担当；收起惰性，多一些学习，多一些思考，多一些对教育教学的研判与琢磨，立足自身，让教育多一些温暖，多一些改变，更是责任担当……

让我们在责任中体现价值，在责任中实现自我，在责任中演绎人生，在责任中不断成长。

第二句话：最好的工作是使你得到学习的机会。

教师这个职业，虽然社会经济地位提高了，但是永远都不可能给你带来显赫的地位，也不可能给你带去让你一生受用不完的财富。选择教师这个职业，有可能便选择了清苦清贫，选择了艰苦艰辛。

然而教师这个职业，却是一个责任重大，使命神圣，与时俱进，常教常新的职业；是一个让你内心世界丰盈，精神上也特别富有的职业；是一个需要不断学习，需要学会学习，需要终身学习的职业。

教学相长，给学生一碗水，自己要一桶水，这一桶水，还不能是死水，还要使其成为取之不竭，源源不断的活水。从这个意义上讲，教师这个职业，它还是一个能使自己得到很多学习机会的职业。

罗素在《论教育》中说："最好的工作不是能够给你带来多少财富，而是能够使你得到终身学习的机会。如果你遇到这样的工作，那么一定要牢牢地抓住它。"

事实上，一份只需要简单重复，机械劳动的工作，只会让我们感到单调乏味，枯燥憋屈，只会让我们淡去热情，丧失斗志，而获得一份能给我们提供终身学习机会的职业和工作，能促使我们在工作中不断进取，努力钻研，从而使我们心灵充实，眼界高远，不断给自己提出新目标，增添新动力，让我们充分享受和体味职业的诗意与美好。

既然如此，青年教师一方面要热爱自己的工作。热爱不仅是靠自己嘴巴说说而已，它最重要的实践态度就是，用心教好书育好人，用心做好每一件事。

什么是用心？我觉得，用心就是敬业精业，把敬业当成习惯，把精业进行到底，让自己拥有不折不扣的职业精神；用心就是把简单的事做得不简单，把普通的事做得不普通，把平凡的事做得不平凡；用心就是用自己的心去对待别人的心，用自己的心去触动他人的心，用自己的心去感染影响孩子的心；用心就是全身心地投入到工作中，用爱心做教育，用良心履职责，用善心处同事，用包容心去接纳一切，用责任心去做每件事，用感恩心去回报社会。

另一方面，青年教师应该树立终身学习意识。学无止境，学历只能代表过去，只有学习能力才能够代表将来。我们应该把学习作为生活的必需，作为生存的前提，作为生命的状态，不断学习，不断反思，在学习中内外兼修，在学习中浸润心灵，在学习中提升自己的教育素养，在学习中升华自己的教育境界。

第三句话：忙碌着，但不要盲目着。

据我了解，有很多人包括一些青年教师，他们整天都在忙碌着，可以说是从早忙到晚，从眼睛一睁，一直忙到熄灯，从满头黑发一直忙到满头白发。但最终为何而忙，忙了些什么，却不知道。

一个人勤奋地工作很重要，勤奋而聪明地工作更重要。勤奋不等于蛮干，勤奋需要巧干。我们不一定知道正确的道路是什么，但绝不能在错误的道路上走得太远。

在我们还没有弄清楚正确的道路时，宁肯把手头的工作停下，也不要盲目前行。就像我们走在十字路口，而不知道去向的时候，必须停下脚步，停步就是进步，直到把路打听清楚的时候才行进，不然走得越远，付出的代价越大。

人生苦短，工作和生活中有太多太多的事情等着我们去做，有太多的急迫的、重要的事情等着我们去处理，我们却又分身无术，那么，我们就要在生命中先放入大石块，就要集中精力把有限的时间用在做最重要的事情上。

如果被各种琐事、杂事所纠缠，总是静不下心来做最该做的事，就既会把自己弄得精疲力尽，心烦意乱，又会影响自己的工作效率和工作业绩。

所以，作为青年教师，一方面要学会管理好时间。一定要根据事情的轻重缓急，安排好工作的先后次序，先做重要且紧急的事，再做重要但不紧急的事，然后考虑紧急但不重要的事，最后才处理不紧急也不重要的事。

另一方面要用对方法做对事。既要埋头拉车，又要抬头看路。既要勤奋努力，又要寻求方法巧干。在工作中，最可怕的是一些老师在那里拼命忘命地死干，却不用对方法，这样既会让自己又苦又累，又可能把一个个聪慧的孩子教得越来越愚笨。

同时要用对方法做正确的事。做正确的事远比正确地做事重要。有这样一个故事，一个人在客厅里挂一幅画，画已经扶好，正准备敲钉子，路过的邻居看到后，说这样不好，最好钉两个木块。主人家没有木块，便叫邻居帮忙找木块。木块很快找到了，正要钉时，邻居说木块有点大，需要锯掉点。于是四处找锯子，邻居找来锯子，发现太钝了，又四处找来一把锉刀，锉刀拿来了，才发现没有把柄。为了给锉刀安把柄，邻居又来到一片丛林里寻找小树。要砍时，邻居发现主人那把生满铁锈的斧头不能用。邻居又找来磨刀石，在固定磨刀石时，才知道需要几根木条，为此，邻居又到村子里去找木匠了。这一去，主人等了好久都不见邻居回来，便只好按照原来的设想，一边一个钉子把那幅画钉在了墙上。

你看，邻居忙碌的每件事都是正确的事，然而他却没有做正确的事，这种人看似忙忙碌碌，也看似百般辛苦，最后，有可能连他自己在忙什么，他都不知道。

第四句话：每一个人都可以成就卓越而幸福。

教师的岗位虽然平凡而又普通，但是我们每一个人都是可以通过努力，让自己拥有一个平凡而不平庸、卓越而又幸福的人生。

一是要有梦想。我曾经读过一本书，叫《产生奇迹的行动哲学》，这本书讲的是日本医学改革家德田虎雄的故事。书中有一个细节至今我仍记忆犹新。德田虎雄他从小的梦想就是当一名医学家，于是每天早晨照镜子，就想象着镜子里的"我"不是今天的"我"，而是成为一个医生的"我"，而是成为一个早稻田大学医学院学生的"我"，而是成为一个医学改革家的"我"。他不断用梦想去激励自己，去点燃自己，最终梦想成真。

梦想是对现实的不满，也是对未来的憧憬与期待。可以说梦想就是一个人在黑夜中前行，远处闪烁的一盏明灯，一颗挂在天空眨巴眼睛的启明星。人是被梦想牵引着走的，如果没有梦想，一定缺乏支撑的动力，一定会失去前行的方向，一定是走不远的。

　　我出生在大山，我小时候的梦想，就是走出大山，能够看到山那边的那一片海。二十世纪八十年代初，我初中毕业考上师范，师范毕业又回到母校，当了十一年乡村老师，后来又从这里走出，从大山走出，再后来做了近十二年的教育局局长。一路走来，虽也是普普通通，没有什么惊天动地，但是如果没有梦想，也是很难一步步走到今天的。

　　我今年五十多岁，但事实上我觉得我还很年轻，我现在在全国各地行走，做讲座，看学校，碰撞教育，传播陶行知思想，传播我在阆中所积淀的朴素而幸福的教育；不停地奔波，每天在忙，我都要阅读，都要思考，都要写作，都要随时更新我的公众号，都要坚持写一些文字；每天晚上都是深夜睡觉，睡前想到这一天，做了一些有意义的事，感觉特别充实，早上一起床，看到窗外透进的一束朝霞，又充满着一种隐隐的喜悦感，觉得有很多的事又等着我去做，浑身便充满了力量。

　　总之，我到现在仍然还有很多的梦想。还记得四十多年前的时候，那种年轻人特有的成长记忆，就是能听得见自己的骨头在咯咯作响的感觉，我现在仍然能够强烈地感觉到，这或许就是梦想的力量！

　　青年教师一定要有梦想，有梦想，表明你还没懈怠，还有想法，还有追求，还没屈从于现实的教育，还在通过自己的不断努力，在改变自己的同时，尽可能改变教育。

　　二是立足当下的行动。很多青年教师有很多想法，但是仅停留于做梦层面，还有一些青年教师对当下的教育很有看法，却只是在那里一味牢骚埋怨，谴责漫骂，这其实都无济于事。

　　理想可以有厚度，幻想可以有高度，梦想可以有深度，但最终需要行动。就犹如我们要冲刺某一目标，只站在那里空发议论，指手画脚，那有什么效果呢？

　　再长的路一步一步才能走完，再短的路，不去迈开双脚永远都无法达到。面对目标，我们需要的是在热身之后，一直朝向目标，一个劲儿地向前走，不管速度快与慢，不管姿势笨拙与优雅，总比站在原地打转强多了。

　　三是不断地坚持。人生旅途中，选择是我们要做的第一件事情，努力工作是我们要做的第二件事情，那么第三件事情就是不懈地坚持。大凡事业有成的人，无一不是坚持不懈的结果。

青年教师走上工作岗位后，刚开始肯定会有十足的热情和激情，还会有许多梦想和打算，但是在后来的学习、生活、工作中，绝对会遭遇许多挫折和失败，甚至会承受很多苦痛和打击，如果没有坚持的毅力，是很难保持热情、昂扬激情的，也是很难实现梦想，适应环境，有所作为的。

四是要优秀，要卓越，更要幸福。优秀、卓越虽是自己的一种追求，却是外在对你的一种认可和评价。而幸福是自己的一种内在感受，幸福不幸福只有自己知道。他人认为幸福你不一定真幸福，他人认为不幸福，你不一定真不幸福。

一些人为了赢得所谓的优秀、卓越，完全可能失去自己的本真，失去自己的内心，失去自己的优雅，让自己变得势利，变得功利，变得浮躁，以致离幸福越来越远。

100年前，深悟人性的托尔斯泰就已提醒说："不要让外在的生活压倒内心的生活，不要磨灭和闭塞灵魂，要让灵魂成长壮大，让灵魂得到幸福，而只有灵魂的幸福才是真正的幸福。"

青年教师如果仅追求优秀、卓越，除了失去自我外，还完全可能急功近利，拔苗助长，死整蛮缠，违背教育规律，成为应试教育的死党和追随者，这样下去，既苦了自己，又害了孩子，为孩子未来幸福人生奠基就是一句空话。

我以为，青年教师不一定非要追求优秀，也不一定硬要使自己卓越，但一定要尽可能感受幸福，尽可能收获职业的幸福，尽可能与孩子们一起，过一种快乐而幸福的教育生活。

我还以为，如果青年教师随时都有一种幸福的感觉，能够享受教师职业的幸福，能够让自己无时无刻不徜徉在幸福的海洋里，即或是暂时不优秀，不卓越，我以为也值，一直这样幸福下去，其实离优秀、卓越就不远了。甚至是比那些所谓的优秀老师更优秀、更卓越。

这几句话，也算是我对青年教师的寄语，记住并践行之，不断的成长便永远是一种进行时！

第二章

教育常识

"蹲下身来看孩子"

成都大邑，参加大邑教育局做更美丽、更有温度教育座谈会。

赵灼熠，大邑苏家镇中心幼儿园园长，作为校园长代表，她也参加了座谈会。这个身高足足 1 米 75 的园长，被誉为大邑教育的"模特儿老师""模特儿园长"，以其身高优势犹如鹤立鸡群，让我这个一米八几的汉子，在她面前，都感觉须仰视才行。

她给我讲，她成都幼师毕业后，被考调到幼儿园，上班第一天，园长看到她这个身材，便对她说，她只能去教大班，不然教小班的话，会把那些孩子吓着。

她对园长说："我可以蹲下来教孩子呀！"这之后，她便始终以"蹲下来"的姿态面对孩子，蹲下来看孩子，蹲下来和孩子交流，蹲下来和孩子互动，蹲下来同孩子做游戏……

好一个"蹲着"！虽仅仅是一"蹲"，却在这一"蹲"中，体现了一种儿童视角，表达了一种教育思维，宣誓了一种教育态度，反映了一种教育价值取向，最终彰显了一种对孩子的尊重。

在尊师重道的传统里，在孩子面前，教师必须站着，必须高高地站在讲台上，必须昂首挺胸、气宇轩昂，似乎这才是老师的做派，也似乎这样才有绝对的权威，绝对的服从。

然而真正的教育不是戒备森严、居高临下，不是颐指气使、盛气凌人，而是民主平等、关系和谐；而是彼此信任、亦师亦友；而是情感上的慰藉、精神上的支撑、心灵上的依偎。

当下教育最大的问题，也正是缺乏教育者的"蹲"，我们常常以成人的眼光去定义孩子眼中的世界，以成人的心理去揣度孩子的心思，以成人的视角去强迫孩子必须怎样怎样，以成人的处世哲学去苛求孩子无条件服从和接受。

我曾经读过一篇文章，写的是一位年轻的妈妈，喜欢逛商场，但每次逛商场，总要带着女儿去，女儿总是不愿意，常常以哭闹抗拒。

这位年轻妈妈很纳闷，商场里各种商品五花八门，琳琅满目，应有尽有，女儿为什么不喜欢呢？

直到有一次她强迫女儿陪她去逛商场，在商场里，女儿的鞋带松了，当她蹲下身来为孩子系鞋带时，才发现所看到的全是大人们的一条条大腿和一双双手。

这一条条晃动的大腿和一双双摆动的手，竟然时不时磕碰着孩子的小脸和弱小的身体。于是，她终于明白孩子不愿跟她逛商场的原因了。

你看，孩子妈妈一"蹲"，看到的却是与成人不一样的天地，不一样的风景。这天地，这风景，正是孩子眼中最真实的画面。试想，她不蹲下去，能看得到吗？能体验得到吗？能站在孩子的角度为孩子着想吗？

为了孩子的成长，为了教育的美好，我们呼唤有更多的像赵灼熠那样的老师，能够蹲下身来看孩子，蹲下身来做教育。

只有蹲下身来，才能具有同理心，与孩子感同身受；才能真正理解孩子的感受，真正走进孩子的内心世界；才能知道孩子们想什么，需要什么，期盼什么，反感什么。

美国教育家塞勒·赛维若说过这样一句话："每个人观察、认识问题，都会有自己的视角和立足点。身份、地位不同，所得出的结论就不同。父母与子女间的年龄悬殊、身份各异是影响相互沟通的重要原因。若父母能站在孩子的立场上思考，一切将迎刃而解。"

我们的老师不也是吗？若我们的老师时时处处都能站在孩子的立场上思考，是不是一切也将迎刃而解了呢？这就需要我们的老师，能够蹲下身来，善于蹲下身来。

蹲下身来，让我们与孩子保持相同或更接近的视角，我们与孩子就有了共同的语言，共同的精神密码，共同的万千世界。

蹲下身来，让我们自己主动变成孩子，让孩子把我们当成他们眼中的孩子，我们和孩子才能成为彼此的朋友，我们才能成为孩子的良师益友，我们的教育才能因为有好的师生关系而变好。

蹲下身来，我们的身体看似变低了，孩子的眼睛却会变亮了，教育的氛围就会变好了，我们所向往的美好教育便能够呼之欲出了！

当然，蹲下身来，更能够向世人传递出一种谦卑的风范，谦逊的品格，这不仅有助于我们做好教育，而且还有益于我们做人，做一个受人尊敬拥戴的人！

"因为孩子在那里"

英国探险家乔治·马洛里，曾先后 3 次参与英国珠峰探险队，挑战珠峰攀登。前两次均以失败告终，在 1924 年的第 3 次探险中，马洛里在距离珠峰 8600 米附近不幸丧生，后来在离珠峰几百米的地方找到了他的遗体。

有人曾问他："你为什么要攀登？"他说："因为山在那里。"

就因为山在那里，那就是一种号召，一种向往，一种来自遥远的、未知世界的磁力，一种遵从自己内心的巨大魔力。

又到了开学季，这段时间，学校都在做开学准备，老师们也在一边积极参加各种培训学习，一边调节情绪，进入工作状态，这一切的责任与使命，都源于：因为孩子在那里。

"因为孩子在那里"，首先我们要看到孩子。程红兵校长在一次报告中讲到，他在上海浦东担任教科院院长，一次听一个老师的公开课，发现这个老师在讲课的时候，视线始终以斜 45 度角盯着对面墙壁，自始至终没有看孩子。

公开课下来，他对这个老师说，上课要注意看孩子，要把孩子置于我们的视线中。

这个老师辩解，说他眼睛有毛病，是斜视眼。程校长说，后来和他接触，他眼睛很正常，根本不是什么斜视眼。

孩子是教育的全部，我们因孩子的存在而存在，教育因为孩子而真实地发生。我们能不能看到孩子，教育里有没有孩子，决定着我们对孩子的态度，也决定着我们对教育的态度。

我们要眼里有孩子，要看得到孩子。我们眼里有了孩子，我们看到了孩子，我们所投去的每一束目光，每一个眼神或许就是一种好的教育。

每一束目光，让我们在与孩子的交流中，传递对孩子的爱和信任；每一个眼神，让我们在同孩子的默契中，传递对孩子莫大的安慰与鼓励。

当然，我们不仅要"看到"孩子，更要能够"看见"孩子，"看见"孩子不那么容易，它比"看到"难，更需要细心和用心。因为看见孩子，不仅要看到孩子的模样儿，而且要看见孩子的内心，知道孩子们在想什么，他们需要什么，他们期盼什么。

"因为孩子在那里"，我们要把孩子当成孩子。这个世界之所以充满着希望和美好，是因为有了天真烂漫的孩子。卢梭说得好："人类正因为从孩子长起，所以人类才有救。"

教育的一切出发点，必须具有孩子的视角，把孩子视为孩子，把孩子当成孩子，让孩子站在校园的正中央。

遗憾的是现在的教育，把孩子作为接受知识的容器，应对考试的机器，帮助成人攫取功名的工具，让孩子失去了他们的童年，他们的童年被功利教育、过度学习、超强度的负担所吞没。

德国哲学家约瑟夫·皮珀在《闲暇：文化的基础》中提及："闲暇，是心灵的拯救，是文化的基础和源头，许多伟大真知灼见的获得，往往正是处在闲暇之时。"

如果要真的对孩子好，让他们未来的人生能够好，就要让孩子拥有一些闲暇，给他们的生命多一些闲适，多一些留白，让他们有尽可能多的时间和空间，去嬉戏玩耍，去打闹游戏，去做一些无用的事，去干他们喜欢的事，去追寻他们所敬仰的人，去读他们感兴趣的书，去参加他们自己认为有意义的活动。

要尽可能呵护好孩子的童年，给他们留住一颗童心，同时尽可能释放他们的天性，彰显他们的个性，千万不要让孩子过早地进入成人的状态。

"因为孩子在那里"，我们要善于发现孩子。教育的使命，就是拨云见日，去雾显山，发现孩子。

花有各样红，人与人不同，每个孩子都是上苍派到这个世间的天使。加德纳多元智能理论启示我们，每个孩子都有自己的优势智能，都有自己的学习风格和方法。

在教育的天地里原本没有差孩子，或许我们少了一把尺子，也或许我们缺了一个标准，再或许我们没有给予他们应有的期许和等待。

因此，我们要善于发现孩子，发现不同的孩子，也发现每个孩子的与众不同。在发现的基础上，要相信孩子，相信每个孩子都有向好的愿望，都有上进的渴望，都有着无限可能的潜质，不论什么时候都不要性急，都不要低估了每个孩子。

接下来就需要挖掘孩子，积极寻找孩子的特点与天性，探索适合每个孩子的成长路径，让野百合都有自己的春天，让每一朵花都绽放自己的笑靥，让每一个孩子的生命都有枝可依，让每一个孩子都成为他应该成为的那样的人。

"因为孩子在那里"，我们要呵护好孩子。与孩子，我们是一场美好的相遇。孩子是在他最美好的阶段，最需要引导的时候，来到学校，来到我们身边，他们用陌生的眼光打量着校园，打量着周遭的一切，打量着我们，他们不知道会遇到什么样的老师，会接受什么样的教育，未来会有一个什么样的人生，我们对孩子的态度，我们的教育方式，却决定着他们过一种什么样的学习生活，也决定着他们的命运。

苏霍姆林斯基说过："请记住，每个儿童都是带着好好学习的愿望来上学的，这种愿望像一颗耀眼的火星照亮着儿童所关切和所操心的情感世界，他们以无比信任的心情把这颗火星交给我们——做教师的人，这种火星很容易被尖刻的冷淡的态度所熄灭。"

对孩子的呵护，要爱孩子。没有爱就没有教育，爱孩子是师德的灵魂，爱孩子，是孩子成长的力量之源。我们对孩子的爱，不仅是对孩子幼小的心灵的一种呵护，让一颗颗小小的"火星"不"被尖刻的冷淡的态度所熄灭"，而且是对孩子的一种激励、一种引导、一种点燃、一种唤醒、一种成全。

对孩子的呵护，要用整个的心教好孩子。孩子们来到我们身边，这种机会只有一次，他们以后不会再来了，他们在最该来的时候停留于我们，依偎着我们，然后离开我们，离开校园走向另一方天空，走向自己的世界。

就是在这样一段有限的时间里，我们应该给他们施以积极的影响，给予他们适合的教育，让他们灵性闪动，学到知识，学到见识，学出精彩，让他们德行飞扬，养成好习惯，涵养品质，学会做人。

"因为孩子在那里"，孩子的存在本身便是一种意义，一种价值，这种意义和价值，昭示着我们存在的意义和价值，也诠释着我们的人生意义和价值。

不管教育的现实怎样，也不管我们的职业遭遇到了什么尴尬，我们应该始终记住：因为孩子在那里！

保卫兴趣

在网上读到一篇文章，网易 CEO 丁磊谈他过去的学习，他曾是全班倒数第六，后来经过每一个学期不停的努力，在最后考大学的时候，考到了高中读书时最理想的成绩——全班第十名。

然后他又以比重点本科分数线多一分的成绩考上了一本，以多一分的机会去读了最喜欢的大学——成都电子科技大学。

他说他班上前十名的同学，后面也有联络，但他感觉大家好像在事业上都不是那么如意。他于是想，他们的学习比他好，应该说某方面能力比他强，为什么后来到了社会上竟有这种很大的差异呢？他觉得，其中最重要的一条，那就是他从小是一个有兴趣的人。

他的爸爸是一个热爱电子的工程师，在他 6 岁的时候，他爸爸就开始让他每个月和他一起阅读《大众科学》《无线电》《科学画报》等杂志。他爸爸买电子元器件装电视机，他就在旁边观看，从小就对无线电有了兴趣，后来参加了"无线电兴趣小组"，并做了一个六管收音机。

这种兴趣、这种求知欲，他后来一直保持着。他说，对兴趣的投入，让他终身受益。

在这一点上，我也有同感。父亲过去在乡广播站工作，我从小也就有了接触各种电器设备的机会，比如电唱机、扩音机、收音机，也认识了各种电子元件，如二极管、三极管、电子管、电阻、电容，还能够读到《无线电》《无线电世界》《电子报》等报刊。

虽然那个时候，很多东西还看不懂，也闹不明白，但是对这些东西却充满了好奇，随时都想去琢磨琢磨，一有时间便拿那些报刊翻一翻，看一看。

　　上初中的时候，我就在父亲那里弄了一些电子元器件，其实好多都是从废旧机子上拆下来的，然后按照电路图，学装简易晶体管收音机。我记得几经波折，有一天终于成功组装了第一台收音机，当用自装的收音机收听到节目的时候，尽管噪音大，音质不是很好，但当时的那种特别的欣喜与兴奋的心情，简直无法言表。

　　后来上师范，物理老师让我牵头组建了无线电兴趣小组，我每个月从15元的生活费中节衣缩食，还从仅有的一点零花钱里省吃俭用，然后按《无线电》《电子报》上的邮购方式，从上海、天津等地邮购电子元件，和同学们一道制作收音机、电子门铃、电子琴等。

　　参加工作后，对无线电仍然保持着一种浓厚的兴趣。学校没有扩音机，我就自制了一台，供学校开大会、六一儿童节庆祝使用。那时做班主任，为了随时了解和掌握班上动态，或者对班上学生"发号施令"，我便制作了一台对讲机，在教室和我的寝室之间架起了一个特别的通道。学生们都羡慕他们的老师竟有如此"手艺"，同行们对我把兴趣爱好延伸运用于教育教学的行为，也赞不绝口。

　　后来在语文教学中，通过不断地阅读，不断地写下水作文，进一步领略和感受到了语言文字的博大精深与独特魅力，于是又对阅读和写作产生了兴趣。那个时候围绕语文教学，读了很多书，也写了不少"火柴匣"和"豆腐块"。

　　看到自己的文字变成铅字，捧着油墨飘香的样报样刊，听到邮递员在校门口叫自己的名字去取稿费汇款单，以至于兴趣越来越浓厚。由于长期坐在寝室里的书桌上读书写作，时间长了，藤椅下面铺得薄薄的水泥地面竟被磨出了四个大坑，双脚所及之处竟被蹬出了两个大脚印。

　　也就是因为对写作的兴趣，写了一些文字，还出了四本有关语文及语文教学方面的书，后来竟懵懵懂懂地离开了讲台，到了机关部门，包括乡镇。

　　即使在机关部门和乡镇工作的十年里，我同样没有放弃阅读和写作。特别是写作，除了承担了大大小小的公文写作任务外，我还见缝插针，合理利用时间，根据兴趣而写，写了一些文字，相继见诸报端。

　　再后来又回到教育，从事教育管理，尽管头绪多，事务繁杂，工作压力大，我不仅没有淡去阅读和写作，相反对阅读和写作，还更加虔诚和执着。

因为我深知，一个教育人的阅读和写作，不仅是充实自己，提升自己，让自己能够自信地行走于教育路上的一个法宝，而且更重要的是对大家的一个示范与引领。最好的教育莫过于示范，最好的管理莫过于引领。

现在离开教育管理岗位了，但我仍痴情于阅读和写作。正如我在我的新书《教育的第三只眼》中所写到的，"对于每一个日子，我读的是教育，写的是教育，研究的是教育，奔波行走的仍是教育"，正是为了某种意义，或者说为了自己的兴趣，"我没有让自己的惰性恣意生长，没有让太落后对自己任意捆绑，也没有让迎合与屈从对自己颐指气使，更没有让时间白白地从自己指缝间悄悄溜走"。

也正如我在《教育的第三只眼》中所说："拙劣的文字或许算不上什么风采，但至少可以说明，我将自己的人生意义握在自己的手上，把对教育的一往情深落在自己的笔上，我对教育的孜孜以求没有止步，我沉浸于教育美好的过程没有停歇，我立足于当下和自身的教育改变在做出力所能及的行动，我对于一个又一个的教育与人生的'明天'仍然值得期待！"

当然，我的这些兴趣，虽然没有给我带来什么惊天动地的变化，也没有让我为此取得什么巨大成就，更没有使我成为像网易丁磊那样的 CEO，但我却以为，是兴趣，让我对生活始终拥有着一种向往与热爱，对周遭乃至这个世界始终充满着一种探索与好奇，对梦想始终洋溢着一种力量与追逐的勇气，对学习始终保持着一种永不停歇、终身学习的姿态和热情，对人生则始终燃烧着一种昂扬向上、积极乐观的激情和精神。

我想，一个人有了这种因兴趣而带来的这些美好的元素与因子，就有了陪伴一生的最重要的东西，也就有了支撑自己一生的宝贵财富。不管怎样，他都能够坦然而自如地面对生活，自信而优雅地面对人生。

再退一万步说，无论遭遇什么环境和处境，无论经历什么挫折和坎坷，他都能够适应，都能够克服，他的生活再差，也差不到哪里去，他的人生再不如意，也不可能不如意到哪个地方去。

然而想到当下的教育，我们的孩子被作为一台机器的零部件，在学习的"流水线"上程序化地传输并来回切换，而且像陀螺般运转，不能有片刻的休息。

在学校里差不多是把学生当作接受知识的容器，一味强行灌输，然后就是为了考试的死记硬背和反复地练题、刷题，在"头悬梁锥刺股"的精神的感召和鼓惑下，学生们把所有精力都放在分数的拼命提升上。

走出校园后，家长为了不让孩子输在起跑线上，又让孩子不停奔波穿梭于各种补习班、培训班，把一个个活泼可爱的孩子变为了一个个"鸡娃"。

孩子的分数或许一时上去了，但是孩子们没有了闲暇，没有了快乐的时光，没有了愉悦的童年，也没有了自己的兴趣爱好，甚至这种苦读、苦学还让不少孩子过早地丧失了对学习的兴趣，失去了持续学习的动力。

苏霍姆林斯基说："如果一个学生到十二三岁时还没有兴趣爱好，做老师的要为他担忧，担心他长大以后对任何事情都漠不关心，成为一个平平庸庸的人。"著名教育家顾明远先生也曾指出："没有兴趣就没有学习。"

兴趣也是最好的老师。孩子们有了学习兴趣，他们就真正理解了学习的意义，理解了学校的学习不是为了应付考试，而是为了应对人生，他们就有了学习内在的冲动和愿望，就会成为学习的主人，就会把学习作为自己成长和人生发展的一件大事，他就会主动去学，而不是因老师、家长要求而学，也就会为自己而学，而不是为老师和家长而学。

孩子们有了广泛的兴趣和爱好，他们就会在对某件事情所产生的热爱与持续的关注中，涵养一种专注、执着与坚韧不拔的品质，培养一种主动发现问题、分析问题、解决问题的能力。同时也就有了潜在的动力去学习背后的知识，去洞悉未知的世界，当然更有了支撑他们完成当下学习和接受终身学习的勇气与信心，这对孩子们应付当下的考试和赢得未来人生的大考，都会带来巨大的影响和帮助。

所以我以为，一个好的教育不是急于求成、急功近利、拔苗助长、竭泽而渔，而是尽力保护孩子的好奇心和想象力，激发他们的学习兴趣，让他们对学习永远有一种热情，有一种积极的情绪，而不是把学习当成一件烦心事和苦差事。

成功的教育不是剥夺孩子的一切时间，将孩子绳捆索绑，也不是一直逼着孩子把眼睛一直盯在分数上，而是尽力培育和发展孩子的兴趣和爱好，让孩子除了学习之外，还有自己喜欢的天地可以去投入与徜徉，还有自己钟爱的世界可以去痴情和着迷。

对孩子负责任的教育不是在乎孩子上什么样的学校，找什么样的老师，为孩子提供什么样的条件，教给他们多少知识，不惜一切代价让他们一时去提高多少分数，而是让孩子抬起双眼，着眼兴趣，拥有兴趣，不断保持对兴趣的兴趣。

孩子有了兴趣，这兴趣，就会像一块磁铁石一样，一直吸引着孩子，牵引着孩子，给孩子以无穷的力量，而且这兴趣，还会像远方的一座灯塔，能够不断照亮前方的道路，让孩子走出校门之后，能够更好地面对人生和未来……

教育以外的教育更有意义

前不久到河北蔚县，白天看学校、做讲座，晚上周清斌校长带着他的小女儿贝贝陪我们到暖泉古镇看"打树花"。

打树花是蔚县暖泉古镇的一项传统特色民俗文化活动，至今已有 500 余年历史，它是将熔化的 1600℃ 高温铁水用力地泼洒到高高的古城墙上，铁水遇冷炸裂四溅，化作朵朵火花，闪闪烁烁从天而降，成为一道壮丽的风景。因其形状犹如枝繁叶茂的树冠而称之为"树花"。

周校长的大儿子已在北师大读大学了，小女儿贝贝 8 岁，上小学二年级。我们一见面，周校长让贝贝叫"汤叔叔"。

贝贝便甜甜地叫："汤叔叔好！"显得特别大方，一点儿也不认生。

我问她多大了，她扮了个鬼脸："两个零重起，你猜？"

"两个零重起，还是零。"我说。

"不是的，是上边一个零，下边一个零。"贝贝急着解释道。

"那是几岁呀？"我故意问。

贝贝一边用手给我们比画，一边淘气地说："8 岁嘛！"逗得我们几个哈哈大笑。

暖泉镇以"打树花"为线索，把蔚县的其他地方文化融于其中，通过挖掘整理，打造了一台旅游节目，整台演出阵容强大，创意新颖，精彩纷呈，令人震撼。

贝贝和我们都看得认真，她一边看，一边喝彩，还一边不停地问："爸爸，这些火花烫人吗？""爸爸，爸爸，快看，多像过年放的烟花。"……她眨巴着双眼，就像夜幕中闪烁的两颗小星星。

演出完了，周校长请我们吃夜宵，贝贝又给我们唱歌，给我们讲她看过的童话书中的灰姑娘、美人鱼的故事……

我们很羡慕周校长，有这么一个天真聪颖、活泼可爱的小女儿，真幸福！

离开蔚县十多天了，贝贝给我留下了深刻的印象，脑子里随时闪现出她那天真而快乐的样儿。

又是一年开学季，贝贝已经蹦蹦跳跳地到学校了，成千上万的像贝贝一样的孩子也高高兴兴地去上学了，于是想到我们的学校，我们的老师会给他们一种什么样的教育方式，他们会拥有一种什么样的学习状态，我们的教育能不能留住他们的童心，呵护好他们的童年，能不能让贝贝一直保持这份童真，能不能让我们的孩子都拥有这份童趣……

这几天，忙于为我的新书写自序，弄一个后记，一有闲暇，始终萦绕和思考着的便是这些话题。

昨天晚上打开微信，在朋友圈看到周校长发的一则动态。周校长说，他昨天晚上下班回到家，意外地收到了小女儿写给他的一封信，信被包裹得严严实实，而且怎么样放信，小女儿很用心，她在床上最显眼的地方放了一个枕头，在枕头上端端正正地摆上这封信。

周校长打开一层又一层，当打开到第三层时才见到"庐山真面目"："爸爸，你能 shí 现我一个 yuàn wàng 吗？就是带我去看秋天。"

看到贝贝这么一个朴实而又简单，朴素而又诗性，温馨而又暖人的愿望，感觉一下穿越了时空，一个俏皮灵动、机敏伶俐的小女儿便似乎站在我眼前，又在笑，又在唱歌，还在给我们讲童话故事。

"带我去看秋天"，在贝贝的心中，秋天是美丽的。在那里，青山隐隐，江水袅袅，落叶萧萧，秋雨绵绵；在那里，秋高气爽，阳光温柔，白云飘逸，遍地金黄；在那里，秋风过处，层林尽染，色彩斑斓，五谷飘香。

秋天究竟在贝贝的眼里和心里是一个什么样子呀，她当然没有这些印象，她多么想有机会投入秋天的怀抱，去掀开它神秘的面纱，去一睹它的芳容，去感受一下秋天的静谧与美好。

就是这么一个小小的"yuàn wàng"，她知道她的学校、她的老师或许一时半会儿还不能满足，还不能帮她"shí 现"，于是给她的爸爸写信相求。她的学校、她的老师为什么有可能一时半会还满足不了带她去看秋天的"yuàn wàng"，小女儿当然一时半会儿弄不明白，而周校长明白，你、我明白，很多很多的人都明白。

因为去看秋天，那是"无用"之举，自然会耽搁学习时间，学不到"有用"的，怕影响考试分数和孩子们的人生前程；因为去看秋天，难免存在安全上的风险，一有擦剐闪失，家长就会不依不饶，大闹校园，纠缠不止，学校和老师可承担不起责任。多一事不如少一事，何必自讨苦吃呢？

还不说带孩子去看春天和秋天，有的学校连对抗性强的体育课都改上室内体育课，照本宣科，稳当！这且不说，还有的学校为了确保安全，课间十分钟休息，除了尿急的孩子可以通过给老师请假，有机会离开座位上趟厕所外，不尿急的孩子则必须规规矩矩地坐在原位置上，不能有丝毫走动。如此如此，你还指望学校和老师带孩子去看秋天吗？那简直是异想天开！

然而当下的教育远离生活、远离大自然、孩子们被囚禁于教室，被送往补习班，被限制在书本中，他们无暇看小草破土，听潺潺流水，闻鸟语花香，也没有时间打打水仗，捉捉迷藏，玩玩老鹰抓小鸡，更无心思欣赏从窗户飞进教室的一只蝴蝶，从哪家门户跑进校园里的一条小花狗。

当然，他们更没有机会走进田间地头，走到乡村小道，走入美丽的大自然，走向春天和秋天……久而久之，孩子们的童心失却了，童年不再有了。

贝贝有这样的"yuàn wàng"，说明她童心未泯，童稚、童趣、童真还在。童心在，童稚、童趣、童真还在，她的梦想就在，希望就在，快乐就在，幸福更在！

其实，奠定一个人人生基础的，是童年；给一个人成长打上精神底色的，是童年；决定一个人今后发展的潜力和高度的，仍然是童年。可以说，孩子有一个什么样的童年，未来就会有一个什么样的人生。

如果我们的孩子在他的童年，被绳捆索绑死死的，因为分数而耽误了孩子的童年，因为安全上的考虑而压制了孩子的童年，因为我们的功利与无知"绑架"了孩子的童年，在他们生命成长的早期岁月里，让他们远离生活，远离大自然，远离春夏秋冬四季，让他们过早失去快乐的童年，丢掉一颗天真烂漫的童心，那岂不是一种教育的缺失，对于孩子，又何尝不是一种人生的缺憾？

这样的教育，我以为，在摧残孩子的时候，就已远离教育的本真了；在荼毒孩子的时候，便已走向万劫不复的罪恶深渊了。

陶行知先生说："要把小孩子从鸟笼中解放出来，放大的鸟笼比鸟笼大些，有一棵树，有假山，有猴子陪着玩，但仍然是个放大的模范鸟笼，不是鸟的家乡，不是鸟的世界。鸟的世界是森林，是海阔天空。"他为此呼吁："我们要解放小孩子的空间，让他们去接触大自然中的花草树木、青山绿水、日月星辰以及大社会中之士、农、工、商、三教九流，自由地对宇宙发问，与万物为友，并且向中外古今三百六十行学习。"

只有做到陶行知先生所主张的，在呵护孩子的童心，捍卫孩子童年的同时，才能培养他们热爱生活的情感，激发他们强烈的学习兴趣，释放他们的个性天赋，开启他们的想象力和创造力。

为了孩子，但愿贝贝的"带我去看看秋天"的愿望不再是愿望，也但愿更多的孩子都能拥有并保持这一份"带我去看看秋天"的美好愿望，更但愿我们的父母和老师在成全孩子"去看看秋天"的愿望中，给孩子留存一颗童心，留下一个快乐而幸福的童年！

三个"一切"的教育价值

"一切为了孩子，为了孩子的一切，为了一切孩子"，一说到这句话，大家耳熟能详。

很多中小学校和幼儿园的墙体上，乃至于校大门的正上方，或者城市、集镇、乡村的一些人群集聚的公共场所和公共设施上，都常常看到这样的十分醒目的口号。

这个口号不仅被不少的校长和老师奉为圭臬，成为学校的办学理念和追求，也成为教育的宏大目标和愿景，而且还被各级领导和广大校长作为口头禅，用以对教育和教师进行引导性和规范化的要求。

追本溯源，这句话的出处，应该是出自宋庆龄先生之语。宋庆龄先生不仅是我国伟大的革命家和政治家，还是一位卓越的教育思想家。她对革命事业忠贞不渝，对孩子的教育更是满腔热情，一往情深。

她一生无子，但是她把自己毕生的爱都完全投入到了儿童教育事业中，成为千千万万个孩子的"母亲"。她说："爱孩子，是每个善良人的天性，但教育儿童却是国家赋予我们的责任。"她认为："儿童是国家的未来，热爱儿童，关心下一代，提高他们的素质，才能促进社会的正向发展。"

"把最好的东西给予儿童"，是宋庆龄儿童教育思想的精髓，她曾经说："有些事是可以等待的，但少年儿童的培养是不可以等待的。"

宋庆龄先生提出"一切为了孩子，为了孩子的一切，为了一切孩子"这句话，昭示了她的一颗大爱之心，一副慈爱之怀，一种以孩子的健康快乐成长和幸福生活为己任的博爱之举。她的这句话，既是她对青少年儿童工作机构以及工作者提出的要求，也是给自己提出的要求。

宋庆龄先生以她毕生的心血和精力，不断奋斗，孜孜以求，为儿童争取和创造了受教育的权利和条件，真正做到了"一切为了孩子，为了孩子的一切，为了一切孩子"。

这句口号为什么这么多年一直流行，为什么一直这样的抢眼球呢？一方面，一句话，三个词，普普通通的几个字，就因为顺序调整，排列组合，便朗朗上口，颇有情趣，饶有韵味，令人咀嚼，让人耳目一新。

另一方面，就是这么一句话，从三个不同的层面和角度，表达了不同的意蕴，彰显了对孩子教育的不同的取向和主张。

"一切为了孩子"，是希望无论是国家、社会，还是学校和家庭，乃至我们的所有教育力量，我们所做的一切都要从孩子的需要出发，一切为孩子着想，一切立足于孩子的快乐幸福，一切指向孩子的健康成长。

"为了孩子的一切"，就是涉及孩子的所有事情，没有大小之分，也没有轻重之别，更没有缓急之差，只要是孩子所需要和期盼的，我们都要努力去做，都要尽可能满足，尽可能地实现。

"为了一切孩子"，要求我们对待孩子不分三六九等，不论尊卑贵贱，不管健全残疾、愚笨聪明，也不计较过去犯过错，哪怕是曾经触犯过法律的，都应该对每个孩子表现关爱之心、仁爱之心，都应该用教育之爱为他们播撒阳光雨露，为他们架设一座座爱的桥梁，铺设一条条爱的轨道。

儿童是祖国的花朵，是国家以及民族未来的希望，儿童的境遇反映着一个民族的高度，也决定着一个国家文明的程度，所以培养孩子，重视孩子的教育也自然成为党和国家关注的话题以及义不容辞的职责使命。

"一切为了孩子，为了孩子的一切，为了一切孩子"，虽然提出至今已经有好几十年了，但是直到现在，仍然具有重要的指导和启迪意义。

它昭示我们，不管在什么环境和条件下，都必须具有孩子的立场，必须具备孩子的视角，必须树立孩子的主体意识，必须把孩子置于教育的正中央。不管我们处于什么样的状态和情形，我们都要关注孩子，重视孩子，热爱孩子，全心全意地为孩子服务。

联想到当下一些地方，受社会浮躁、家长焦虑的影响和干扰，教育变得异常功利，一切为了分数，为了分数的一切，为了一切分数，教育人眼中只有分数，似乎没有了孩子，教育着眼更多的是分数和成绩，考试与排名，也似乎少了对孩子的关注。教育是人的事业，教育应该弥漫着生命的气息，闪耀着人性的光芒。

今天重温这句常识性的口号，更应该用这三个"一切"，审视我们的教育教学行为，检视我们对孩子的用心与态度，把它作为衡量我们践行生本教育，贯彻和落实党的教育方针的一个标准和尺度。

特别是在实现中华民族伟大复兴的中国梦的伟大历史进程中，作为政府与社会层面，更应该坚持教育的优先发展和均衡发展，积极促进和维护教育公平，保证每一个孩子"有学上"和"上好学"。

作为广大教育人更应用我们的用心、细心、精心，用我们的"甘为孺子牛"精神，用我们的责任与担当，关注每一个孩子，接纳每一个孩子，尊重每一个孩子，平等地对待每一个孩子，使每一个孩子都能体会到学习的愉悦，学校生活的快乐。

在对孩子的教育上，我们应多一把尺子，多一种标准，多一份期待，给每一个孩子的成长多一线希望，多一些机会，多一种可能。不落下每一个孩子，让每一个孩子都在校园里抬得起头来，让每一个孩子生命都绽放出美丽的花朵，都能做到有枝可依。

把"三个一切"作为一种激励，一种鞭策，口号就不再是口号，常识就是一种共识，就是一种号令，就是一种行动，就是一种孩子成长的幸福，就是一种教育发展的美好！

小学低段教育幼儿化

一些家长给我讲，我家孩子小学一二年级成绩经常考满分，后来读到小学五六年级怎么就慢慢不行了，到了上初中、高中的时候，那更是一路下滑，适应不了，甚至厌学辍学。这是怎么一回事呀？

其实原因很简单，小学低段需要学习的知识内容简单、结构单一，仅靠大量写作业和死学蛮拼，就可以考高分、考满分，获得一个好成绩，然而这个成绩却具有很大的欺骗性。

对于小学时期，特别是小学低段，千万不要过分看重孩子的考试成绩，不要用大量的作业和刷题来压榨孩子，更不要让孩子不停地奔波于各种补习班，进行无休止的补课，把孩子的时间与生命填得满满的，让孩子没有闲暇，没有玩耍，没有时间阅读。

用作业和刷题压榨孩子，用补习和补课大肆挤占孩子的时间，这恰恰是孩子越到后来，在面对大量的、复杂的学习任务时，越感到兴趣丧失，力不从心，后继乏力，不能顺利完成学业的主要原因。

出现这种情况，除了小学教育的不注重方法，死整蛮干，还有一个"杀手"，那就是受社会浮躁、家长焦虑的影响，幼儿教育被捆绑，一些幼儿园不得不过早地教婴幼儿拼音、识字、算术、背唐诗、记英语单词，甚至有地方还要进行幼升小衔接考试，导致幼儿教育小学化倾向日益严重。

完全跑偏变味的幼儿教育，让孩子从婴幼儿阶段便变成了教育的机器人，在超前教育、过度学习中不断扼杀孩子的天性，让他们慢慢丧失学习的兴趣，久而久之，甚至还会产生极度的厌学情绪。

更为重要的是，在这个阶段把力气用尽，就像汽车一上路，便把油门一轰到底一样，到了爬坡的时候就很吃力，难以为继了。

孩子的一生不是50米、100米的短跑，而是漫长的马拉松。短跑在于起跑，起跑那一瞬间的快慢，决定着最终的成败。

而马拉松却不在于起跑的速度，大凡有经验的马拉松选手，他会在前半程放慢脚步，把握节奏，积蓄力量，关键时刻全力冲刺，后发制人，获取全胜。相反那些一起跑就拼尽力气，全速奔跑的，后面差不多都会偃旗息鼓，半途而废，很难跑完全程。

我认为，好的幼儿教育，也包括好的小学教育，特别是小学低段教育，应该给孩子们营造出一种童话般的世界，让婴幼儿以及儿童在多彩绚烂的童话般的世界中，通过讲故事、听童话、看绘本、玩游戏，开启他们的想象，丰富他们的心智，激发他们的学习兴趣，帮助他们养成良好的习惯。

特别是要留给孩子们充足的时间，让他们尽情嬉闹、打跳、捉迷藏、捕蝌蚪、抓小鱼，让他们走进大自然，奔跑、欢笑、捏泥巴、采野花、看潺潺流水、闻青草花香，让他们可以开心地阅读，读他们喜欢的童书，每一本童书中，都有精彩的世界，都装着一份五彩斑斓的童年，以此留住并拉长孩子们的童年。他们有一个什么样的童年，就会有一个什么样的人生。

对于儿童，如果我们给他的教育不只是枯燥的知识的认知与记忆，也不只是对分数的追逐与拼杀，更不只是对成绩和排名的简单要求与考核，而是给他们一个完整的童年，给他们最核心的素养和陪伴他们一生有用的东西，他们不仅面对当下的学习得心应手，快乐幸福；而且面对今后的学习也会充满热情，后劲十足，给力有力，发力添力；就是面对未来人生，也会信心满满，左右逢源，游刃有余。

我以为，根据婴幼儿的身心规律与认知特点，幼儿教育不但要克服小学化倾向，而且对于小学教育，特别是小学低段，还要尽量让小学教育幼儿化。

过去我一直主张小学三年级以下取消纸质考试，变定量的考试为定性的考查，而且也是这样在坚持做。

在实际操作中，对小学低段的考查，我们把一道道考题设计成闯关游戏和情景模拟，诸如"趣味语文""拼音天地""数学王国""运动展台""音乐茶座""涂鸦馆""生活麻辣烫""品德碰碰碰"等，让孩子以"游园式""体验式"的方式参与，在玩中学，在玩中考，在玩中了解和掌握孩子的平时学习、知识积累、综合能力和习惯养成的情况。

评价是一种导向，也是一种激励。这种评价方式的改变，对于纠偏小学低段不正常的教育方式和行为，改良一方基础教育生态，保护儿童的天性，保持儿童对未来学习的一种向往与热情，给他们快乐的童年，会起到积极的作用。

淡化一时分数之得失，不以成绩论英雄，本着对孩子的一生负责，把教育的眼光放长远一些，让小学教育多一些舒缓和闲适，多一些情趣和欢快，这既是一种教育良知，也是一件关乎功德的事。当然，这更需要教育人的智慧和勇气！

匹配的教育就是好的教育

一个朋友的孩子读小学，成绩不好，这次期末考试平均分数刚过及格线，与班上那些考 97、98 分的孩子相比，可以说太逊色了。

但是这个孩子从小就特别喜欢收集石头，一有时间就到沙滩、河坝、山头挑拣石头，他收藏了很多奇石，有的石头被他再创作，涂上颜料，绘上画，加以修饰，更显得惟妙惟肖，栩栩如生。

孩子的妈妈并没有因为自己孩子成绩没有超过其他同学，或者孩子没考出高分，就数落责怪，大打出手，而是支持孩子的爱好，尽力呵护他的兴趣。而且一有时间便陪孩子爬山，转河滩，到处去捡拾喜欢的石头。

前不久，孩子的妈妈还在家里为儿子搞了一个"石展"，邀请亲朋好友以及儿子的同学到家里参观。孩子在这方面的兴趣更浓了，他的志向是要行走天下，收藏更多的石头，建奇石博物馆，做一个奇石收藏家。

在全民焦虑的助推下，当下的不少家长望子成龙、望女成凤的心太迫切，关注的是自己孩子的成绩，死盯的是孩子的分数，为了成绩和分数，裹挟着孩子没日没夜地写作业、做功课，逼迫着孩子上各种补习班、培训班，而且在孩子分数上相互攀比，分分计较，不说刚过及格线，就是落后别家孩子一分都不行。

有一家长，拿着自己孩子考了一个 95 分的成绩单，正在高高兴兴地夸奖孩子时，忽然听到隔壁家的孩子考了 96 分，立马由晴转阴，暴跳如雷，暴风骤雨，狠狠地教训起自己的孩子来。

还有的家长把分数看成命根子，有分数的娃就是宝，没分数的娃就是渣，哪管孩子的个体差异，哪会顾及孩子的个性特征，哪能念及孩子的兴趣爱好。

由此，我们应该为这位妈妈竖起大拇指点赞！

作为父母，当然应该关注孩子的学业，关心孩子的成绩，这是正常的，本无可厚非。但是孩子的天性各异，禀赋不同，不可能学业成绩般般好，也不可能人人考高分，个个得满分，大家都当第一。

一个班几十个孩子，考第一名的始终只有一个，不管大家怎么刻苦勤奋，哪怕闻鸡起舞、悬梁刺股、囊萤映雪，哪怕夜以继日、焚膏继晷、通宵达旦，始终有孩子会考倒数。

而且孩子在当下多考几分，少考几分，这并不重要，也并不能决定孩子未来的发展。难道多考几分的孩子今后就一定出人头地，成就非凡？难道少考几分的孩子他今后就一无是处，无所作为？

更何况一个正常而健全的社会除了需要精英和栋梁，更需要方方面面人才的支撑，特别是需要普通劳动者对社会的创造与贡献。我们为此应该保持一份清醒冷静，拥有一种平常平和心态，不应该太苛求孩子。

只要我们的孩子尽其所能，能够成为合格公民，成为他应该成为的他那样的人，我们就应该感到自豪，就应该为孩子喝彩。

那些天生的学霸毕竟是少数，像喜欢石头，有着鲜明个性和广泛兴趣爱好，成绩却普普通通的孩子，则是大多数。

如果我们的父母把他们视为"学渣"，当成"人渣"，冷眼相待，暴力相加，一味厌弃，如果我们的父母眼里只有孩子的成绩和分数，而且为了成绩和分数，不择手段，不惜一切代价去强迫孩子承担超出其承受能力的学习负担和压力，甚至采取"虎妈""狼爸"式的教育方式去压榨孩子的身心，而完全忽视孩子的自身情况，忽视孩子的个性差异，忽视孩子的兴趣爱好，就完全有可能把一个个极具无限发展可能的孩子无端地葬送。

教育是什么，是分数？是成绩？还是知识传授？有一段话说得很明白："教育并非仅是知识教学，它是生活方式，是思维方式，是你每天呼吸的空气，举手投足的修养，个人回转的空间。"这，在分数的小方格窗里是看不到的。

在高考一考定终身的当下，成绩和分数尽管很重要，但仅仅是一把尺子丈量的结果，也仅仅反映的是孩子在文化知识学习与接受上的程度，并不能说明和决定一切。

做父母的应该留意孩子的学习成绩和分数，但绝对不能忽视孩子的个性差异，绝对不能唯成绩和分数论英雄，也绝对不能因对成绩和分数的过度追逐，而泯灭和伤害孩子的兴趣爱好。

孩子的兴趣爱好，若失去生存的土壤，就会让孩子失去持续的动力，丧失学习的热情，丢失生活的信心，就会毁掉孩子难得而珍贵的潜质。

教育讲究一个匹配度，匹配度适合的教育就是好的教育。所谓匹配度，就是我们给孩子的教育与孩子的自身是否相配，是否契合，是否协调，也就是我们的教育是否因人而异、因材施教。

现实教育生活中，为什么许多教育失败了，不一定是教育本身不好，而可能是匹配度不够。

这个喜欢石头的孩子是幸运的，他遇到了一位负责任，有教育智慧的妈妈。她从孩子身上捕捉到了孩子的闪光点，看到了孩子的长处，知晓了孩子的兴趣爱好，并用心地去呵护、浇灌，创造各种条件加以成全与培养，领着孩子走进了属于自己的春天，让孩子拥有了一片属于自己的蔚蓝天空。

是这位妈妈，给了孩子一个匹配度适合的教育。

但愿更多的父母都能像这位妈妈一样，不要因自己的功利与颜面去伤害孩子，而要对孩子多一点认知，多一份包容，多一些从容，多一种成绩和分数以外的标准与期待。

若能做到，孩子即使是一丛野百合，也将会拥有自己绚丽多姿的春天！

做一种让孩子睡眠充足的教育

1

据中国睡眠研究会发布的《2019 中国青少年儿童睡眠指数白皮书》数据显示，受调查的青少年儿童有 62.9% 睡眠不足 8 小时。

我以为，这还是一个保守数字。根据我了解的情况看，一些孩子甚至是才刚刚上小学一二年级的，放学后还要上补习班，本来回家很晚，还要完成学校老师布置的家庭作业，补习班安排的各种课业，在磨磨蹭蹭中完成任务后，差不多都是深夜十一二点了，更有甚者还要熬到凌晨才睡觉，而他们早上六点多就要起床。你看，睡眠时间有的还不足六个小时。

更何况，不少孩子不是一上床便能入睡，有的孩子说，躺在床上，满脑子都是学习、写作业、上补习班的画面，经常要躺上好长一段时间才能勉强睡着。

还有的孩子因为过重的学习负担和压力，经常出现惊吓、恐惧和做噩梦的情况，难以达到深度睡眠的状态，睡眠质量差。

睡眠严重不足，孩子们容易出现情绪低落、脾气暴躁、精神恍惚、注意力不集中、记忆力变差，甚至产生抑郁的情况。

2

为确保学生睡眠时间，其实，我国早已出台了不少文件政策，如 1979

年、1990 年出台的《中小学卫生工作暂行规定（草案）》《学校卫生工作条例》，2008 年印发的《中小学健康教育指导纲要》，都规定了每天小学生 10 小时、中学生 9 小时的睡眠时间要求。

2017 年教育部印发的《义务教育学校管理标准》，再次明确"家校配合保证每天小学生 10 小时、初中生 9 小时睡眠时间"。

然而，文件如此之多，如此之刚性，却没能保证孩子们充足的睡眠时间，而且孩子们的睡眠时间还在不断减少，不断缩水，这的确是一件很尴尬的事情，也是一种值得反思的怪象。

3

好就好在，孩子的睡眠问题已引起了全社会的广泛关注和重视。

在中国教育三十人论坛第七届年会上，著名学者、21 世纪教育研究院院长杨东平老师在"善待我们的孩子，他们的名字叫未来！"的演讲中，大声呼吁我们的教育应善待儿童，让儿童免于恐惧，保障儿童睡眠和健康。

据悉，睡眠将作为五项管理之一，被列为教育部 2021 年工作要点。

就在刚刚闭幕的 2021 年全国教育工作会议上，特别指出："作业、睡眠、手机、读物、体质五项管理，看似小事，但都是关系学生健康成长、全面发展的大事，也是广大家长的烦心事。"

并且强调，在睡眠管理上，要把家庭和学校的边界划出来，研究学校的发力方式，提出学校怎么配合家长的具体方式。

4

什么是好的教育，我曾经写过一些文章，也做过一些演讲。

我说，孩子向往的教育就是好的教育；孩子喜欢的教育就是好的教育；眼中有人，富有人性的教育就是好的教育；注重个性，让每个孩子生命都有枝可依的教育就是好的教育。

我还说，尊重学生，师生关系平等，学生有自己尊严的教育就是好的教育；有教无类，让每个孩子都幸福成长，都能成人的教育就是好的教育；有分数但不唯分数，有质量但不唯质量，在让孩子收获分数的同时，还拥有陪伴一生的好的习惯、好的品质、好的心理、好的身体的教育就是好的教育；等等。

总之，好的教育的特征很多，我们要追求好的教育的路径也有很多条，但是面对今天的语境和当下的教育，我以为，一个好的教育最起码的保证，或者说最基本的底线，那就是让孩子能够有充足的睡眠时间。我以为，能够让孩子睡好觉，能够保证孩子睡眠充足的教育，就是好的教育。

大家想一下，如果我们的孩子连睡眠时间都保证不了，成天昏昏沉沉、无精打采、萎靡不振、身心疲惫、厌倦学习，甚至厌世，失去生活的信心和勇气，孩子们还会接纳我们的教育吗？对他而言，还会有好的教育吗？

我以为，我们的教育不管秉承一个什么好的思想和理念，不管采取什么好的方式和方法，不管运用什么好的技巧和艺术，如果连孩子的睡眠时间都保证不了，连孩子的身心健康都保障不了，连支撑孩子学习的一个好身体都没有了，哪还有什么好教育可言。

我还以为，我们的教育即使没有让孩子考高分，得满分，没有让孩子上重点，读名校，但只要能保证孩子每天充足的睡眠时间，仅凭这一点，我认为，这就是好的教育，甚至是了不起的教育。

5

让孩子有充足的睡眠时间，这既是孩子健康成长的基础，也是做出一种好的教育的前提。

而且孩子的睡眠问题已被列上议事日程，当务之急就是如何落实，如何保证的问题。

一方面必须用过硬举措，切实减轻中小学课业负担。孩子睡眠严重不足的根源在于中小学校课业负担太重，孩子做不完的作业，练不完的题，背不完的知识点，这些既压得孩子喘不过气来，又消磨了孩子很多休息时间，包括正常的睡眠时间。

只有减轻了中小学生的课业负担，把孩子从作业堆和题海中解救出来，把休息时间还给孩子，才能保证孩子充足的睡眠时间，也才能保障孩子身心健康。

专家提出的加强作业、睡眠、手机、读物、体质五项管理，几个方面其实是相辅相成的。

只有加强作业管理，真正做到小学阶段作业不出校门，随堂作业在校园内完成，初中阶段作业不超纲，高中阶段作业不越界，这样才能有效地减轻中小学课业负担。

课业负担减轻了，孩子的睡眠充足了，睡眠问题解决了，健康的体质，包括健康的身体素质和心理素质也就有了。

这当然不能仅停留于说一说，讲一讲，发一发文件，还必须明晰责任，让学校的责任回归学校，让家庭的责任回归家庭，并且做到家校互通，密切配合。

这方面不妨向日本借鉴，日本小学生的家长每天早上要填写一张健康卡，详细记录孩子头一天的睡觉时间、起床时间以及睡眠状态等信息，学校若发现学生睡觉过晚、睡眠不足等问题，老师会及时提醒家长。

还要进一步强化监测考核，特别是各级教育行政主管部门要把中小学生的睡眠时间以及体质状况纳入对学校的督导考核，并制订具体细则，加大考核权重，通过考核和倒逼，确保保障学生睡眠时间的政策能够切实落地。

另一方面必须出重拳，下猛药，规范校外各种名目繁多的培训与补习。造成孩子课业负担重的原因，除了来自学校外，更大的层面还来自校外的各种培训与补习机构。

特别是靠资本运作的校外培训与补习机构，为了获取客源，争相在各大媒体、公交站牌以及节目上铺天盖地做广告，并通过广告刺激与营销，大肆渲染"不能让孩子输在起跑线上"这个伪命题，营造所有孩子都需要参加培训的氛围，制造并加重全民焦虑，由此绑架千千万万家长，不惜一切代价，哪怕砸锅卖铁都要把孩子送进各种培训与补习机构。

而且互相攀比，感觉谁不把孩子送去，或者少送去，谁的孩子就要吃亏，就对不起孩子。

在这种被资本完全主导的营销模式席卷下，不仅让教育偏离了本质，而且让教育陷入恶性竞争，在无限度增加家庭教育成本和孩子的学习负担的同时，吞噬了孩子的睡眠时间，酿成了成千上万孩子的"童年噩梦"。

可以说，是这样的一些机构，既坑了一代又一代的小孩，还坑了他们的爹和妈。

由资本裹挟的这种教育乱象，已经引起了决策层的注意。

当下的"双减"，从国家层面已在出重拳治理校外培训乱象，以切实减轻中小学生课外培训负担。

6

请善待我们的孩子，他们的名字叫未来！

怎样善待，我以为，首要的是从关心孩子的睡眠做起。

办一种让孩子睡眠充足的教育，把睡眠时间还给孩子，保障孩子应有的基本睡眠时间，让孩子有一个健康的身心，在未来拥有一个幸福的人生，这便是对孩子最好的善待，也是对未来最好的负责，更是对教育使命的最大担当！

教育应多些"土"的味道与气息

社会发展很快，各种食物、食品眼花缭乱，但人们对土猪肉、土鸡、土鸡蛋、土芹菜、土红萝卜、土豆角、土韭菜、土豆腐等等大凡带"土"的食材都很喜欢，情有独钟。

这些食材虽"土"，却能吃出本味儿。像我们这种年岁的人，还能吃出一种回味，吃出那样的一个年代的感觉，勾起过往岁月的一些美好的回忆。

更重要的是，这些"土"食材，没有使用食品添加剂，不是在大棚生产，没有违反节令，都是按季节生长，按内生规律自然生长。

像"土豆腐"的制作，不是机器打浆，而是用石磨手推，也不是用石膏点制，而是使用的纯天然胆水。

这种出自天然、自然、绿色的东西，吃起来不仅口感好，而且更放心、更营养，对身体没有危害，有益于健康。

正由于此，大凡土食材价格都要贵得多，但是人们还是竞相购买。

于是想到我们的教育，想到我们从前的教育。

那时的课堂，没有白板，没有平板，没有五光十色、花里胡哨的现代信息技术手段的运用，也没有现在一些人为的矫揉造作，热热闹闹，打打跳跳，亮点纷呈。

一块黑板，一支粉笔，一把擦子，一根教鞭，一张讲桌，那就是课堂的全部家什。老师那清新工整的板书，那优雅从容的教态，那眉飞色舞的表情，那妙趣横生的语言，那鞭辟入里的讲解分析，一切都是那样的朴实无华，自然而然。到现在想起来，仍是那样的温馨亲切，难以忘怀。

那时的活动，没有现在这么宽敞的场地，没有齐全的功能室，也没有完备的器具，甚至连什么专业老师都没有，更没有什么社团的概念。在凹凸不平的泥操场上抢一个篮球使尽力气投向木板架，便是奢侈的享受。踢毽子、甩大绳、打陀螺、滚铁环、抓子儿、扇烟牌、斗鸡……便是课余生活乃至整个童年的全部。

然而就是这些充满着乡土味的活动，不仅给我们留下了乡音，记住了乡愁，而且给了我们一个一生都难以抹去的记忆。

那时的学习很轻松，清晨蹦蹦跳跳上学去，下午高高兴兴放学回家，那个时候书包没有现在的大，也没有现在的沉。一个帆布挎包，装着几本用牛皮纸包的课本，几个小作业本。作业也没有现在这么多，在我的记忆中，差不多没有课外作业，也没有家长改作业，没有 PPT 下载作业，没有微信群、钉钉群布置作业。

在放学的路上，采野果、捕鱼虾、打水仗、捉迷藏，回到家，还要帮父母放牛、割草、拾柴，干一些力所能及的农活。

当然，那时更没有什么补习班、培优班，也没有什么兴趣班、特长班、奥数班，更没有什么网课。

然而，那时候的父母没有焦虑，都有一种平和的心态，"成龙的上天，成蛇的钻草"，这便是那个时候不少家长对教育的取向和对孩子成长的理解。也就是不苛求，不强求，一切顺天性和天意。

孩子也鲜有近视的、抑郁的，更没有接二连三跳楼的，孩子天真活泼、自由自在，都有一个棒棒的身体，都有一个快乐的童年。

那个时候就连家校关系都很好，家长尊敬老师，经常给老师说"我那个家伙不听话，老师您给我好好收拾""老师做得对，就该修理嘛，谢谢老师"。

老师再忙，哪怕晚上都要打着火把、电筒去家访，当学生的，看到老师来家访了，尽管有些胆怯紧张，东躲西藏的，但是心里却是非常地高兴。

一句话，那个时候的教育就是"土"，也的确有点"土"，"土"得就像现在人们喜欢的土食材一样，但却体现了一种朴素，一种本原，一种本真，一种顺其自然。

这样的教育没有喧嚣浮躁，没有急功近利，没有拔苗助长；这样的教育没有焦虑的左右，没有过大压力的束缚，也没有一些无形手的绑架。

　　正如人们喜欢"土"食材一样，这样的"土"教育相信人们更会留恋，更为期待，也会发自内心认同与呼唤。

　　这并不意味着我们的教育就一定要回到那个时代，回到那样的"土"上，但那个时候支撑"土"教育的一些内在的东西，却值得我们反思和借鉴。

　　面对当下教育的"乱花渐欲迷人眼"，我们更应该尽最大努力回归教育的"土"，让教育多些"土"的气息和味道。相信"土""洋"结合，我们的教育就会"洋"眉"土"气！

构建良好的亲子关系

在一小餐馆，几个孩子的家长边用餐边唠嗑，他们的话题是关于孩子的问题。

一个家长说："这两个多月，我家的那个神兽，都快把当爹当妈的逼疯了。"

另一个家长说："期待赶快复学，复学了，我们就解脱了。"

旁边的一个家长说："把神兽送到学校去，让老师去收拾，我们才好过几天清静日子。"

其中一个家长插话："没看到今天的通知吗，原定的复学时间，又推迟了，想解脱又泡汤了。"

几个家长长吁短叹，甚是无可奈何。

一场疫情，划破了家庭的宁静，打破了教育的舒适区。

孩子赖床，作息不规律，贪玩，疯狂玩手机、打游戏，让家长陷入抓狂境地。

孩子居家学习自觉性和自律性差，作业马虎，听网课不认真，走神，眼睛盯着屏幕，心思却没在学习上，人在曹营心在汉，让家长忧心忡忡。

家长们本想居家好好放松放松，没想到又要操持家务，还要为生计奔波，更要督促孩子上网课、写作业，让他们苦恼不已。

家庭天天玩着猫和老鼠的游戏，天天上演亲子大战，加之假期一延再延，眼见亲子关系从最初的还算融洽到眼前的冲突不断，从开始的亲密无间到现在的战火连天，无论是家长还是孩子，心理防线都开始有了崩塌的迹象。

难怪家长们快到了被逼疯的境地，都急盼着快点复学，好把"神兽"送到学校去。

共性的现象，其实昭示着一种共同的问题，那就是我们都必须面对的家庭教育问题。

突如其来的疫情，让父母和孩子一起居家生活，成为整天相处的"室友"，在同一屋檐下的形影不离，给父母创造了一个超长陪伴的机会。

陪伴是最好的教育，也是构建良好亲子关系的基础。

过去，不少父母常常为生计所迫，为工作繁杂所困，总以没有时间为借口，缺少对孩子的陪伴，陪伴的不充分，造成了不和谐乃至紧张的亲子关系，也因此产生了很多问题孩子。

其实，父母们最应该做的是，好好利用这个难得的与孩子有更多时间相处的机会，转变家长身份，关掉电视，放下手机，丢下手头活，抛下家长权威，扔下生活中的烦恼与焦虑，视孩子为朋友，与孩子多接触，多交流，多沟通，弥补这之前或许对孩子疏于陪伴的遗憾。

又特别是疫情所带来的一系列育人要素的时空分离，孩子的学习从同班共学到居家而学，失去了课堂教学氛围，缺乏了必要的现场督控，还没有了面对面的眼神传递、情感互动，线上学习的特殊性决定了家长角色扮演的重要性，家校充分配合的必要性。

在家长角色的扮演上，应该从生活的照料与保障者转变为孩子们学习的协助与监督者、环境的创设与营造者、心理的调适与辅导者、人生的引导与参谋者。

在家校充分配合上，一方面，家长要通过关心对话，鼓励信任，关注孩子的学习兴趣，激发孩子的学习热情，将学校导向与家庭取向，老师的意向与孩子的倾向结合起来，使自己成为孩子最好的老师。

另一方面，要多样化地利用家庭空间，通过多种形式的学习活动加强亲子互动。比如亲子共读、共同参与某项益智游戏、一起参加身体锻炼、合作完成一项手工作品、与孩子一道进行家务劳动，在丰富多样的活动中增强学习的趣味性，加深亲子感情。

与此同时，父母还要及时发现和安抚孩子的不良情绪，主动疏解他们的学习压力，排解相应的困难与困惑，尽可能引导和培养孩子的自主学习、自我管理能力。

金无足赤，人无完人。孩子在他那样的年龄，存在着这样那样的毛病，那既符合孩子的特征，又是太正常不过的事情。

一代与另一代有着年龄代沟。孩子这一代跟上一代是不一样的，上一代和下一代的冲突是永远存在的。

对孩子多些包容，宽容他的缺点，容忍他的不足，容许他犯错，把一种反思的力量灌注到孩子的内心，成为一种自省的能力，那便是家庭教育的一种成功。

所以我们应该感恩与孩子的相遇，感恩生命中有这样的"神兽"。当父母有这样的一种心态，"神兽"便会变成宝贝，亲子关系便能悄然开花，这个特殊长假将更有意义。

当然，就即便复学了，父母把孩子送到学校，也绝不能万事大吉，撂下不管。

有人说："老师和家长，就像两支船桨，只有双方朝着同一个方向共同努力，才能让孩子向着我们期望的方向驶去，顺利到达胜利的彼岸。"

在教育孩子的问题上，家校配合这是一个永恒的话题。家校配合得越好，对孩子的教育越有效，孩子的成长越健康。

孩子永远是家长的，不是老师的。只图把孩子弄到学校过清静日子，而放弃家长的义务，家庭的责任，那既是一种教育的缺失，也是一种失职。

我还在想，家长面对一个孩子，仅仅两个多月时间，就把自己弄得焦头烂额，不可开交。而我们的老师，成天面对几十个孩子，既要教知识育分，又要教做人育人，既要言传身教，又要发展自我，既要带好班级，又要管好每一个学生，不知要付出多少心血和智慧，承受多大的压力和责任啊！

令人感到不可思议的是，现实中一旦有老师对孩子严厉了些，或者老师有点什么差错闪失，一些家长便不依不饶，拿老师说事，找老师麻烦，跟老师过意不去。甚至打骂老师，逼老师下跪，四处告老师的状。

百年难遇的超长的假期，一些家长由此饱尝了教育孩子之难，我想，在这个时候，家长们就应该来一个换位思考，将心比心，以心换心，理解当老师的不容易，今后应该对老师多一份包容和理解。

好的关系就是好的教育，有了良好的亲子关系，就有了好的家庭教育。只有好的家庭教育与好的学校教育合力汇成一束光，才能照亮孩子未来的路。

好的教育从沟通中来

接连写了几篇家庭教育文章，经我的公众号"汤勇晓语"推出后，有的篇目经人民教育公众号、中国教师报公众号等媒体转推，受到了大家的关注，一些朋友微信于我，探讨家庭教育方面的相关问题。

其中有几个家长谈到，过去一放假，便把孩子送到校外补习班，管它有没有效果，花点钱，一方面尽到父母的责任，另一方面省心。而今年这个时候，处于特殊阶段，疫情防控，线下补习班都关门了。孩子待在家里，不说话，问他话，他也爱理不理，而且闭门不出，把自己关在屋子里不是看电视，就是在手机上玩游戏。父母有什么应酬，带他一道去，他坚决不去。父母一批评，他的情绪反应还激烈，脾气也特别暴躁，总是唱反调，甚至对父母还出言不逊。

这几位家长给我讲，他们都感到很苦恼！

我给家长们说，孩子们应该是进入了青春期，处于叛逆阶段，任何孩子都要经历这个阶段，这是正常的，差别就是有长有短，有轻有重。孩子们能不能顺利地度过这个阶段，或者说闯过这一关，父母很关键。

家长们问，他们应该怎样做呢？我说，应该多和孩子沟通沟通。这段时间孩子在家里，这是最好的沟通机会。孩子隔段时间开学了，也要尽力利用时间和孩子沟通。现在孩子去不了补习班，有可能春暖花开了，疫情防控警报解除了，补习班又开门了，不能让孩子出校门，就进补习班大门。应该多利用些时间，陪陪孩子，和孩子多交流，多沟通。

如果孩子在这样的一个叛逆期，出校门就被逼着进补习班，与外界缺少接触，与父母缺乏交流，完全可能产生厌学心理，丧失学习信心和兴趣。到最后有可能就是不愿与人交往，与父母和身边的人产生隔阂，导致人际交往障碍，甚至自卑自闭，歇斯底里，抑郁焦虑。

有的父母说，孩子是我生的，是我身上掉下来的肉，是我的一件贴身小棉袄，想穿就穿，不穿就不穿，我跟他沟通啥！

有的父母说，父母这么辛苦，对他这么好，这么疼爱，他连父母都不能理解，我凭啥同他沟通。

还有父母说，我天天都在说教，一有时间便在教训，怎么没沟通。

与家长做了一些交流，然后我谈了我的一些看法。

我说，孩子虽然是自己的孩子，父母绝不能以长辈自居。人与人之间需要沟通，同孩子更需要沟通。人际关系上的很多问题，都是缺乏沟通，或者沟通不畅造成的。

自己的孩子在他那样的年龄，他不会觉得自己是孩子，他们会觉得自己是大人。他们在思想和行为上也显得相对成熟一些了，他们也希望父母能够将他们当成一个小大人。

在这个阶段的孩子，大多性格倔强，脾气不好，不服管教，有较强的自我意识，也有强烈的自尊心。

这个时候，父母最好的教育方式，就是蹲下身来，用平等的视角看孩子，用对等的身份对待孩子，把孩子当成自己的朋友，同他多交流，多沟通。积极而主动的沟通是孩子这个年龄阶段不可缺少的。

我给这些家长们说，我们的家庭教育不是缺少方法，也不是缺少技术，更不缺少爱，而是缺少最起码的沟通。

只有通过沟通，父母才能真正走进孩子内心世界，与孩子心贴心地交流，进而让孩子明白父母在乎他，父母是发自内心地体谅他、包容他、尊重他，这样孩子才能与父母的教育产生同频共振。

然而，当下父母要么忙乎自己的，没有时间顾及孩子，把孩子抛给爷爷奶奶，即或有时间都是在打麻将、玩手机，根本没有时间与孩子交流沟通。

要么沟通只在乎孩子的学习成绩，在意孩子的考试分数，"这段时间学习咋样？""这次考了多少分？""在班上是多少名？""能不能考上重点？""有没有可能考上名校？"这些便是不少父母同孩子沟通的模板与范式。压根儿就没有像朋友一样同孩子进行心与心的碰撞与交流，情感与情感的连接与沟通。

　　要么沟通就是在孩子面前唠唠叨叨，牢骚抱怨，或者只管挑刺，一味责备，或者大加训斥，妈妈式地说教，或者尽拿自己的孩子同其他孩子做比较，根本不顾及自己孩子的感受。

　　你说说看，这样的沟通，孩子怎么不反感，怎么不更加叛逆。我以为，这样的沟通，完全可以宁缺毋滥。

　　其实，父母和孩子的沟通，既是一门学问，也是一门艺术。

　　父母在和孩子沟通时，一方面不能尽是学习和成绩，全是考试和分数，要谈谈孩子的兴趣爱好，聊聊孩子喜欢的事，说说自己的生活见闻、人生感受，这样才能心照不宣，达成默契，有着共同的语言表达和精神密码，才不会引起孩子的防范和反感。

　　另一方面父母还要注意少用命令、批评、呵斥、质疑的语言和语气，多用平和、正面、积极、商量的语言同孩子交流。

　　还有在沟通的形式上，不一定那么正式，也不要搞得那么严肃，完全可以随意点，随便些。比如利用吃饭时间、孩子睡觉前的时间，同孩子唠唠嗑。在与孩子一道散步时，或者在闲聊中与孩子沟通沟通。

　　当然，同孩子沟通的最好方式是陪伴。父母陪孩子读读书，陪孩子做做游戏，陪孩子爬爬山，陪孩子做做家务，陪孩子锻炼锻炼，陪孩子看看电影，陪孩子听听小鸟鸣叫、小草吃语，这既是最好的教育，也是最有效的沟通。

　　当然陪伴不只是陪着，如果父母只是做做样子，身陪而心不在焉，心不能入，这种陪伴往往是无效的，既不能增进亲子间的感情，也不能达到沟通的效果。

　　我最后给这些家长说，没有难以沟通的孩子，只有不善于沟通的家长。只要我们掌握了一定的沟通方法和艺术，就能够做到"心有灵犀"，也就能够帮助孩子度过人生中的一段重要时期。

　　我最后还告诉这些家长，学校教育也好，家庭教育也好，心灵的相通与沟通是第一位的，让孩子的心能够通过我们的沟通而敞亮，这才是最美好的家庭教育。

　　家长们似乎有所悟！把这样的一个交流过程，在这样的一个辞旧迎新的美好时刻，加以整理分享，但愿能够给更多的家长带去一点启发和帮助！

第三章

教育随想

激活和唤醒孩子的内生力

——由厨房里的一堆大蒜发芽想到的

厨房里的一堆大蒜，发芽了，开始先冒出一个个小尖，没隔几天，浅绿色的小尖儿变成了深绿，而且蹿高了好大一截，直挺挺的。

这些大蒜，没有土壤，没有水分，也没有养料，只是到了生长的季节，只因为强大的内生力，便不顾一切，来不及等待，也不需要任何条件，似乎谁也阻挡不了，就这样顽强地探出一个个小脑袋，一股劲儿地往外钻。

看着这一堆泛绿的大蒜，由此想到孩子成长的话题。

人们不是都在担心并期盼着孩子的成长吗？其实，孩子的成长很简单，就是两股力量的作用，一个是生命的外在力，一个是生命的内生力。

生命的外在力是外部给的，甚至是外界强加的，往往是弱小而有限的。而孩子的内生力却是一个巨大的宝藏，蕴藏着无限的潜能。

通常孩子的内生力是沉睡着的，需要激活和唤醒。孩子内生力这块巨大的电池一旦被激活，就会迸发出无限的能量。孩子的内生力这头睡狮，一旦被唤醒，就会爆发出巨大的力量。

孩子的内生力一旦被激活和唤醒，就像堆放在厨房里的那些大蒜一样，不管面对什么样的环境和条件，不管有没有成长的土壤和养料，他们都会势不可挡，自强不息，锲而不舍，由"要我学"为"我要学"，"要我成长"为"我要成长"，也就自然进入了一种主动学习、主动成长的境界。

所以，孩子成长的关键在于激发他的内生力，教育的任务和使命，在于怎样激活和唤醒孩子生命的内生力，怎样挖掘和激发孩子生命的潜能。

可惜的是，现在的教育却看不到孩子们身体里所蕴藏的巨大潜能，忽视孩子们所拥有的强大内生力，他们往往在乎的是外在的一些东西。

你看，那些异常焦虑的父母，他们一味计较的是孩子的什么呢？是分数。生怕自己的孩子考不过别人的孩子，生怕自己的孩子落后于别人孩子一两分，生怕自己的孩子输在起跑线上，生怕自己的孩子不能出人头地。

为了孩子，他们不惜一切，选名校，择名师，宁肯放弃陪伴，过早割断亲情，也要把孩子远送他乡，宁肯砸锅卖铁，大把烧钱，也要把孩子送到各种补习班、培训班。最后既累了自己，也苦了孩子。

而学校教育则把学生一方面当成接受知识的容器，根本不考虑学生的个体差异、兴趣爱好、接受能力，强行灌输。另一方面把学生当成做题考试的机器，反复练，反复考，死整蛮干。

除此之外，就是家庭教育对孩子的包办，学校教育对学生的管控。

有的家长从孩子呱呱坠地的那一刻起，就严阵以待，操持孩子的一切。从入园、上学、升学、专业选择，到找工作、结婚，每一个环节都是由父母精准规划，周密安排。从写作业、休息、参加活动，到吃饭穿衣、交朋友，每一个方面也都由父母把持着，生怕出一点差错。

有的学校则办成了监狱，实行高度军事化管理，对学生在时间和身心上高度管控，让学生没有了闲暇，没有了笑声，没有了身心自由，也没有了属于自己的童年和少年。

这种高度竞争、高度包办、高度管控的教育，既剥夺了孩子自我成长的机会，也忽视并阻碍了他们内生力的觉醒。

如果最终没有激活并唤醒孩子的内生力，我以为，一切教育活动便是徒劳，也是失败，甚至是负向的。

也就是说，这种教育越扭曲，越失去本真，只会让孩子越压抑，越反感，越放弃自我成长。

当下的这种教育，口口声声是为孩子好，是急着让孩子成才、成长，但事实上，我们所收获的往往是事与愿违，是跟我们的期望背道而驰的。只要冷静地思考，你会找到原因，那就是没有重视孩子的内生力。

如果我们的教育，包括家庭教育和学校教育，能够换一种思维，对学生不是身心压制，不是一味包办，不是高度管控，不是充满血腥竞争，不是简单的知识灌输，不是仅仅培养小镇做题家，不是只训练出一台台考试机器，而是把孩子当孩子，把学生当学生，坚持以人为本，关注人的属性，顺乎孩子的天性，遵从孩子的个性，体现教育的人性，培育孩子的学习兴趣，保持他们的学习热情，激发他们的求知欲，保护他们的好奇心，呵护他们天真烂漫的童心，注重他们的求异思维，开启他们的想象力，并且把打开知识和技能大门的钥匙交给孩子，让他们自主学习，自主管理，自主成长，以此激活和唤醒他们的内生力。

孩子有了强大的内生力，他们的成长还是一回事吗？赢得高考你还用得着担心和心急火燎吗？他们拥有一个自主而幸福的人生，那难道不是十拿九稳，水到渠成吗？

鸡蛋从外打破是食物，从内打破是生命。孩子从外突破是压力，从内突破是成长。

马斯洛认为"人并不是被浇铸或塑造成人的，而是依靠自身实现潜能的，环境对人的成长像土壤、阳光和水对于植物一样，只能促进潜能的现实化"。

也就是说，孩子的成长必须激活和唤醒他们的内生力，与此同时，再给他们提供适合的教育，他们就会成长得更好些。

就像堆在厨房的大蒜，如若给它再提供适宜的土壤、水分、养料，大蒜的长势更会欣欣向荣，一派葱葱茏茏了。

给孩子少一些外在的羁绊与束缚，尽一切可能激活和唤醒他们的内生力，赋予他们向外突破和生长的力量，这才是我们送给他们成长的最好的礼物，也才是我们教育者应该明白的真谛！

劳动教育是最好的德育

德智体美劳，"五育"并举，劳动教育作为"五育"之一，尤其重要！

然而当下教育，差不多都是只有分数的教育，一切为了分数，一切努力都是为了获取分数。为了分数，立德树人被忽视，"育分"不"育人"；为了分数，体育、美育可有可无，完全成了摆设。

为了分数，劳动教育更是被淡化，甚至是完全缺位。很多家庭，家长包办一切家务，不让孩子参加家务劳动。学校虽然开设了劳动教育课，但是往往迫于应试的压力，一切为应试让路，劳动教育课要么被视为杂课、"豆芽课"，要么被语文、数学所取代。

疫情肆虐，学生们正在经历一个延长版的寒假，这也是一个特殊的寒假。为了防疫抗疫，学生们宅在家里的这段时间，正是进行劳动教育的最好契机。

"停课不停学"，家长和老师完全可以适时引导孩子做些家务，让孩子参加力所能及的家务劳动，这是最好的学习，理所当然地应该成为学习的重要内容。

比如，让孩子拖拖地、擦擦桌子、收拾一下屋子，让孩子给垃圾分类、整理自己的衣橱、洗洗衣服、淘淘菜，做做简单的饭菜等等。

尽管按教育部规定的延期开学时间还未到，然而不少地方和学校，却把"不停学"，简单理解成课本知识的学习，不管条件具不具备，都一窝蜂地搞起了线上教学和网络授课。

学生难得有大片时间做做家务，参加劳动锻炼锻炼，学校和家长也难得有这样一个加强对学生进行劳动教育的机会。

遗憾的是，一个可以让劳动教育大有可为的寒假，在不少地方和学校，就这样地被"不停学"剥夺和占有了。

一个不争的事实是，现在的学生离劳动越来越远了。不少学生劳动意识淡薄、劳动观念缺失，劳动技能缺乏。

长此以往，鄙视劳动的心理便悄然滋生。一些学生不仅不喜欢劳动，而且轻视劳动，甚至还看不起劳动，更看不起劳动者。

一个不懂得劳动的人，既很难尊重劳动者，又很难体会到生活的艰辛与来之不易。

《朱子家训》中有语："一粥一饭，当思来处不易；半丝半缕，恒念物力维艰。"

也难怪，在我们身边，浪费粮食，不热爱生活，不珍惜当下生活，甚至还糟蹋生活、践踏生命的现象，比比皆是。

一个面对新时代，面向未来的学生，需要的不是简单知识的识记，枯燥知识的拥有，而是德智体美劳的全面发展，是懂得奋斗，依靠自己的努力，能够自食其力，养家糊口，成为造福于社会的劳动者。

陶行知先生曾说过："淌自己的汗，吃自己的饭，自己的事情自己干，靠天靠地靠祖宗，不算是好汉。"陶先生还提出："破即补，污即洗，乱即理，劳即谦……"

我以为，一个学生热爱劳动，有一个爱劳动的习惯，这正如一个孩子有了良好的阅读习惯一样，其他习惯再差也差不到哪里去，品行再坏也坏不到哪里去。

劳动的价值和意义，不是简单的知识学习，也不是为了抽象的记忆，更不是为了乏味的说教而说教，而是让学生用身体去丈量物理和心灵的世界，用整个的感观去理解和演绎现实的生活，用全部的心思与智慧去诠释生命的本质和人生的真谛。

也就是说，劳动同时作用于孩子的身、心、灵，让孩子在身、心、灵三个维度上去全方位学习，去全面认知，去深刻体验，因而对孩子品格的发展和核心素养的形成，作用巨大，影响深刻。

马卡连柯说："劳动教育最大的益处在于人的道德上和精神上的发展。"

卢梭在《爱弥儿》中也说："一个小时劳动教育给他的，比终日向他讲述所记住的东西还要多。"

通过实施劳动教育，不仅能够让学生掌握劳动知识，学会劳动技能，而且能够帮助他们树立劳动观念，端正劳动态度，养成良好的劳动习惯。

通过加强劳动教育，不仅能够培育他们的劳动品质，塑造他们的劳动思维，增进他们与劳动大众的情感，而且能够磨炼他们顽强的意志，历练他们奋进的勇气，锤炼他们坚毅不屈、坚韧不拔的操守，涵养他们吃苦耐劳、忍辱负重、从容不迫的精神。

更重要的是，学生在劳动中，不仅能够加深对"劳动创造财富，劳动丰盈人生"的理解，而且能够有效去掉懦、懒、散等人性的弱点。不仅如此，还能够唤醒沉睡的自尊自信自爱，让他们拥有责任，懂得担当。

我一直有一个观点，一个热爱劳动的孩子，即或成绩很差，是考试的失败者，就哪怕今后上不了好大学，但他今后至少能够成为一个合格的劳动者，能够成为一个爱心的付出者，一个责任的担当者，他同样能够信心满满地养家糊口，适应生活，奉献社会，面对未来。

我甚至还以为，即或是他今后成为一个打工仔，一个外卖小哥，一个摆地摊擦皮鞋的人，他都可以靠勤劳的双手去打拼，去创造财富，去乐观地享受生活，从而让自己拥有一个亮堂而幸福的人生。

相比之下，一些孩子分数考得很高，念的还是名校，如果既鄙视劳动，又不会劳动，甚至连自己的生活都不能自理，不会做饭，不会洗衣，不会剥煮熟的鸡蛋，不会拿扫帚扫地，不会铺床铺，不会系鞋带，连麦苗、韭菜都不识，我坚信，这些孩子很难有大作为，甚至难有一个完整的人生。

对学生的德育，我以为，最重要的抓手和行之有效的路径，就是强化劳动教育，提高劳动在教育中的占比和含金量。

因为在知、情、意、行的整合中实现立德树人，在参与感悟体验中完成德育内化，比起那些条款式的、说教式的、口号式的德育，更实在管用，更有教育价值。

前些年，在教育管理的实践中，我一直呼吁和主张劳动教育，并把劳动教育作为德育的一种载体，作为探索与追寻教育本真的一种永恒的坚守和"不变"。

通过引领研发劳动教育课程，上好劳动教育课，开辟劳动教育场所，建设劳动实践基地，包括靠师生动手兴建农耕文化博物馆、陈列馆，让劳动及劳动教育能够有效地落地，不仅强化了劳动教育，而且尽可能地创新了学校德育实践的形式，拓展了德育应有的内涵。同时，实现了劳育与德育的有机融合，推动了以劳育来撬动德育的发展。

劳动教育是最好的德育。用劳动教育来构建学生正确的世界观、人生观和价值观，用劳动教育来培育学生健康茁壮成长，这应该成为对教育本质的探索和不懈追求！

绽放劳动教育生命力

　　近日，中共中央、国务院发布《关于全面加强新时代大中小学劳动教育的意见》。劳动教育被上升到国家高度，其重要性不言而喻。

　　重视和加强劳动教育，刻不容缓，时不我待。当务之急就是要思考和研究如何将劳动教育落地生根，开花结果，让其绽放出应有的生命力。

　　劳动教育要绽放出应有的生命力，必须切实转变教育观念。五育本应并重，然而劳动教育却被长期弱化、软化、淡化，其真正的罪魁祸首，我以为应该是唯分数是从，以考试为全部手段，以升学为全部目的的教育观。

　　要真正夯实劳动教育，把党中央、国务院的要求切实落实下去，就必须改变教育目前"以分数论英雄"的目标追求和社会层面对教育"唯分数"的引导，将"育人"作为教育的根本使命，把劳育作为树德、增智、强体、育美、悦心的重要手段，让劳动教育成为孩子的"成长营养"，成为孩子的成长标配，成为终身受益的法宝，成为撬动幸福人生的一个强有力的支点。

　　劳动教育要绽放出应有的生命力，必须力求家校协同跟进。落实劳动教育除了学校精心构建劳动课程体系、开齐开足劳动教育课时、有效开展劳动教育实践活动、积极探索学科教学与劳动教育的有机结合，充分发挥劳动教育的主阵地作用外，还应该把家校协同共育作为突破口，鼓励家长成为劳动教育的指导者、参与者和同行者。

　　家庭是孩子接受教育的第一所学校，也是实施劳动教育的重要场所和起锚地。家长是孩子的第一任老师，也是永远的老师，更是孩子劳动启蒙教育的主导者和首席老师。

　　家长一方面要通过日常生活"足蒸暑土气""汗滴禾下土"的言传身教、

潜移默化，引导孩子扣好劳动教育的第一粒扣子。另一方面要把家庭劳动日常化，有意识地安排孩子洗碗洗衣、扫地擦窗、淘菜做饭、叠被铺床、整理衣橱，让孩子有更多"童稚携壶浆"的劳动实践，让家庭发挥出劳动教育基地的最大化作用。

特别是目前孩子宅家抗疫，在居家学习的同时，更应该让孩子在更多的家务劳动的承担中，出力流汗，接受锻炼、磨炼意志，学习劳动技能，增强劳动意识，树立正确的劳动价值观。

劳动教育要绽放出应有的生命力，必须全社会通力协作配合。劳动教育涉及社会方方面面，社会是劳动教育的大熔炉。首先，要大力宣传推广劳动教育先进经验，大力宣传辛勤劳动、诚实劳动、创造性劳动的典型人物和事迹，营造劳动光荣、劳动最美以及全社会关心和支持劳动教育的良好氛围，推进全社会形成劳动教育合力。

其次，要加强劳动教育的统筹协调，建立劳动教育联席会议制度，整合相关力量，实行部门联动，充分发挥劳动教育的大课堂作用，让每一个领域都成为劳动教育资源，全力打造"农业＋""工业＋""科技＋""生态＋"等多个行业劳动实践教育基地，为学生搭建多样化劳动实践平台；有效发挥劳动教育的保障作用，探索建立政府、学校、社会共同承担的多元化劳动教育经费筹措保障机制。

同时注重引导学生深入城乡社区、福利院和公共场所参加各种公益劳动、志愿服务、社区治理等，让学生在多元劳动实践中奉献社会，体验到精神上的幸福和快乐。

劳动教育要绽放出应有的生命力，必须彻底变革评价机制。评价很重要，有什么样的评价，就有什么样的教育。当下应试教育之所以让人们趋之若鹜，让场面如火如荼，正是因为分数的单一评价使然。

之前针对体育不被重视的情况，各地将体育测试成绩以一定分值纳入中考。去年云南推进中考改革，还将体育分值提高到 100 分，与语、数、英三门主科并列，从而有效地提升了对体育教学和体育锻炼的重视与参与程度。

鉴于此，要让劳动教育绽放出应有的生命力，应该充分发挥中考高考"指挥棒"作用，从顶层设计和制度安排上，把劳动教育纳入中考高考范围，把学生劳动课程学习、劳动实践锻炼、创新性劳动成果以及劳动习惯养成、劳动品质形成，纳入全面的考核评价内容，以充分调动中小学校重视劳动教育、践行劳动教育的积极性，激发学生参与劳动、热爱劳动的主动性和能动性。

劳动教育要绽放出应有的生命力，必须健全完善督导体系。把劳动教育开展情况作为督导重点，加大督导力度，对学校实施劳动教育进行经常性督导，对区域开展劳动教育进行适时监测督导，对地方各级政府和有关部门保障劳动教育情况进行阶段性专项督导，并通过架构督导通报制度、反馈制度、整改制度、约谈制度、激励制度，压实责任，传导压力，奖优罚劣，从而确保将《意见》中关于劳动教育的各项要求细化为具体行动并落到实处。

幸福是劳动出来的。党和国家重视和加强劳动教育，这是极具战略意义的重大举措。让劳动教育落地生根，开花结果，让劳动教育凸现实效，绽放生命力，让劳动教育为孩子终身发展和人生幸福奠基，我们每一个教育人都责任在肩，都应该不辱使命。

有难度的体育中考或许更有深意

历时一个月的 2021 年度深圳体育中考即将全面结束。今年的深圳中考，体育所占分值虽从 30 分增加到 50 分，不过，最引人关注的还是深圳体育中考，堪称全国最高的评分标准。特别是降低体育中考的评分要求，已成为很多省市的无奈选择时，深圳体育中考却对评分标准逆向而行，虽然由此引发了不少争议，但在业内专家看来，以高难度著称的深圳体育中考在全国具有示范意义。

一方面，尽管坚持高评分标准，深圳体育中考却并没有出现考生大面积不及格的现象，甚至大多数考生都能在体育中考上拿到满分。

另一方面，尽管深圳体育中考坚持高难度，却充分体现了篮球架法则，太低了，轻轻松松就能投进去，没意思；太高了，没人能投得进，也没人玩；而"跳一跳，够得着"，既能调动积极性，又能激发潜能，还能达成高难度与高满分率不矛盾的最佳境界。

同时，尽管看起来深圳体育中考的难度似乎很大，但它在充分体现更高、更快、更强的体育精神以及深圳精神中，既鼓励莘莘学子不断突破自我、超越自我，又能够帮助每一名考生树立自信，增强信心，只要按照学校的要求练，大多数人都能拿到满意的成绩，只要坚持锻炼和正确地锻炼，体育中考难度并没有超出绝大多数孩子的能力，完全可以拿到满分。

除此之外，尽管深圳体育中考有一定难度，但没有一味求难，也不是以难倒考生为目的，而是注重事实，遵循规律，尊重体育常识，不死板教条，不循规蹈矩，勇于打破限制，在容易中增难，在灵活中降难，在考试中显难，在计算中化难。

比如说，男生的引体向上虽然"深圳标准"为满分 23 个，比"国家标准"规定的满分 15 个高出了 8 个，但是深圳允许身体摆动，这在很大程度上降低了引体向上的难度。还比如，深圳考试成绩由两个项目组成，满分都是120 分，但计成绩时，只要两项的平均分达到 100 分就算作满分。也就是说，考生如果一个项目考得较好，是可以给另一个项目补分的。

众所周知，德智体美劳，五育并举，但体育能树德启智，能培劳益美，体育尤其重要。

蔡元培曾提出："完全人格，首在体育。"在张伯苓看来，体育不仅仅是一项体能训练，"体育发达，非身体之强健已也，且与各事均有连带之关系。读书佳者宜有健全身体，道德高者宜有健全身体"。张伯苓一直主张"以体育人"，在他创办的南开学校里，体育真正摆在与智育、德育同等重要的地位。

体育教学是学校培养全面发展的社会主义建设者和接班人的一项重要内容，学校体育教学工作是否顺利开展也直接影响着我们培养的人才是否能够面向未来和走向未来。

当今学生尤其是中学生体质普遍下降的情况，令人担忧。为此，党中央发文，把重视和落实学校体育工作上升为国家高度。同时把初中毕业升学体育考试纳入国家推动学校体育工作、提高学生体质、增进学生体质健康的有效措施之一。特别是随着考试分值的增加，学生、家长、学校和社会既更加关注学校体育的教学，又更加关注中考体育考试工作。

考试这根指挥棒很重要，有什么样的考试，就有什么样的评价，就有什么样的体育，就有什么样的体育教学，就会有什么样的体育锻炼。

深圳的体育中考正因为有了一定难度和高评分标准，让学生们积极重视平时的体育锻炼，并且持之以恒，坚持不懈，在这一过程中，既强壮了身体，健康了体魄，又能在勤奋与努力中，做到不上体育补习班，体育锻炼不占用太多业余时间，体育运动与文化课学习不产生冲突，从而顺利完成体育中考并取得满意的成绩。

当然，更重要的是，能够实现学校体育要发挥对学生"锤炼意志"的作用。真可谓一箭三雕，一石多鸟。我以为，这才真正达成了体育中考的预期目的，这也是真正的体育考试，更是真体育，真育人，育真人，育人真。

试想，如果体育考试没有难度，孩子们轻轻松松就能考出好成绩，还能够锤炼学生意志吗？还能够实现体育中考的目的吗？这样的考试又有什么意义和价值呢？

我们相信，随着深圳体育中考这种示范意义的推广和发酵，一定能够为我国中小学体育教学和工作带来一个全新的境界与局面！

教育的"美"与"真"

到一学校，该学校做的是"真美教育"，其核心表达是"向美而生，向真而行"，关键词汇则在于"美"和"真"。

这两个词对于教育来说，到底包含了一些什么教育思想和教育哲理，到底寄寓了办学者的一些什么教育追求和教育理想，到底蕴藏了教育人对教育未来的一些什么憧憬和期许，教育到底怎样在"美"与"真"的路上自信而从容地前行呢？

我想谈谈我的一点理解和看法。

先来说"美"。人都具有"向美性"，人类社会的发展史，可以说就是一部为追逐美好生活的奋斗史。

教育是美好的事业，作为教育人的理想抱负和实践行动，就更应该逐光而往，向美而生。

首先，教师要成为美的化身和使者。教师是学生最好的样本，要想学生朝着美的方向成长，教师自己先要成为美的典范和美的榜样。

有什么样的教师，就有什么样的学生。教师美好了，学生自然而然地就美好了。因为教师和学生朝夕相处，耳濡目染，教师的言谈举止、形象气质都会对学生产生潜移默化的影响。

郑英老师把"形象上的悦目""气质上的赏心""灵魂上的高贵"作为美好教师的三重境界，加以修炼与践行，她的美好造就了她的学生的美好。

教师就应该像郑英老师那样，坚持学高为师，身正为范，践行师德，涵养美好，树立教师的美好形象，让自己成为一个美好的人，在教书育人中，率先垂范，传播美好，用美好塑造学生的美好，用美好成就学生的美好。

其次，校园要成为美的天地和家园。校园里的一楼一道，一砖一瓦，一草一木，都应该作为文化的载体，富有文化的气息；都应该烙上美的印记，赋予美的力量；都必须彰显美的风景，散发高雅的美的气质；都力求充满着美的底蕴，荡漾着美的情趣。

让一批又一批的师生，行走其中，身临其境，浸润熏陶，影响感化，以美修身、以美怡情、以美养德。

再者，学校要开启美育大格局。要重视美育，重视美育课程教学，要善于挖掘学科教学里的美育因子，要充分利用家庭和社区的美育元素，让家庭和社区成为美的摇篮。诚如德国美学家席勒之主张，将美育这种关乎人的感性和理性整体发展的全人教育建设为"有健康的教育、有审视力的教育、有道德的教育、有趣味和美的教育"，从而提升美育质量。

同时，教育要追求"美美与共"新境界。著名社会学家费孝通老先生曾经意味深长地说过 16 字箴言："各美其美，美人之美，美美与共，天下大同。"

"独乐乐不如众乐乐""独美美不如众美美"。一花独放不是春，百花齐放春满园。"盆景"难成势，只有形成"风景"，才具有强大的生命力和影响力。

教育要引导师生发现自身之美，然后发现他人之美，包容他人之美，欣赏他人之美，再到共同创造美。

美的千姿百态，美的无处不在，美的高度一致与美的有机融合，让教育之美串珠成链，连线成片，最终达成"美美与共"，形成教育之美的叠加效应和集群效应。

对于"真"，教育家陶行知先生曾说过："千教万教教人求真，千学万学学做真人。"一个"真"字道出了教育的根本和做人的真谛。

这个世界上的一切，唯真才善，唯真才诚，唯真才坚，唯真才美，唯真才能扣人心弦。我们所倡导的做真人、真事，动真心、真情，守真言、真行，求真知、真理，应该是一种新风尚，一种做人、做事，乃至做教育的价值取向。

做人、做事在于"真"，做教育，关乎人的培养与成长，更应讲究"真"。教育的"真"，包括两个方面：一方面要"做真教育"，另一方面要"真做教育"。

"做真教育"，一是要立足规律做教育。这个规律包括教育的发展规律和孩子们的身心发展规律。教育遵循规律，假教育便没有了市场，那些反教育的行为也就不可能大行其道，教育才具有温度，才能彰显教育应有的人文与人性，教育也才可能真实而有效地发生。

二是要立足生活做教育。陶行知先生的"生活即教育"，要求我们依据生活进行教育，面向生活进行教育，为生活的变化而变化进行教育，为未来幸福生活做准备而进行教育，为学生的向前向上向善向美而进行教育。

生活给人以真实、平淡、简约、美好，教育走入生活、融入生活，回归生活，让教育充满生活的味道，富有生活的气息，体现生活的价值和意义，这样的教育，最接近教育的本真，也能够最大限度地让教育实现返璞归真。

三是要立足"解放"孩子做教育。教育即解放，解放孩子的头脑，使之能思；解放孩子的双手，使之能干；解放孩子的眼睛，使之能看；解放孩子的嘴巴，使之能讲；解放孩子的空间，使之能飞；解放孩子的时间，使之能闲。

解放孩子，让每个孩子天性得到释放，个性得到张扬，都拥有自己的闲暇，都有属于自己的天地，都有适合他们自主多元发展的环境，这样的教育才能体现"真"，也才有可能最大限度地激发孩子的潜能，为他们终身的发展服务。

四是要立足"知行合一"做教育。让孩子在知中有行，在行中有知，以知为行，以知决定行，知行合一，教学做合一。

也就是把教授知识与社会实践、服务社会、活学活用结合起来，让孩子既要学会动脑，又要学会动手，不让孩子成为只会装知识的容器，成为一个个巨婴和书呆子。

"真做教育"，一是对教育要带着责任。责任，就是与生俱来的使命。一个教育人如果缺乏一种责任，没有一种责任心和使命感，那是一种假把式，是不可能"真做教育"的。

二是对教育要带着情怀。教育人什么都可以没有，唯一不能没有的是情怀。没有情怀的人，他只会把神圣的教育事业，仅仅作为一种谋生的手段，一种养家糊口的途径，他绝对做不到全身心地投入。

这种情怀，除了教育人对教育这种挥之不去的情结外，还包括对孩子的爱，对孩子的情感。教育人有了情怀和情感，就会全力以赴地做教育，心无旁骛地做真教育和把教育做真。

三是对教育要带着良知。天下最大的事情就是孩子的事情，庄稼误了，只是一季，孩子误了，却是一辈子的事。如果因为我们的工作疏忽与懈怠，影响了孩子的成长，那就是我们最大的失职。

作为一个教育人，随时随地考问自己的良知，听听自己内心时时刻刻发出的声音，我们就会知道究竟该怎么样做教育，以什么态度做教育，是真做教育，还是假做教育，甚至是去做一些反教育。

四是对教育要带着一种坚守。对教育要笃定，务实，不惧逆流，不盲目，不盲从，不跟风，不见异思迁，不这山望着那山高，要有"闲看庭前花开花落"的淡定，要有"咬定青山不放松"的执着，要有"衣带渐宽终不悔"的孜孜以求，真正为每个生命的成长提供"真教育"的依靠和支撑。

五是对教育要带着一种智慧。真做教育，除了要有务实的作风，虔诚的态度之外，还要富有教育智慧。要想方设法把好的理念贯彻到课程的设置、有效课堂的生成之中，植根于学校文化建设、落实在师生良好关系的建立之上。

我以为，有了这样的一些认知和行动，教育就能够真正做到向美而生，向真而行。

教育高质量发展的四个维度

党的十九届五中全会提出，建设高质量教育体系。"十四五"时期，我国教育进入高质量发展阶段。刚刚召开的全国教育工作会议明确，2021 年是具有特殊重要性的一年，教育系统要为"十四五"时期教育高质量发展开好局、起好步。

那么教育怎样做到高质量发展呢？我以为，必须在以下四个维度上着力。

第一，教育高质量发展的前提是质量的持续化发展。

高质量发展首先要有质量。质量是教育的生命线，是教育的永恒主题，是教育的核心竞争力，也是一方教育人的形象与尊严之所在。

教育的高质量发展离不开质量的支撑，没有质量的教育，不是真正的教育，没有质量的教育发展，更不可能达成教育的高质量发展。

但是我们所言及的质量，当然不仅是分数和成绩，分数和成绩是质量的载体，也是质量的应有之义，但它不是质量的全部。

我们所主张的质量应是可持续的，我们所追求的教育高质量发展也应是持续化发展的。

这种持续化发展的质量应是全面发展的质量、全体发展的质量、全人发展的质量、健康发展的质量、和谐发展的质量。

这种持续化发展的质量还应是科学发展的质量、创新发展的质量、均衡发展的质量、公平发展的质量、辩证发展的质量。

这种持续化发展的质量更应是一个复合发展的质量，而不是一个单一发展的质量。

打个比方，就像一瓶矿泉水，除了水之外，里面还含有各种丰富的矿物质，这样的水就是一瓶复合水、营养水。

复合发展质量除了学生的分数和成绩之外，在分数和成绩的背后是有丰富的成分的，是由多重营养元素构成的，而不仅仅是那个分数和成绩的本身。

而单一的发展质量就是人们世俗意义上所指的那个分数和成绩。当下基础教育的乱象的根源就是唯分数、唯成绩，一切为分数而教，一切为成绩而学，为了分数和成绩，不择手段，死整蛮干，分裂人性，割裂人的成长，撕裂教育的规律。

要做到质量的持续化发展，就应该体现"四个坚持"：

一是坚持没有分数过不了今天，只有分数过不了明天。也就是教育不仅要立足当下，而且要着眼长远，不仅要对学生眼下的学习负责，而且要为学生未来幸福人生奠基，不仅要注重对学生知识的传授与掌握，而且要充分关注学生对知识的迁移与运用，不仅要把办学的视野放在为考试而准备方面，而且要把教育的重心放在孩子的成长与成人之上。

二是坚持教育绝不能办成"世界杯"，而要办成"奥运会"。世界杯以其他队伍的牺牲或者失败为代价，而奥运会有 300 多块金牌，每一个国家和地区，包括每一个选手都可以根据自己的特长、爱好，选择适合自己的项目参加，发挥特长，展现自我，教育需要这样一种百花齐放，争奇斗艳，成全每一个人的生动局面。

三是坚持君子爱分，取之有道。君子爱财，亦必有道，取之无道，终将走上不归路。分数和成绩，人们都在逐而追之，求而获之，同样，我们必须遵循规律，捍卫道义，否则也将咎由自取，自食其果。

四是坚持戴着镣铐也要跳出优美的舞蹈。尽管有高考和中考的压力，我们也必须跳出教育看教育，跳出高考、中考抓备考，五育并举，知行合一，全面育人，立足生活，回归常识，顺从自然，让学生在过一种快乐而幸福的教育生活中获得应有的分数和成绩，让学校在尊重教育规律和学生身心发展规律的前提下轻松自如地赢得高考和中考。

第二，教育高质量发展的前提是学生的个性化发展。

教育高质量发展的最终取向和落脚点是人的发展，是学生的发展。没有学生的发展，就不可能有教育真正的高质量发展。

学生天赋各异，禀性不同，爱好有别。有一句话说的是，每个孩子都是上苍的宠儿，都是不可复制的孤本。

对于学生的发展，虽然不能落下每一个学生，也不能让每一个学生掉队，但不是要求每一个学生都考高分、都上名牌大学，也不是让所有学生都得到整齐划一的发展。

手指有长短，黄鳝与泥鳅永远不可能扯一样齐。教育的高质量发展绝不是无视个体差异的"齐步走"，也绝不是不切实际的"一刀切"，而是尽最大努力实现学生的个性化发展。

这就要求我们一方面要树立"只有差异，没有差生""只有不同，没有不好""只有可能，没有不能"的理念，坚持多一把尺子、多一些标准、多一份期盼、多一种等待，善待每一个学生。

另一方面要坚持因材施教，尊重并珍惜每个学生的差异，注重并顺应每个学生的天性，发现并唤醒每个学生的潜能，激发并点燃每个学生的求知欲，给每个学生装上自主成长的发动机，让他们在潜移默化的生命成长历程之中找寻到最真实的自我，在通往成功的路上从容行走，成为更好的自己，成为他应该成为的他那样的人，成为适应未来社会需要的各种有用人才。

特别是对于那些"慢"的学生，不能急于求成，急功近利，也不能心急火燎，简单粗暴，更不能拔苗助长，杀鸡取卵。

我们要有水滴石穿的耐性，要有舒缓连绵的节奏，要有静等花开的心态，要有"牵一只蜗牛去散步"的雅兴，要有"愿意等上一辈子的时间，让她从从容容地把这个蝴蝶结扎好"的情怀，要有接纳他的"慢"，包容他的"慢"，尊重他的"慢"的智慧和勇气。

第三，教育高质量发展的关键是教师的专业化发展。

站在讲台上的那个人，决定着那间教室的温度，也决定着孩子生命成长的程度，更决定着教育的品质和发展的高度。

从某种意义上说，教育的所有问题，包括教育的发展，都和教师有关，都与教师的素质有关，都跟教师的工作状态有关。

联合国四大主要机构，共同提出一个口号："复兴始于教师。"教育的复兴，始于教师；国家的复兴，始于教师；中华民族的复兴，始于教师。

当然，教育质量的提升，教育高质量的发展，关键点在教师，发力点在教师，最终希望点也在教师。

发展教育，必先发展教师。没有教师的发展，就没有教育的发展。没有教师专业化的发展，就没有教育高质量的发展。

要实现教育高质量发展，必须建设高质量的教师专业化队伍，这是教育高质量发展的动力之源。

首先，要牢固树立"教师第一"的观念。教师是否真心实意地对工作投入情感，关键取决于我们是俯视教师还是仰视教师。

全社会应大兴尊师敬教之风，对教师高看一眼，厚爱三分，足额落实教师应该享有的各种津贴和待遇，争取和维护教师应有的权益，让教师成为人人羡慕的职业，真正实现用尊严留人，用情感留人，用事业留人，用待遇吸纳更多的优秀人才从事教育伟业。

其次，切实为教师减负。这些年来，一些形式主义的东西让校园受到了干扰，让老师失去了一张宁静的讲桌。

当务之急，就是要出重拳，下猛药，落实好减负令和减负清单，根治教师负担沉重的顽疾，释放广大教师的活力与创造空间，让老师能够静下心来学习，潜下心来教书，安下心来育人。

再次，充分激励教师。没有激励，就没有管理，就没有教师的专业化发展，也就没有教师的高质量发展。

我们应积极构建全方位的教师激励体系，注重精神荣誉激励，强化专业发展激励，完善岗位晋升激励，健全绩效工资激励，突出关心爱护激励，提升教师高质量职业素养，激发教师工作热情，增强教师对教书育人的积极性和主动性，帮助教师收获职业的荣誉感和幸福感。

同时，构建多维评价体系。改进结果评价，强化过程评价，探索增值评价，积极架构综合的、多维的、互动的评价方式，力求从教师的学术素养、职业精神、专业品质、教学业绩等层面对教师做出全面评价，充分发挥评价的导向性、发展性、激励性、参与性、显示性功能，最大程度彰显教师的个性，挖掘教师的自身潜能。

第四，教育高质量发展的基础是学校的内涵化发展。

什么是学校的内涵化发展？我以为学校的内涵化发展应该是一种相对于粗放发展的精细发展，一种相对于传统模式发展的新常态发展，一种相对于只顾眼前发展的长足发展，一种相对于同质化发展的特色化发展，一种相对于仅追求片面质量发展的全面质量发展，一种相对于忽视人的发展而立足于人的发展。

当下，随着国家的投入和办学条件的改善，大凡用钱解决的一些教育问题，都解决得差不多了。影响并决定教育高质量发展的已不再是硬件设施，基础条件，而是学校的内涵化发展。

如何让学校得到内涵化发展，让学校成为师生向往的地方，让学校深厚的内涵助力于教育的高质量发展，这既是时代的命题，也是每一个教育人义不容辞的责任和使命。

一是优美环境是学校内涵化发展的外在表达。校园环境并不是物化的一个概念，也不是教育以外的一个东西，它是教育的有机组成部分，甚至就是教育本身。

积极构建更加人性化的、适切的、温馨的育人环境，让环境成为最好的教育，让人的发展场景无处不在，让人发展的生命场在环境场中有效生成，同频共振。

二是校园文化是学校内涵化发展的灵魂所在。校园是传播文化的地方，是孕育文化的土壤，校园不可没有文化。

国学大师钱穆说过："一切问题因文化问题而产生，一切问题又由文化问题来解决。"

面向未来高质量发展，学校要增强文化意识，在文化建构上用心用情用智，把学校高质量发展的办学理念、发展思路、治理体系、教学实践、立德树人、人际关系、学生成长等办学要素整体打造成高质量发展的校园文化，成为有亮度和温度，有高度和厚度，有显示度和区分度的高质量学校标识。

三是课程建设是学校内涵化发展的重要引擎。课程是学校教育的灵魂，是学校教育特色的标志。

教育的高质量发展必须构建更加开放多元的课程体系，依据国家课程生成地方课程、校本课程、班级课程、生本课程、特色课程、微型课程，让富有选择性、生动性的课程不仅成为学生阶段性学习的跑道，也成为支撑学生持续学习、终身学习的阶梯。

四是有效课堂是学校内涵化发展的强大支撑。课堂是撬动教育内涵发展的支点，学生课内外的一切问题，都出自课堂，教育的一切问题都可以通过课堂来解决。

学校内涵化发展，必须借助于课堂教学改革和有效课堂的探索与生成来助力给力。

教育的高质量发展，也必须面对并适应基础教育课程与教学改革的新形势和新要求，新观点和新思想，把握课堂改革方向，立足课堂改革本质，主动求变，能动寻变，生动应变，为实现学校高质量发展找到突破口和切入点。

五是学校治理是学校内涵化发展的根本保障。

由学校管理迈向学校治理，看似一小步，却是助推学校内涵化发展的关键一步。

充分把握学校治理的政策方向，提升学校治理能力和治理水平，推进教育治理体系和治理能力现代化进程，将使教育在高质量发展的道路上昂首阔步。

能够围绕这四个维度，做出积极的实践和尝试，教育的高质量发展便大有可为，也将指日可待！

由 PISA 测试 "三个第一" 想到的

近段时间，人们都在热议 PISA 测试结果。

就在前不久，2018 年国际学生评估项目（PISA）测试结果公布，在参测的 79 个国家和地区中，中国北京、上海、江苏、浙江四省市作为一个整体，在阅读素养、数学素养、科学素养三个科目测试中获得大满贯，排名均位列世界第一。

有人曾将 PISA 喻为 "教育界的世界杯" 竞赛，中国学生 "夺冠" 自然可喜可贺，但是在让我们备感振奋，引以为豪的同时，我们还应该做出一些冷静的思考。

在这样的优异成绩背后，中国的学生学习时间最长，不仅是校内学习时间长，而且校外培训补习差不多占用了不少学生的闲暇以及节假日时间。在长时间的学习中，中国的学生也仅仅局限于对知识的简单识记和反复训练。

也就是说，像芬兰、丹麦、美国的孩子在滑雪、在游戏、在阅读，中国的孩子却在拼命地刷题；像芬兰、丹麦、美国的孩子在做木工、做手工、做实验，中国的孩子却在那里死记硬背；像芬兰、丹麦、美国的孩子在森林里探险、在社会上做公益、在社区搞调查，中国的孩子却在各种补习班里穿梭奔波……

如果我们这种光鲜辉煌的成绩，靠的是以牺牲学生睡眠和玩耍时间，以失去孩子们快乐的童年，以透支孩子们的身心和生命为代价，这样的成绩还不是我们想要的那种绿色的、健康的、持续的成绩，这样的教育还远远不能说就是一种成功的教育。

显而易见，在未来社会，谁的孩子会更有潜力和后发力，谁的孩子会更有创造力和强大的生活力，谁的孩子会更多一些抗风险能力和发展的可能性，答案当然不言而喻。

而且中国学生幸福感知力低，不论是对生活的满意度，还是在学校的归属感，抑或是面临失败时对自己做出的规划产生的质疑度，通过问卷调查显示，中国学生对于这些都没有特别强烈的感知。

人类社会的发展历史，就是为幸福而奋斗的历史。不管是乡村振兴，还是城乡一体化发展，乃至两个一百年中国梦，都是为了国家的富强，民族的振兴，人民生活的幸福。幸福应该是我们最终追逐的目标，也是最基本的价值取向。

教育是幸福的事业，教育的使命就是为学生当下提供一种幸福的学习生活，为学生未来拥有幸福的人生，给他们做一些能力与素养的准备。如果我们的教育只把学生当成没有情感的学习机器，让孩子们在学习的"流水线"上像陀螺般地运转，让他们只会拼命地刷题，只会应试，他们感受不到学习的幸福、生活的幸福，未来人生也收获不了幸福，无论怎样说，这样的成绩和教育，还不是我们真正想要的。

更何况，参加测试的江浙沪京这四省市，都属于经济发达地区，强大的经济基础为基础教育领域的大量投入已经大见成效，而且铸就了中国教育高地的地位，这次 PISA 测试三个第一，并不意味着我国 31 个省市自治区作为整体参加 PISA 仍能取得第一。

中国的国情决定了东部地区与中西部地区，发达地区与落后地区差距很大，这当然也包括教育的差距。就是作为同一地区，更存在着城乡之间教育的巨大差异。中国广袤的土地在农村，中国的希望也在农村，中国教育的发展更在农村，农村教育的发展，应该一直是教育发展的短板。

这些年，国家通过加大投入，农村学校在办学条件上已经有了很大改善，但是教师的短缺，教师的发展水平以及师资的不均衡却仍存在很大问题，而且不愿教、不想教、不乐教、不善教的情况非常突出。

教师的问题直接带来农村教育的走偏，要么一味以应试为中心，用分数的唯一尺子丈量出很多差生，让他们在丧失学习兴趣的同时丧失了信心和继续学习的勇气；要么一味复制城市教育，让农村教育成了城市教育的附庸和盗版，所教出的学生要么"四体不勤，五谷不分"，没有建设乡村的本领和能力，要么对乡村没有情感，看不起乡村，都纷纷逃离乡村。

当然，谈这些我们不是要求农村学校的学生也去参加测试，也去拿第一，但是农村学生应怎样享受到公平而高质量的教育，的确值得关注和研究。OECD 教育技能司司长安德里亚斯·斯莱彻指出："卓越的学校体系要在整个系统中提供高质量的教育，还要使每个学生都能从优质的教学中受益。"

对于中国基础教育的整体水平究竟是一个什么样的情况，我们更应该心中有数，起码有一个基本的判断。不然就会以为我们的基础教育果真雄于全球，称霸世界，以至于盲目乐观，沾沾自喜，夜郎自大。

任何测试都不是以获得好的结果为目的，而是需要把它作为一种诊断。这次测试"三个第一"的结果，鼓舞了人心，增添了我们的教育自信，这是积极的一面。

如果我们对于"三个第一"，能保持清醒头脑，客观对待，科学审慎，从中找到一些弱项，发现一些问题，并从"三个第一"的背后去做一些突围，去寻求一些教育变革之道，而且尽可能通过进一步深化教育改革去对症下药，切实解决问题。比如注重立德树人，强化五育并举，变革考试制度，完善评价机制，等等，其意义和价值就一定会远远超过测试本身了。

终究有一天，中国的基础教育将更加底气十足，也将为全球基础教育的发展贡献中国经验，提供中国样本！

我们怎样拥抱现代信息技术的大潮

第 78 届中国教育装备展示会，昨天上午在重庆国际博览中心开幕。应深圳校长会之邀，参加以"科技助力学校量化管理"为主题的中小学教育信息化主题沙龙。

走进展示会现场，各种现代信息技术装备琳琅满目，让人眼花缭乱，应接不暇，犹如进入了一个现代信息技术的海洋。

伫立于这样的一个海洋，面对波涛汹涌的信息大潮，我们无法拒绝，相信在教育信息技术的大潮的冲击下，会带来一场教育的深刻变革。

但是我们也完全不能被这来势汹涌的大潮所席卷，乃至淹没，我们应该保持冷静，做出一些理性的思考。

思考一：教育信息技术的信息化是不是就标志着我国进入了教育的现代化？

现代教育信息技术日新月异，新的设备、手段、载体层出不穷，这标志着我国教育的信息化和教育的现代化已经进入新的发展阶段。

教育现代化当然离不开教育信息化的支撑，没有教育的信息化，肯定没有教育的现代化。

是不是有了教育的信息化，就有了教育的现代化呢？

我们先来看看什么是教育的现代化，从百度上搜索，是这样定义的。教育的现代化指的是用现代先进教育思想和科学技术作为武装，使教育思想观念、教育内容、方法与手段以及校舍与设备，逐步提高到现代的世界先进水平，能够培养出适合参与国际经济竞争和综合国力竞争的新型劳动者和高素质人才。它具体包括教育观念现代化、教育内容现代化、教育信息现代化、师资队伍现代化、教育管理现代化等。

不难看出，教育信息现代化只是教育现代化中的一个小块，教育现代化除了教育信息的现代化外，还包括教育观念、教育内容、师资队伍、教育管理的现代化。

不容置疑，我们无论是在教育观念、教育内容，还是在师资队伍、教育管理上，还存在很多问题，离教育现代化的要求还有很大差距。虽然教育信息化目前已进入了一个新的发展阶段，但要真正实现我国教育的现代化，还任重道远。

思考二：现代教育信息技术是不是就一定能够有效解决教育公平，师资不均衡，落后地区、贫困山区、城乡之间教育发展的差距等问题呢？

人们通常认为，现代教育信息技术拥有的资源的共享性、广泛的传播性、有效的互动性、时空的突破性、使用的快捷与便利性等，既能够帮助一些学校弥补师资短缺、教师素质短板，以及由此导致的课程单一的短项，又可以满足学生居家学习、自主学习、选修学习的需要。

本以为，通过现代教育信息技术，可以有效解决师资不均衡，教育不公平，落后地区、贫困山区、城乡之间教育发展差距大等问题，然而，今年突如其来的疫情所带来的教育由线下走向了线上，由此所暴露出的问题，却并非如此。

疫情下的在线教育尽管做到了"停课不停学"，但通过一些权威机构调查和发布的数据来看，教育信息化不仅没有如大家所期望的那样用"数字无沟"填平"教育鸿沟"，消弭师资不均衡，促进教育公平，反而有拉大教育不公的趋势，甚至还让落后地区、贫困山区、城乡之间教育发展以及学生之间的差距越拉越大。

当然，这不是教育信息技术本身的问题，而是教育信息化带动教育现代化的理念还没有完全深入人心；教育信息技术和教育教学的高度融合机制还未真正建立；教育信息化所要求的硬件设施、网络条件以及师资水平在不同地区之间、不同学校之间，乃至城乡之间还存在"贫富悬殊"的问题。

更为重要的是，落后地区、贫困地区乃至农村的学生相当部分缺乏父母积极有效的督促、管教，缺乏辅导条件和支持，因而出现差距拉大和两极分化的现象，便在所难免。

这其实为教育信息化怎样迈向新时代，怎样进入新的发展阶段，怎样开启新未来，怎样承载新使命，提出了新的要求和新的课题。

思考三：现代教育信息技术能取代学校和教师吗？

我记得前些年，刚进入"互联网＋教育"时代，在一些会议和论坛上，不少互联网、信息化专家大放言论，说什么进入教育信息化时代、人工智能时代，学校将会不存在了，教师将被取而代之了，教师也将面临失业了。

现在想，他们这样讲，有可能是为了产品和产业的需要。

我以为，未来有可能很多职业都将消失，但是教师这个职业却永远不会消失。未来很多工作将会被人工智能所取代，但是唯一无法用机器取代的，那就是教育和教师。

也就是说，尽管教育信息技术来势迅猛，铺天盖地，势不可挡，但它永远取代不了学校，取代不了教师。

现代信息技术与教育是两个完全不同的集合，虽然有交集，但它并不重合。教育信息技术只是"教的道具""学的工具"，或者是达成教育目标的一种手段，它可以让教有方，学有趣，也可以让教多些载体，让学多些方式，但它毕竟不是教育的全部。

毕竟教育是人的事业，它不是农业，不是工业，教育的内容除了知识的传授外，还包括师爱、情感、态度、价值观的传递，所谓"亲其师，信其道"。

我以为，不管怎样推广信息技术，怎样普及人工智能，怎样翻转课堂，怎样上网课，永远取代不了课堂，永远取代不了教师在场的教学，也永远取代不了教师的地位。

思考四：现代信息技术能否否定和掩埋传统的教育智慧？

诚然，现代信息技术手段的运用，能激发学生的学习兴趣，调动他们的学习积极性，从而大大增强教学的效果，提高教学的效率。

但是，我们不能用被现在广泛运用的现代信息技术去否定数千年所积淀的教育智慧。

早在两千多年以前，孔子就曾提出过"有教无类""因材施教"的教育理念，我们能因教育信息技术而否定吗？

曾几何时，老师们那时没有今天的信息技术，教育人生几十年，一直是一张黑板，一支粉笔，三尺讲台，同样传授了李杜诗文，同样讲解了孔孟学问，同样挥舞出了空间平面，同样挥洒出了人生天地，同样书写出了知识海洋，同样培育了桃李满天下。

时至今日，很多教师仍然喜欢用一支粉笔，一张黑板演绎传统教学，那美轮美奂的板书，那优雅从容的教态，那纵横捭阖的语言，还有学生听课前的热切期盼，听课中的专注投入，听课后的意犹未尽，你能用所谓的现代信息技术去否定吗？

还有过去，老师们利用现有的教学资源，和学生们一起制作教具，一起制作学具，有可能粗糙，还可能简陋，但美好的师生关系就在这样的一个过程中构建，动手的能力、创造的能力、学习的能力就在这样的一个过程中积淀，好的教育、朴素的教育就在这样的一个过程中生发，你难道能用现代信息技术去全部替代吗？

现代教育信息技术可以让我们的教育教学更富有智慧，但是，它绝否认不了千百年来所创造的教育智慧，借助现代教育信息技术可以弘扬和彰显教育智慧，但它也绝不可能掩埋数千年所积累的教育智慧。

人的成长是目的，教师的专业发展是永恒，教育教学的规律是永远不变的法则，教育对朴素、对本原的追求是永远矢志不渝的坚守，现代教育信息技术不管怎样先进和发达，永远都是一种工具，一种服务，绝对不能越俎代庖，喧宾夺主。

思考五：学校管理者运用现代信息技术手段进行量化管理，同人性化管理怎样找到平衡点？

智慧校园的构建，其初衷是通过对师生行为轨迹系统的确认和感知，主要着眼于安全保障和安全管理。一些学校却盲目运用现代技术手段，诸如刷脸打卡、指纹打卡、智能定位、办公室安监控，对教师进行管理，带来教师的强烈反感。

毕竟教育管理，不同于现代企业制度下的那种精细化管理，这种管理，对于企业社会化大生产下的精准计时计物计件，或许适合。

但教育管理管的是人，是活生生的人，管的是人心，是直指人柔软的内心。教育管理不是简单的一个量化，也不是用刷脸打卡、指纹打卡、智能定位、办公室安监控，把人盯紧管死。而是要眼中有人，要注重以人为本，要闪耀人性的光辉，要弥漫人文的光芒。

通过五花八门的指纹识别、刷脸打卡、手机定位，当然可以把老师盯死看牢在校园，也可以把老师拴在办公室，老师们遇急事不能去处理，甚至连孩子生病了都不能带孩子去看医生，但老师们完全可以人在曹营心在汉，完全可以人在办公室，"心"却早已飞到九霄云外，甚至完全可以弄两个手机，一个手机放在办公桌，让你觉得他乖乖地在那里待着，而那个人却拿着另外一个手机潇洒于外面精彩的世界。

请问，这样的管理又有何意义和价值？我以为，最大限度只能够体现体现校长的权威，刷刷校长的存在感。

曾听过北京市昌平区城关小学原校长柏继明的报告，这个校长被称为"减负校长"，她讲她对老师一直实行散养式管理，老师们不用签到，不用坐班，她更不会用现代信息技术手段去死死地管住老师，老师有赶急的事可以调课去处理，深得老师拥护，相反老师们在工作上更认真，更不敢懈怠。她说，散养的鸡、散养的猪，肉都好吃些，价格都卖得贵。这些被散养的鸡、猪之类的，其实它们都是有自觉性的，不管觅食得再远，到了傍晚，都会回到各自的家。特别是母鸡，到了下蛋的时候，它会回到自己主人的家把蛋下了，再去觅食，你看哪个母鸡会把蛋下给别个家里呢？她由此说到，老师们更有自觉性，我们要充分信任老师，不要把老师管得太死，只要他把"蛋"下在学校就行。

教育管理包括学校管理，我们可以借助现代信息技术手段，可以把它作为一个工具，但文化的管理、人文的管理、人性化的管理等，永远才是管理的最高智慧和境界。

教育以及教育管理需要积极主动迎接信息技术，但是我们必须认清其利与害，优与弊，有选择地运用，充分结合地运用，有机融合地运用，科学高效地运用，而不能被其绑架，做了现代信息技术的奴隶。

第四章

教育直言

"冠名办校"岂能挂羊头卖狗肉

近些年来，各类冠以名校招牌的合作办学如雨后春笋，拔地而起，遍地皆是。然而，一些"冠名办校""挂牌办校"却有名无实、名存实亡，有的地产商则把办校作为"售楼招牌"，这样的一些现象已经引发社会的广泛关注。

与名校合作办学，其初衷应该是借名校的品牌效应，以实现资源互享，理念互通，方法互鉴，优势互补，优质扩容，效益扩增，多方共赢，缩短差距。

然而不少的"冠名办校"，却玩起了"变形金刚"，完全走偏。一些名校用品牌冠名收取巨额的管理费，钱收完了事，既没有输出教育理念和管理模式，也没有对学校有什么实质性的指导和资源投入。有些被冠名的学校挂着名校的牌子，什么"XX附属学校""XX实验学校""XX分校"等等，却跟名校在教育资源与教育指导方面毫不沾边，实属"挂羊头卖狗肉"。

与此同时，这些被冠名的学校，以"冠名校"为招牌，以"名校光环"为诱饵，以自己理所当然是"名校"为幌子，以优质教育资源为噱头，忽悠家长。

一方面借此吸引更多的优质生源，另一方面，收取昂贵的学费，让一些不明真相的家长，花出大把大把的钱去接受原本是"公益性""普惠性"的义务教育。有的"冠名办校"甚至与开发商合作，让名校招牌沦为"售楼招牌"，普通楼房眨眼间哗变成学区房、学位房，在溢价中实现对家长的再次"收割"。

这种"冠名办校"如此地为所欲为，肆无忌惮，野蛮生长，既让中国的名校斯文扫地，形象俱毁，又加重了家庭负担，坑了一批又一批学生家长。

更重要的是，还影响了教育公正，坏了一方教育生态，甚至殃及社会风气。

"冠名办校"乱象为什么有着广阔的市场，愚以为，还是唯分数、唯成绩、唯升学的教育观所助推的社会浮躁，教育功利，家长焦虑，导致人们对当前所谓的优质教育资源的盲目追逐和过度的期盼与需求，造成一些家长的"心安"意识、虚荣心理和"饥不择食"，而一些资本的角逐者，正是抓住并利用家长这种情绪和心态，大做文章，以至于让"冠名办校"的虚火越烧越旺。

要出重拳治理"冠名办校"的乱象，我以为必须从以下几个方面着手。

一方面进一步深化基础教育改革和中高考制度改革，推进教育综合评价，切实破除教育"五唯"，让教育回归本原，远离功利，让家长回归理性，消解焦虑，淡化"名校情结"，以平常心对待孩子的教育。

另一方面充分激发办学活力，让更专业的人治教，让教育家型校长办学，通过实现教育的高位均衡和教育的高质量发展，以持续增加更多的优质教育资源，让家长有更多的选择，从而让那些名不副实的"挂牌学校"没有市场。

与此同时，要切实加强对"冠名办学"的监管与惩戒。相关部门要分工协作，形成合力。从事前的综合评估、加强审核、严格程序，到事中的强化监督、严格兑现合作办学协议，再到事后对合作办学项目的考核检查、逐一验收，都要环环相扣，无缝对接，无懈可击。

特别是对别有用心，恶意"蹭名牌"、牟暴利的行为，要通报追责，摘牌问责，形成震慑，并及时向社会澄清，辨明真相，以正视听。

除此之外，要想从根本上避免和消除"冠名办校"的乱象，还应该通过重视和加强顶层设计，及时出台更高层面的冠名办学的原则和标准，对冠名的资格、条件、流程，以及冠名之后名校需要提供的教育资源和服务，办学的参与和引领，被冠名校的主动对接、质量承诺、品质保障等方面，都要做出详细而具体的规定，让"冠名办校"回归正规轨道，真正实现名校带民校，名校办名校。

不看广告看疗效，不唯名校看实效。不管采取什么方式办学，我们都应该坚守底线，恪守良知，坚持育人为先和以学生为本，而不是玩虚招，一味追求品牌价值与经济利益。

厘清"家庭作业"的责任边界

据相关媒体梳理，从 2018 年至今，已有辽宁、浙江、海南、河北等至少十多个省级教育部门出台相关文件，"叫停"家长批改学生作业。有地方明确指出，教师必须亲自批改作业，严禁家长、学生代劳。有的地方还规定，定期开展作业督查，甚至将作业管理纳入绩效考核。

不置可否的是，当下，"家庭作业变家长作业""教师批改作业变家长批改作业"似乎已成为一种教育形态，而且也是被人们吐槽最多的教育乱象之一。"不写作业，母慈子孝；一写作业，半夜鸡叫""不改作业，全家欢笑；一改作业，哭哭闹闹"，便是很多家庭的真实写照。

其实，家长参与孩子教育，监督孩子做作业，并力所能及地给予一些检查和指导，了解孩子的学习情况，尽到家长的义务，也体现家校合作，家校共育，并共同促进孩子良好学习习惯的养成和孩子的健康成长，这是好事，也是天经地义的事。

然而，近些年来，一些学校和老师要求学生做家庭作业时，从督促、辅导、检查、批改到签字，家长要全程参与，全面负责，"一条龙"完成。

再加上作业多、难度大，许多家长为生计奔波一天，精疲力竭还要陪孩子写作业，熬更守夜改作业，难以承受之重让家长苦不堪言。

更有一些家长囿于自身学识、文化、教育专业等因素而缺乏一定的督促、辅导条件和支持，如果家庭作业都要家长"越俎代庖"地来批改，这部分家长则只能望"作业"而兴叹，除了不尽的烦恼和焦虑，就是相互的责怪埋怨，以至于诱发诸多家庭矛盾。

教师的本职工作是传道授业解惑树人，批改作业本就在教师的责任范围之内，也是教师义不容辞的使命。在作业批改中，教师能够及时了解孩子对知识的掌握情况，及时发现孩子知识的盲点、难点、易错点，便于对症下药，因材施教，便于教法、学法和对所授内容的改进与调整。

如果教师把本应自己承担的作业批改任务，交由家长完成，不仅加重了家长的负担，而且无助于教学的动态把控，还完全可能由此导致教育和教师被抹黑、诟病。

但从另一角度想，老师们也不容易，他们可谓压力山大，安全的压力、学生成长的压力、专业发展的压力、家庭负担的压力，又特别是应试教育模式下，老师和学生一起被捆于应试教育的战车上，为分数而拼杀，除了反复地讲，反复地考，那就是留大量的家庭作业反复地练。

老师看起来一天只有几节课，但是在其背后，还要拿出很多时间备教材、备学生、备学情、备教法，还要花很多心思去做学生的思想工作和个别辅导。

加之目前一些形式主义作祟，一切都要留痕，一切都要进校园、进课堂，还有泛滥成灾的各种考核、检查以及无关紧要的表册、数据、资料，更要耗费掉老师的很多时间。有老师说，他们可能在这些方面付出的时间甚至比上课还多。

教师是人，不是神，人的精力毕竟是有限的。一名教师要负责几十名学生的作业批改，长此以往，难免精力不足，这种情况下，于是便有了要求家长配合乃至代替教师的批改工作。

"学生家庭作业的批改"问题作为教育领域的一种乱象，看似是一个小点，却折射出的是学校的规范管理、良好的家校关系以及教育生态优劣等深层次教育问题。

要从根本上治理这个问题，把"禁止让家长批改作业"的一些新规落到实处，一方面要纠偏教育的唯分数、唯成绩、唯考试、唯升学，落实立德树人根本任务，遵循教育规律，回归教育本原，改进结果评价，强化过程评价，探索增值评价，着力健全教育综合评价体系，切实减轻学生的课业负担，从制度上为学生留出全面发展、个性化发展空间。

另一方面要戒除形式主义，落实好教师减负清单，不得安排教师到与教育教学无关场所开展专项工作，不得擅自进入校园指导中小学教师开展相关工作，不得要求教师重复填报同类表格数据等，为教师营造一种安心、静心、舒心的从教环境，保障教师有充足的时间和精力批改学生作业。

更为重要的是针对时下家长越位、老师让位、学生错位的情况，必须尽最大限度厘清家校职责边界。

明确检查批改作业、了解掌握学生真实的学习状况是老师的基本责任，禁止学校和老师我行我素给家长布置"作业"，或者变相"留作业"，包括亲子作业和劳动实践作业，更不能硬行要求"家长辅导"，"家长批改作业"。

家长则应该为学生营造和提供良好的家庭学习氛围，督促孩子及时、独立、真实地完成各科作业，养成良好的学习习惯、生活习惯、交往习惯，培养学生学会待人接物、处世立身、具有责任担当及遵守社会公德等品德习惯。

教育孩子，各司其职是关键，只有明晰家校责任，才能有效避免教师职责与家长责任的互为冲撞，也才能和谐家校关系，提高育人水平。

但是，家长应该认识到，孩子首先是您的孩子，其次才是老师的学生。老师给学生留作业也好，给家长布置作业也罢，都是同心同向，都是为了把孩子教好，彼此应多些沟通，多些理解，让教育因家校的默契而温馨美好。

当然，如果有些家长既有家教能力，又有充足的时间，还愿意在孩子的教育上主动承担更多的责任，更愿意和孩子共同学习，共同成长，这又何乐而不为呢？

让体育老师当班主任能成为一种时髦

1

前不久，山东青岛一所中学因班主任生小孩，让体育老师当班主任，结果遭到家长反对和投诉，在引发社会广泛关注的同时，还引起了人们对"体育老师能不能当班主任"这一话题的热议。

有家长担心：体育老师当班主任，能行吗？有的家长顾虑：体育老师当班主任，管得住孩子吗？还有的家长质疑：体育老师当班主任，对孩子的学业成绩有帮助吗？更有家长公开向学校叫板：难道学校就没有老师了？不换体育老师当班主任，就让孩子换班级、换学校。

稍有点教育常识的人都知道，体育老师虽然是教体育的，但这并不妨碍他做班主任，甚至体育老师完全可以成为一位优秀的班主任。

2

其实，体育老师当班主任相对于语文、数学、英语等文化课老师，更具有一些得天独厚的优势。

一方面，体育老师在备课、作业批改、个例辅导上少了一些环节和任务，课业相对较少，压力相对较小，能够有更多的精力管理班级，有更多的时间花在孩子的身上，可以花更多的心思去观察学生，了解学生各方面的表现，并及时跟学生沟通。

语文、数学等学科教师，既要费尽心思备课，包括备教材、备教法、备学生，还要花大量时间批改作业、辅导学生，身挑两副重担，毕竟人的精力有限，一些老师在学科教学上往往弄得焦头烂额，可以想象，在班主任工作上就有可能力不从心了。

另一方面，体育作为"五育"之一，体育很重要。蔡元培先生所倡导之体育，始终与他所倡言的"完全人格"联系在一起。在"完全人格"中，蔡先生将体育置于首位，他说："完全人格，首在体育。"毛泽东在《体育之研究》中曾这样写道："体育一道，配德育与智育，而德智皆寄于体。无体是无德智也。"

然而，体育课同音乐、美术、书法等课，长期被称为"副课""杂课""豆芽课"。班主任在孩子心中，往往拥有绝对的威信和至高无上的地位，通常情况下，班主任担任什么学科教学，孩子们就会自然地重视相应学科的学习，那么让体育老师当班主任，孩子们自然而然地就会重视体育课的学习，也就会相应地重视体育锻炼，这恰恰能够有效地达成"野蛮其身体""强健其体魄"之效。这从某种程度上讲，完全可以固化和提升体育课的地位。正如有网友所调侃的那样，体育老师当班主任，就没有老师再敢占体育课了。

同时，体育学科还蕴含着更高与更强、健康与向上、团结与协作、坚持与拼搏等体育精神，体育老师当班主任，如把这些理念和精神运用到班级管理中，渗透到育人的各个环节里，会有利于培养孩子们的这些优良品质，也更会有助于教书育人，立德树人。

除此之外，像体育、美术、音乐等学科教师，绝大部分性格外向、开朗活泼、诙谐幽默，他们的课往往孩子们参与度高，互动性强，课堂气氛比较轻松、活跃，能够吸引人，如果让他们担任班主任，由于生性放松，更容易走进学生的内心世界，懂得学生的需求，能够与学生打成一片，成为他们的知心朋友，这样，班级会更有活力和凝聚力，班主任工作会更有效果和魅力。

还有一点，语文、数学老师当班主任，他们常常更关注的是分数，是成绩，至于孩子在分数和成绩之外，还有什么天赋和特长，他们无暇顾及，抑或没有独特的眼光去发现，而由诸如体育、音乐、美术这样的学科老师当班主任，他们可能会依靠自己的学习经历和自己的专业判断，敏锐地发掘孩子身上鲜为人见的爱好和闪光点。比如哪些学生跑得快，哪些学生乒乓球打得好，哪些学生跳绳跳得好，哪些学生歌唱得好，哪些学生画画得好……

在我们的教育对孩子的评价标准越来越多元化的今天，班主任对孩子天赋的发现和尊重、呵护和鼓励，可能让每一个孩子生命有枝可依，可以让更多的孩子自信地走出不同的人生道路。

3

班主任是班级的管理者，其实一名教师能否胜任班主任，最关键的不是取决于他是什么学科的老师，而在于这个老师有没有敬业精神，有没有责任心，有没有耐心，有没有一颗爱孩子之心，有没有一种对孩子的包容之怀，有没有良好的师德，有没有做好班主任工作所必需的管理、沟通和协调能力。

我以为，只要具备了这些，无论是哪个学科的老师，都能够担任班主任，也都能够当好班主任。

4

为什么人们对体育老师当班主任这么排斥，这么不接受？

我以为，一方面是偏见所致。之前，我们经常戴着"有色眼镜"去看待体育老师，说一个人数学不好，我们常说："数学是体育老师教的。"说一个人语文不好，也常挂在嘴上："语文也是体育老师教的。"这实际上是对体育老师的歧视，一种看不起。

在我们身边，一些老师在大学里学的是体育专业，参加工作后在学校里教体育，后来不仅有的成了优秀的体育教师，而且有的还担任了校长，成了优秀的校长。比如，彭州市的唐磊，之前是一所学校校长，现在担任敖平中学党总支副书记，一直推进师生阅读和学陶师陶，还是四川省陶行知研究会农村教育专委会副理事长。什邡市渝氏中学校长张琴，带领一班人追寻教育的本原，做返璞归真、抱朴守素的教育，把一所农村中学做得风生水起，今年教师节，被什邡市委、市政府表彰为几个优秀校长之一。

另一方面，还是社会思想观念和现行的教育评价单一所带来的。现行的教育评价手段主要是考试，评价的标准主要是分数。很多人所在乎的只是那些必考的，能够给孩子带来文化课成绩的科目。当然，也就自然重视和在乎那些文化课教师了，对文化课教师当班主任，也认为顺理成章，不容置疑。

而在人们的心目中，体育不考试，体育不是主课，这门课可有可无，那么课可学可不学，学好学坏，都无关紧要。以至于家长认为体育老师当班主任，对涉及学生升学考试的内容没有多大的贡献，便大惊小怪，惊天动地，不能接受了。

这实际上不仅折射出了当下单一评价体系的弊端，而且还反映出体育、音乐、美术等"副科"的教学现状和危机，以及这些"副科"老师的不受待见的现实和地位。

5

近日，中共中央、国务院印发了《深化新时代教育评价改革总体方案》，这是指导深化新时代教育评价改革的纲领性文件。

《总体方案》将紧扣破除"唯分数、唯升学、唯文凭、唯论文、唯帽子"的顽瘴痼疾，进一步改进结果评价，强化过程评价，探索增值评价，健全综合评价，大力破除不科学、不合理的教育评价做法和导向，着力建立科学的、符合时代要求的教育评价制度和机制。

就在前两天，中共中央办公厅、国务院办公厅又印发了《关于全面加强和改进新时代学校体育工作的意见》和《关于全面加强和改进新时代学校美育工作的意见》。

围绕学校体育工作，文件指出，要开齐开足上好体育课。严格落实学校体育课程开设刚性要求，不断拓宽课程领域，逐步增加课时，丰富课程内容。

文件还提到，要完善学生体质健康档案，中小学校要客观记录学生日常体育参与情况和体质健康监测结果，定期向家长反馈。将体育科目纳入初、高中学业水平考试范围。改进中考体育测试内容、方式和计分办法，科学确定并逐步提高分值。

文件同时指出，完善体育教师职称评聘标准，确保体育教师在职务职称晋升、教学科研成果评定等方面，与其他学科教师享受同等待遇。

而且教育部在当天就中办、国办关于加强和改进学校体育、美育工作印发的意见做出解读时，明确中考体育未来要达到和语数外同等分值。对于这一点，实际上云南省在今年初所发布的《关于进一步深化高中阶段学校考试招生制度改革的实施意见》中，在将全部科目纳入云南初中学业水平考试范围时，已将体育分值提高到100分，与语、数、英三门主科并列。云南中考这一改革已开了全国之先河。

中国现代著名的教育家张伯苓曾言："不懂体育者，不可以当校长。"我们据此可以换言之：不懂体育者，不可以当班主任。再反推之：懂体育的体育老师，更有资格当班主任。

为了教育和孩子的全面发展，我们不仅希望体育老师当班主任不再是问题，能成为一个时髦，而且希望有更多的音乐、美术、书法等老师当班主任也不再是问题，也能成为一个时髦。

我以为，什么时候体育、音乐、美术、书法等"副科"老师、"杂课"老师当班主任多了，不遭受质疑了，与其他主科老师能受到同等对待了，能成为一种真正的时髦，教育的"五唯"就彻底破除了，教育的生态就真正好了，人们所向往和期待的美好教育就呼之欲出了！

不能让体育落入应试的窠臼

近日，云南省教育厅发布《关于进一步深化高中阶段学校考试招生制度改革的实施意见》。根据新的改革方案，国家《义务教育课程设置实验方案》设定的科目，将全部纳入云南初中学业水平考试范围，全科开考，共计 14 门，总分为 700 分。

其中最值得关注的是，将体育分值提高到 100 分，与语、数、英三门主科并列。云南中考这一改革应该是开了全国之先河。

体育强壮筋骨，固其体魄；体育开聪化愚，启迪智慧；体育塑美创美，益美健美；体育陶情养性，磨炼意志；体育使人快乐，体育带来幸福，体育丰富人生。体育是最基础、最美好的教育！

德智体美劳，五育并举。体育又尤其重要。

有这么一句名言：人生就像一串数字，健康是 1，金钱、地位、事业、爱情、家庭……是后面的 0，如果没有了这个 1，后面有再多 0，也都没有意义。

身体是每个人的本钱，身体素质是综合素质的重要部分。我以为，体育就是 1，德育、智育、美育、劳育，便是后面的 0。如果没有了体育这个 1，后面再多的 0 也同样没有意义。

然而，长期以来，单一的评价，应试的属性，让体育课被称为"杂课"、"豆芽课"，体育课可有可无，体育教育一直是学校教育的短板。

体育教育长期的不重视，以及受到的忽视与轻视，带来的是我国中小学生体质连续多年的下降，"小肥胖""小眼镜""小屏奴"越来越多，层出不穷。一个集会，总会晕倒一些学生。大学入学军训，很多学生站立 20 分钟，便吃不消。

云南省将中考体育分值提高到 100 分，与语、数、英三门主科并列，这种通过强化体育分数，以此鲜明导向并倒逼体育教育，对于治理体育课被边缘化、弱化的"顽疾"，让社会更加重视体育教育，让学校更加重视体育教学，让学生更加重视体育课学习，让家长更加关注孩子的体质健康，肯定会起到积极的促进作用。对于从根本上扭转学生体质与健康持续下滑的状况，提升国民的整体身体素质，相信也会收到很好的效果。

然而，体育教育的真正意义是育人，是培养孩子学习体育的兴趣，是帮助学生养成体育锻炼的习惯，并在这一过程中让学生享受体育的乐趣，以达成增强体质、健康身体、健全人格、锤炼意志的目的。

这种提高体育考核权重，用 100 分"顶格"的做法，固然能够"扶正"体育，回归体育的主角地位，然而从另一个方面，不得不让人们忧心的是，这样又会不会把体育逼到唯分数、唯应试的窠臼，让体育成为另外一种名正言顺的应试教育。

也就是会不会出现只重视体育分数，不重视体育教育；只重视体育应试，不重视体育育人；只重视体育训练，不重视对学生体育兴趣的发展，对学生体育锻炼习惯的养成的情况。

甚至我还担心会不会出现考什么，就突击训练什么的情况。比如考立定跳远，就突击训练立定跳远；考仰卧起坐，就突击训练仰卧起坐；考游泳就突击训练游泳。就像为了应对中考、高考的科目，完全靠拼时间、拼身体乃至拼生命去反复刷题一样。

这之前，将体育纳入中考，体育分数占比 30 分至 50 分，有的地方实际上就已经出现了只关注体育测试项目，上体育课就只对学生进行考试项目的训练，有的学校甚至在初三时才对学生进行一定的突击训练的现象。

100 分的含量，更会刺激和加剧这种现象。其结果，就完全有可能适得其反。体育课的地位上去了，体育教师吃香了，然而学生不但没有喜欢上体育课，也没有喜爱上体育锻炼，而且相反像一些学生丧失对语文、数学、英语等学科的学习兴趣一样，最终失去对体育课的学习兴趣，甚至产生对体育课的敌对心理和厌倦情绪。

　　如何避免将体育育人异化成体育应试，将体育教育异化为简单的体质测试，将体育的综合评价异化成单方面的考试，这是应该值得思考和研究的。如何配套相关措施，切实改进评价与测试方式，这也是需要做出应有的探索和尝试的。

　　作为学校，如何变革体育课教学模式，如何优化体育课教学，如何激发学生学习体育的兴趣，如何提升体育教师的素质，这更是必须作为一件迫在眉睫的事情去加以关注和解决的。

让超级中学的怪胎不再有

近日，四川省教育厅印发《关于规范 2020 年全省普通中小学招生入学工作的通知》，通知中要求所有公办、民办学校的招生录取均以学生中考成绩为依据，一律不得举行自主招生考试，一律不得跨市（州）掐尖招生、提前招生。

《通知》一出，一石激起千层浪，应该引起了广泛的热议。特别是广受诟病的超级中学，何去何从，还能不能像过去一样，仍恣意妄为，有令不行，有禁不止，继续我行我素，这更让人们关注，甚至拭目以待。

其实多年前，国家就明确规定，公办普通高中不得跨地区招生，同时按照《民办教育促进法》，民办学校必须独立办学，不得和公办学校混合招生、办学。教育部和建设部对普通高中的办学规模也有明确规定。

然而受制于种种原因，一种不得不面对的客观现象和事实，那就是一个又一个超级中学在不断地涌现，而且无限地在做大做强。

超级中学的不断涌现和做大做强，我以为它是现行教育评价体系带来的必然结果，也是学生、家长、学校和社会利益博弈的一种现实反映。

尽管存在就是合理的，但是超级中学的不断涌现和做大做强，绝对不是教育的一件幸事，也绝对代表不了教育的先进发展方向。

在自然界，有一种叫巨尾桉的速生树种，它的根系特别发达，而且延伸范围很广，在生长过程中它会疯狂吸收大量的水分和营养，久而久之就会造成所及之处的土壤干燥贫瘠，让周边寸草不生，形成荒芜之地。

"超级中学"的崛起，由于不择手段，对生源和师资层层掐尖、层层抽血，产生强烈的"虹吸效应"。

就像巨尾桉一样一株独大，对教育资源的掠夺和高度垄断，所创造的"教育奇迹"，是以牺牲周边学校的利益和区域教育的均衡发展作为沉重代价。

在不断的恶性竞争和恶性循环中，让周边学校和一些区域教育，危机四伏，雪上加霜，难以为继，极大地干扰了教育秩序，破坏了教育生态，也损害了教育的均衡和公平。

我去年到某省某县考察教育，该县教育局长给我讲，他们每年中考前一千名的学生都被远在五百公里之外的某超级中学挖去，而且掐尖学生，已不局限于初中，不断前移，如今已从初中"掐"到小学中高年级了。学生之间失去一种相互影响和带动，便没有了一种良好的学习氛围。老师教出的一个个学生被"掐"走了，老师们也没有了积极性和职业的幸福。到最后，以至于一方教育更没有形象和尊严了。

而且不少超级中学实行的是严格的军事化和现代大企业的精细化管理模式，采取的是高难度应试训练和高强度时间控制，不问西东，只问分数，只问"北清"，尽管生产出了骄人的高考成绩，创造了一个又一个高考神话，有的超级中学甚至把一个省的北大清华的招生名额差不多囊括于自己的一亩三分地里，这种虚假的教育繁荣，却为本来就十分猖獗的应试教育推波助澜，让教育在反教育的路上越走越远。

同时"超级中学"高昂的择校费，带来的教师巨额的奖金和学生考上名校所悬的高额奖赏，让高考自然一路凯歌。一路凯歌的高考战绩，让不少对所谓名校迷信的家长，为了孩子命运的改变，源源不断地背上钞票蜂拥而至，又为超级中学这台战车生生不息、纵横驰骋、辗压教育提供了强大的动力。

马太效应之下，这些学校犹如滚雪球般不断壮大。然而却给不少学生家庭特别是贫困学生家庭带来了巨大的经济压力和负担。

有了超级中学的巨大吸引力，不管路途多遥远，有的家长都要把孩子送去，甚至孩子在小学阶段就要送去。众所周知，父母是孩子最好的老师，亲情的陪伴是孩子最好的成长，家庭教育不可替代，也是最好的教育。孩子远离父母、远离家庭，奔波折腾，这不仅增加了教育成本和安全隐患，而且让孩子因为亲情的过早缺失和隔断，对孩子身心的发展将产生诸多问题和消极影响。

超级中学由此带来的危害很大，为什么有其生存的气候与土壤呢？说到底，还是一些地方和教育主管部门对创造高考政绩的盲目追求，以至于对"不得跨地区招生"睁一只眼闭一只眼，让"不得跨地区招生"等规定得不到有效执行。

二十一世纪教育研究院院长、著名教育学者熊丙奇认为，如果各地严格执行一条规定，超级中学将纷纷陨落。这条规定就是：停止高中在省内跨区域或跨县招生。

这次四川省教育厅敢于亮剑，明确"所有公办、民办学校的招生录取均以学生中考成绩为依据，一律不得举行自主招生考试，一律不得跨市（州）掐尖招生、提前招生"，我们都应该为这种胆识和勇气点赞！

如果能够将这一规定落到实处，从关键处规范招生秩序，从源头上限制超级中学的招生，从后续的惩戒措施上配套跟进，让超级中学的怪胎不再有，让教育资源均衡配置，让学校之间得到良性发展，让教育人不再为生源大战而绞尽脑汁、大动干戈，让每一个教师都能够把心思和精力用在教育规律的坚守上、教育常识的理性回归上、自身素质的不断提升上、教育教学质量的努力提高上，作为四川省教育厅，便功莫大焉！

高中属于非义务教育，学生和家长有选择接受优质高中教育的权利，"不得跨市（州）掐尖招生、提前招生"，会不会带来家长的反对，乃至向地方教育部门的施压和绑架，正如熊丙奇所说，如何排除一切阻力落实好《通知》中的相关规定，这考验着教育部门的现代治理能力和智慧。

第五章

教育视界

今天，我们应该怎样做校长？

教育要走向未来，面向新时代，校长重任在肩，校长也至关重要。那么做走向未来，面向新时代的教育，校长应该从哪些方面做出努力呢？

第一，用思想的引领做校长。

人因思想而伟大，校长因思想而深邃。一个校长什么都可以没有，但不能没有自己的教育思想，优秀的校长都有自己的教育思想，一个有教育思想的校长，他对教育会有独特的见解，在他的身上，也会有一种独特的魅力。

校长的教育思想不是天生固有的，它应该是从坚持不懈的学习中习得的，从不断的反思中获得的，从对教育的认知中研习的，从教育的实践场中凝练出的，从司空见惯的教育现象中琢磨与感悟到的。

热情需要热情带动，激情需要激情迸发，灵魂需要灵魂唤醒，思想需要思想点燃。

苏霍姆林斯基曾经说过："校长对学校的领导，首先是教育思想的领导，其次才是行政上的领导。"

教师有没有教育思想，有什么样的教育思想，这完全取决于校长。校长的重要职责，不在于他在具体事务上做了多少，而在于校长对教师在教育思想上引领了多少。

第二，用榜样的力量做校长。

榜样的力量是无穷的。喊破嗓子不如做出样子，打铁需要自身硬，身正不令而行，其身不正，虽令而不从。

这么多年的教育管理，让我体会最深的是，最好的教育莫过于浸润，最有效的管理莫过于示范。

村看村，户看户，群众看干部。在学校，校长的一言一行，教师都看在眼里。如果我们不能做出表率，不能表里如一，言行一致，怎么能要求老师做到，事实上，老师也永远做不到。

作为校长要求老师做到的，自己不去做到，或者不比老师做得更好，我们怎能去说服和影响老师？

校长的有效管理，必须做到身先士卒，以身作则，率先垂范。也就是，充分发挥榜样的力量，示范的作用。只有如此，校长才能理直气壮地做管理，底气十足地抓落实，老师们也才会心服口服，心悦诚服。当你用放大镜去检视老师的行为时，你也用不着担心他们会戳你的背脊骨。

校长要永远记住，"桃李不言，下自成蹊"；"给我上"远不如"跟我上"；让别人做你做不到的事情，永远是没用的；自身的行为能够成为一种影响，跟随与鞍前马后就是一种心甘情愿；以身作则的力量彰显出一种感召，响应与一呼百应便是一种自觉；校长的榜样与示范，其本身就是一种最有效的领导。

第三，用专业的功底做校长。

教育的专业性很强，学校也是专业密集的地方，教师更是专业水准比较高的群体，校长必须精通业务，必须是专业领域的专家，必须是内行领导。

只有关公才能耍大刀。校长渊博的学识，深厚的学养，扎实的专业功底，既是校长终身受用的宝贵财富，也是校长攻坚克难，征服人心的力量。

俗话说："外行看热闹，内行看门道。"校长如果缺乏一定的专业支撑，"外行"指导内行，犹如隔靴搔痒，不痛不痒，校长则很难领导教育教学，当然更难领导的是教师了。

如果校长专业功底扎实，专业能力比教师强，教师就会认可你，佩服你，尊重你，瞧得起你，他绝对不敢在你面前班门弄斧。相反，你才能够更有实力在教育教学的主战场，运筹帷幄，带兵作战，靠前指挥，发号施令。

对于校长这一职业群体，做一个合格校长，仅是最低层次的要求，比较容易；做一个优秀校长，付出的努力会更多些，它不仅要求校长要具备德、才、学、识，还要求校长形成自己的办学思想和办学特色；而做一个专家型校长，则是校长的最高追求，它不仅要求校长要具备优秀校长的一切，还要求校长要确立自己专业领导地位，树立自己专业管理思想，夯实自己专业领域功底。

第四，用责任的担当做校长。

这个世界上始终有一种东西，难以割舍，让人挥之不去，那就是责任。责任铸就使命，责任书写忠诚，责任体现价值，责任胜于能力，责任诠释人生，责任锻造辉煌。

人可以不伟大，也可以清贫，但不能没有责任。责任有价，责任巨价，责任无价。

校长虽然算不了什么官，但校长是学校的灵魂，有一个好校长，就有一所好学校。因而校长的职位神圣，使命崇高，责任重大。

一方教育的发展，教师的职业幸福，孩子的未来人生，成千上万个家庭命运的改变，完全攥在校长手中，维系在校长身上，校长如果没有一种责任担当，那岂不是失职渎职，丧尽天良？

校长的责任担当，一方面要有强烈的责任心。要履职尽责，做到对工作负责，对事业负责，对教师的专业成长负责，对学生的美好前途负责，对办好一所学校负责，对教育的高质量发展负责。

另一方面要有厚重的社会责任感。校长在办好学校，做好教育的同时，还要关注社会，关注国家，关注人类命运。与时代同呼吸，与民族共命运，与世界相关联，与未来互对接。

同时还要有勇于担当的品质。对于教育生态的修复，校长要敢于捍卫教育常识，敢于坚持正确的办学理念，敢于冲破应试教育的藩篱，向反教育挑战，不推波助澜，不随波逐流，不人云亦云；对于来自外界对教育的干扰，校长要敢于拒绝，敢于抵制，敢于说"不"，守住校园的一方净土，把宁静的讲桌还给老师，把宁静的课桌还给孩子，让老师能静下心来教书，让孩子能安下心来学习；对于教育发展中所面对的问题，对于前进中所遭遇的困难，对于工作中所出现的矛盾，校长要不绕道，不回避，不撂挑子，要迎难而上，敢于亮剑。

第五，用情感的渗透做校长。

教育是人的事业，人是有情感的，教育更是富有情感的事业。因此校长不能板着面孔，不能一副铁石心肠，校长应该带着情感。

校长应该带着情感做教育。校长应该热爱教育事业，把学校当成自己的家，把手头的职业演绎成终生的事业，像哲学家仰望星空一样执着于教育事业，像宗教徒对待宗教一样虔诚于教育事业，像少男少女呵护初恋情人那样钟情于教育事业，用心做教育，用整个的心做整个的教育。

校长应该带着情感对待教师。校长要明白，我们的第一称谓是教师，最美好的称谓是教师，永远的称谓还是教师。我们能力再强，离开了教师什么都不是；我们的理念再好，离开了教师终将一事无成。因此我们必须将心比心，以心换心，学会换位思考，具有同理心、共情心，从人文上关爱教师，理解教师，尊重教师，信任教师，成就教师，把自己当教师，把教师当教师，让教师切实感受到你的真情关心，真切关怀，真心关爱，由此感受到学校的温暖，集体的温馨，团队的温情。

校长应带着情感面对学生。没有爱，就没有教育。校长对学生的情感，应该带着浓浓的爱意，一方面要善于发现每个学生的价值，挖掘每个学生的潜能，激发每个学生的内力，发展每个学生的个性，让每个学生成为最好的自己，成为他应该成为的他那样的人。另一方面要在心中释放出浓浓的情怀，把学校里的学生当成自己的孩子一样去对待，去呵护，去疼爱，去尽责，使那些需要我们去注视、关爱与呵护的心灵，得到应有的滋润，应有的阳光雨露。

校长应带着情感制定制度。校长管理学校，领导一方教育，固然离不开制度，但是制度也不能仅是生硬的条款，冰冷的面孔，也不是把人管死卡死，盯死看死，好的制度应该能够自由呼吸，能够体现人性，应该具有人情味。

第六，用"尽力"与"竭力"的精神做校长。

人生的意义就在于"尽力"，我们做事的风范与精神也在于"尽力"。

在"尽力"上，为教师收获职业幸福，校长需要尽力；为孩子们幸福的成长，校长需要尽力；为办孩子们喜欢的学校，校长需要尽力；为做孩子们向往的教育，校长需要尽力；为师生过一种快乐而幸福的教育生活，校长需要尽力；为教育生态的改变，教育的更加美好，校长需要尽力。

为了这一切，校长们能够"尽力"，已经是难能可贵了，但是按照我的理解和我的要求，如果只是"尽力"，还说明仍然有些保留，仍然留有余地，或者还没有使出全部的力气，还没有充分挖掘出全部的潜力。

对于校长的更高要求，那就是在"尽力"的基础上，还要"竭力"。也就是要竭力而为，竭尽全力。有了竭力而为，竭尽全力，就有了全身心投入，全力以赴，不惜一切，不达目的不罢休，楼兰不破誓不还。

我想，校长只要立足这六个方面去做校长，就能够做出走向未来，面向新时代的教育，教育也就能够在走向未来，面向新时代的路上步履轻盈，行将致远！

校长首要的是做一个真正的教育教学领导者

学校是教育教学的主阵地，教育教学是学校的主要任务。作为一校之主的校长领导学校，我以为，首先要领导好教育教学，成为一个真正的教育教学领导者。

要成为一个真正的教育教学领导者，校长就应该做到以下几个方面。

第一，精通业务。

业务能力是校长的硬功夫，是校长的看家本领，也是校长领导教育教学的本钱。

如果校长在业务能力上强，教师就会服你，认可你，尊重你，就会尽职尽责、踏踏实实地做好本职工作，他绝对不敢在你面前班门弄斧。相反，你才有足够的资本拿起大刀在他们面前尽情而潇洒地挥舞。

如果校长是一个门外汉，是一个外行，自身水平低，业务不过硬，试想，你在老师们面前还有话语权吗？还说得起硬话吗？还有资格去领导教育教学吗？还有什么威望和影响力吗？

苏霍姆林斯基说："如果你想成为一个好校长，那你首先就得努力成为一个好教师，一个好的教学专家和好的教育者。"

校长只有成为教育教学专家，才能成为专家型校长，才能真正实现专家治校，教育家办学，才能培养出更多的优秀教师，才能办出有特色、有品位的学校，也才能做出高质量的，令人向往的教育。

校长要做到这一点，必须勤于学习，善于反思，不断加强自己的业务修炼，不断提升自己的业务素养，努力成为教育教学的行家里手。

第二，研究学生。

学生是我们的教育教学对象，是教育教学的主体，发展学生，使学生成长，是办学的终极目的，也是教育承担的崇高职责和使命。

那么，研究学生，理应成为校长的重要工作，成为校长领导教育教学的一个重要的切入口。

但是有一些校长却认为，校长管理好教师就行了，研究学生那是教师的事情，校长去研究学生，就有了不务正业，越俎代庖之嫌。

从管理的角度，似乎有点道理，但校长不仅是管理者，而且是领导者，校长不仅要实现教育教学的管理，而且还要实现对教育教学的领导。也就是说，校长除了对教育教学的一些事务与环节的管理外，更重要的是要对教育教学从思想上进行导向与引领。

而校长对教育教学从思想上进行导向与引领的基础是学生，立足点是学生，最终归属还是学生，校长必须具有学生观和学生立场，必须一切从学生出发，一切为了学生，为了一切学生，为了学生一切。

要做到这一点，校长必须研究学生。校长研究学生，是一个校长从教育教学管理走向教育教学领导的有效途径，是教育教学回溯的基本方式，也是校长们能否成为教育家型校长的分水岭。

大凡我所熟悉的教育家型校长，无一不重视对学生的研究，无一不是研究学生的专家与权威。

校长研究学生，一方面，要亲近学生，把学生当朋友，和学生做朋友。校长只有与学生成为朋友，才能走进学生的内心，才能进行真诚的交流，才能了解教育教学的前线动态，才能带兵作战。要知道，教育教学的前线不仅在课堂，更在学生的心里和学生的世界。

另一方面，要善于研究学生的喜怒哀乐，研究学生的行为表现、习惯养成，研究学生的兴趣爱好、天赋禀性、性格特征，研究学生的心理认知和心理状态，研究学生的人格品质和思想道德水平，研究学生的学习态度、知识基础、智力结构、家庭环境与背景等。

只有深入研究学生，才能做到教育教学的有的放矢，对症下药，避免盲目性、随意性和破坏性。

第三，重构课程。

课程是育人的载体，也是育人的土壤，更是育人的灵魂。

国家课程固然好，那是多少思想和智慧的结晶，但是适合的才是好的，再好的课程它不一定适合每一个学生。

这就需要学校重构课程。也就是依据国家课程，在落实国家课程标准的基础上，如何将国家课程地方化，地方课程校本化，校本课程特色化，特色课程微型化，如何将大统一的课程转化到多样性、丰富性、可选择性的轨道上来。

一所学校，如果没有自己的校本课程，没有自己的特色课程，如果仅是使用国家的统一课程，学生就没有选择的机会，就没有多种发展的可能，学校也就没有个性化的教育，更没有教育的内涵发展。

这就需要校长有重构课程的意识，有领导团队重构课程的能力，有领导团队重构课程、融合育人的行动。

根据我的了解，校长领导教育教学，在重构课程上是短板。不少校长认为，研发课程，重构课程，那是专家学者的事，是上层的事，作为学校，就是按照国家课程把课上好，把书教好，这与我们有什么关？由于缺乏对课程重构的领导，导致教师也就没有了课程意识，没有了开发课程资源的信心和勇气。

现在人们更多地关注的是课堂改革，其实课堂改革还不在于学生座位的变化，教师讲多讲少的变化，课堂氛围的变化，课堂改革的核心是课程，是课程的融合、课程的拓展、课程的重构。没有课程的融合、拓展、重构，就没有真正的课堂改革。

所以说，校长加强对教育教学的领导，必须重视课程，必须重视课程的融合、拓展、重构，必须突破课程这一制约和影响教育教学综合改革的短板。

第四，走进课堂。

知识的传授在课堂，学生的成长在课堂，教师的发展，也在课堂。甚至还可以这样说，我们的校长，从一个普通老师一路走来，成全与成就我们的还是课堂。

作为校长了解教育教学，课堂是一个窗口；指挥教育教学，课堂是一个前沿哨所；领导教育教学，课堂是一个核心司令部。

所以，校长要对课堂带着情感，倾注深情，要坚持上课。

遗憾的是，一些校长，年纪轻轻，在没做校长之前，是优秀教师，课也上得好，可是一旦做了校长，便疏远了课堂，从此告别讲台，不再上课了。这不能不说是一个损失！

固然校长负责学校全面工作，头绪多，压力大，矛盾交织，需要协调处理的事不少，一个人的精力毕竟有限，硬要求校长个顶个地上课，也有点不近情理，但校长完全可以根据实际情况，尽力上点课，或者坚持一周、一月上那么几节示范课。

校长退万步说，忙得不可开交，实在上不了课，但也必须经常走进课堂，坚持观课、听课、评课、议课、磨课。

我以为，学校里最小的事是发生在课堂里的事，最大的事还是发生在课堂里的事。校长经常走进课堂，坚持观课、听课、评课、议课、磨课，既能知道课堂里发生了什么，掌握教育教学动态，赢得教育教学的发言权，有针对性地帮助教师改进教育教学，又能在相互的交流与切磋中，提升自己领导课堂的艺术和水平，成为教育教学真正的权威与领导者。

同时，校长走进课堂，对教师也是一个了解和理解，它能够让我们具有教师的视角，具有同教师共情的心理，从而增进同教师的感情。

我想，校长能够从这四个方面去实现对教育教学的领导，坚持下去，就一定能够成为一个真正的教育教学领导者，成为一个真正的教育家型校长！

乡村小规模学校的逆袭与突围之道

前天，一个微信名叫"胖胖的正能量"微信于我："刚刚在当地入手了您的著作《教育的第三只眼》，我将好好拜读。"

随后又发来微信："您的联系电话方便发一下吗？我有问题想请教您一下。"我给了电话。

昨天上午，"胖胖的正能量"打来电话，我在湖南新化同校长朋友们聊学校管理，电话没有接上。

之后，我收到微信："汤局，不好意思打扰您。我是河南新乡近郊的一名乡村学校负责人，特别关注您的朋友圈，看到您一直致力于乡村学校发展，想就学校特色发展请教您，因为学校规模小，生源差，迟迟没敢和您联系，但看到学校的发展一天天走下坡路，心里很难受，想就农村学校特色发展请您指点一下，我也想领导全校师生走出学校发展的瓶颈期。"

等忙完了之后，我回过去了电话。对方自我介绍："我叫韩艳蕊，是河南新乡市卫滨区赵村小学校长。我做校长不长，一年多时间，是从城区学校被安排到这所学校去的。"

她给我介绍了现在学校的具体情况，学校只有学生 120 多人，老师年龄老化，最年轻的都快满 50 了。师生这样的状况，让学校总是死气沉沉的，看不到希望。

我给韩校长讲，随着城镇化的发展进程，乡村小规模学校有可能是未来乡村教育的常态。乡村小规模学校规模小，学生少，这不是劣势，而是优势，不少城市学校正在为大班额犯愁，人数少，就已经实现了他们羡慕的小班化，可以让我们有充分的条件、充足的精力因材施教，实施个性化教学，做个性化教育。这多好啊！

当然，其前提是必须找准学校的发展定位。因为乡村小规模学校不仅学生少，生源质量也相对差，对于农村地区，留守儿童还多，而且优秀年轻教师往往被县城学校"割韭菜"，教师队伍都比较弱。

韩校长问怎样定位乡村小规模学校的发展呢？我说，乡村小规模学校应该跳出应试的窠臼，立足办学特色，办小而美、小而优的学校。如果学校仍然拼分数，仍然只是就课本教课本，就知识传知识，如果教育的全部手段和家当还是反复考、反复讲、反复练，老师就永远收获不到职业的成就感和幸福感，孩子就永远感受不到学习的趣味和校园生活的快乐，学校便会成为一潭死水，永远生机盎然不起来，甚至，更会加剧沉沦与没落。

"学校办学特色从哪些方面着手呢？"韩校长在电话一头急于问道。我告诉韩校长，首要的一点就是文化特色，通过营建文化校园，让校园弥漫浓郁的文化气息。

我对韩校长说，一个人蓬头垢面，衣衫不整，给人的感觉是脏、邋遢，这种人你想接近吗？不但不会接近，你肯定还会避而远之。他本人更会自暴自弃，打不起精神。

如果给这个人换一身新衣服，梳妆打扮一番，再给他点缀一点文化的东西，看起来有文化，是个文化人，他不但不会作践自己，而且会觉得自己挺像模像样，有尊严，自己都会忍不住欣赏欣赏自己。相信我们也愿意靠近他，不排斥他，也乐意同他接触交流。

我们的校园也是这样呀！校园干干净净、清清爽爽、整整洁洁，而且通过师生动手，给校园的一楼一道、一墙一壁、一砖一瓦、一草一木，赋予文化的基因，烙上文化的符号，注入文化的元素，文化芬芳的校园一下就变得鲜活了，亮丽了，就有了它的生机和活力了。

孩子们在这种环境与氛围中，耳濡目染，潜移默化，既会受到影响和改变，也会慢慢地喜欢上校园。很多孩子喜欢学习，便是从喜欢校园开始的。一个孩子连自己的校园都不喜欢，他是很难喜欢上学习的。

其次是书香特色。书香能醉人，最是书香能致远。通过强化书香校园建设，营造浓厚的读书氛围，让书香滋养乡村孩子，让书香助力教师专业成长，让书香改变师生的形象气质，让书香改变乡村学校的教育生态。

韩校长问，怎样建设书香校园呢？我说可以从这几个方面着手，一是把图书室里的书"请"出来。在校园里通过建书壁、书柜、书橱、流动式书车，让书漂流在校园的各个角落、各个地方，让师生能够做到随手可拿，随地可取，随时可读。

二是开展一些读书活动。诸如确定校园读书日、读书节，开展读书论坛、读书沙龙、读书征文、读书演讲、读书人物评比、师生同读一本书等活动。

三是一级读给一级看。我给韩校长说，好的教育莫过于示范，美好的教育就是一所学校有一个喜欢读书的校长带领一批喜欢读书的老师陪着孩子们一起读书。我说，这一点特别重要。一个从不读书的校长和老师，却不厌其烦地要求孩子读书，这是当下教育最大的问题，也是孩子不读书的真正原因，更是一个极具讽刺意味的笑话。

我给韩校长讲，有了书香校园，就会容易让孩子养成一个良好的阅读习惯。孩子有了良好的阅读习惯，其他习惯再坏也坏不到哪里去，学习成绩再差也差不到哪里去。

一说到阅读话题，韩校长她在电话里说："汤局，这一点我很有同感。我到了这所学校，在学校建了一个读书吧，孩子们最喜欢去。那些经常去那里阅读的孩子，他的眼神都是有光的、灵动的。"

韩校长还深有感触地说，的确，老师是孩子最好的榜样，要培养孩子的阅读兴趣和习惯，教师首先应该是一个爱读书的人。她还以自身的体会给以论证。她说，她常常在教室里转时故意停在书柜边，拿出一本书看，当学生看到她在看书时，他们看书也会变得特别专注。在她的课堂上，当孩子们专心写作业时，她常常拿起班级图书角的书就站在那里读，不光是她读过的书成了孩子们的抢手货，还让那些写完作业的同学也悄悄地合上作业本，拿出自己的课外书开始读。

我对韩校长说还有一个方面，就是学校一定要开设一些孩子们喜欢的社团活动。如果一个学校没有丰富多彩的社团活动，校园生活就会显得单调乏味，枯燥无聊，校园对学生来说，就没有吸引力。

校园有了各种各样的社团活动，可以让孩子自由选择参加，他们在活动中，就会表现出全身心投入，无拘无束，兴高采烈，欢快活泼，天真烂漫，感受到童年的美好，校园生活的幸福，校园为此就有了它的笑声，有了它的生机蓬勃。

更重要的是，给每个孩子一个成长的平台，一个彰显个性与特长的机会，给每个孩子更多的发展可能，就哪怕成绩很差的孩子，考零分的孩子，他会觉得虽然他成绩不行，但他在其他方面还可以，是佼佼者，他不会自卑，同学会看得起他，自己也会看得起自己。这样就会让每一个孩子生命都有枝可依，都变得阳光自信，都能够在学校里抬得起头来。

韩校长在电话里犯疑了："汤局长，社团活动是好，可学校老师年龄大，也缺乏相应的专长，没有指导老师怎么行呀？"

我说，乡村学校的社团活动不一定要高大上，只要孩子们喜欢就行。比如，滚铁环、打陀螺、甩大绳、跳房、踩高跷、扇烟盒、走五子棋等等，这些充满着乡土气息的活动，不仅能达到社团活动应有的效果，而且孩子们在参与中还能留下乡音、记住乡愁，涵养他们对这片土地的情感，从而使他们扎"根"。

同时，这些活动老师人人都可以参与，个个都可以指导，还用得着担心缺指导老师吗？老师们在与孩子们一起参与中，既构建了一种良好的师生关系，又让老师们有了一颗童心，充满一份童真、童稚、童趣，这更解决了这些老教师的职业倦怠问题。

谈了这三点，我说，除了这些，乡村小规模学校还要抓住两个方面。一是聚焦于乡村"乡土味"课程的挖掘。一个人，一定要先认同自己的乡土，才会认同自己，认同自己的家乡，才会走得更远，走得更好。比如想办法弄些闲置土地，建开心农场、劳动实践基地、农耕博物院，让孩子们参与劳动实践，学习农耕，让他们在劳动与农耕中树德、增智、健体、育美。孩子们将来也许不一定要从事农耕，但是能让他们在学校里有成长感，对乡土有认同感，相信更会给未来的人生带去幸福感。

二是立足于乡村课堂的变革与开放。尽管课堂是孩子们学习的天堂，但是对于乡村孩子的课堂，不一定要把孩子圈在教室，我们要学会开放课堂，把课堂搬到室外，搬到田间地头，搬到乡村社区，搬到美丽的大自然，开展体验式、参与式、探究式、活动式和情境化、游戏化的教学。这更适合乡村孩子的认知特点，一定会激发乡村孩子学习的热情和兴趣。

当我谈了这些，感觉得到，韩校长在电话那头特别兴奋，她激动地说："太谢谢汤局长了，没想到困惑我的这些办学问题，一个电话竟帮我全部解决了。接下来，我要按照你的点拨，一一落实，把这样一所乡村小规模学校办好，办成孩子们喜欢的学校，让乡村师生过上一种幸福的教育生活。再次感谢，方便的时候，邀请你过来指导。"

之所以把这样的一个交流话题梳理出来，是因为这段时间前前后后，一些全国各地的乡村校长，特别是更多的乡村小规模学校校长，都在咨询于我，问"乡村小规模学校如何定位与发展""如何办好乡村小规模学校""乡村小规模学校将何去何从"等，由于时间关系，有的没有详细解答，有的还没有回答，在此一并作答。

但愿能够给大家带去一点启发和帮助！

我对乡村教育振兴的看法

北京延庆新东方上都首府酒店，参加由 21 世纪教育研究院和新东方举办的中国乡村教育振兴研讨会。昨天听取了大会主题发言和案例分享。

今天上午参加了以"振兴乡村教育，营造良好区域教育生态"为主题的圆桌论坛。论坛由 21 世纪教育研究院理事长、国家教育咨询委员会委员杨东平老师主持。

四川省广元市教育局原局长、四川教育学会副会长杨松林，浙江外国语学院副教授、浙江省杭州市教育局原副局长蒋莉，21 世纪教育研究院农村教育研究中心主任赵宏智，北京感恩公益基金会理事长周健，河南省商丘市梁园区王二保小学校长李志磊和我参加了论坛。

在论坛中，大家仁者见仁，智者见智，对乡村教育的振兴，分享了很多好的思考，好的见解，介绍了一些行之有效的做法，我深为感动，深受启发。

轮到我交流，我首先谈到了乡村教育的重要性。我说，乡村教育很重要，它是乡村的希望之所在。乡村教育作为乡村振兴的软实力，它是乡村全面振兴的内在要求和现实需要，缺失了乡村教育的乡村振兴将是不完备、不完整、不完善、不完美的。甚至还可以说，没有乡村教育的振兴，就没有乡村的真正振兴。

我做了这样的一个描述。我说我经常幻想这样的画面。在那山峦起伏，群山环抱的地方，如果能够看到一面五星红旗迎风飘扬，在那鸡犬相闻，炊烟袅袅的地方，能够听到上下课铃声和琅琅读书声，老农在每天太阳升起或者夕阳西下的傍晚，在乡间小路，能够邂逅一群群背着书包、戴着红领巾的孩童，这样的乡村是不是一下就有画面感了，一下就活了，一下就有生机了。

由此我谈到乡村振兴必须振兴乡村教育。怎样振兴乡村教育，我以为，应该从以下六个方面着手。

第一，选好牵头人。有一个有乡村教育情怀的区域教育掌舵人，就有一个好的区域乡村教育，有一个喜欢并热爱乡村教育的校长，就有一个好的乡村学校。

第二，做好乡村学校布局规划。乡村学校校点不能遍地开花，但也不能盲目拆并，未来乡村教育的常态应该是俞敏洪老师昨天所讲的，办好以镇乡为基本单位的寄宿制学校。过去从事区域教育管理，便一直在着手构建这样的常态，可以说在阆中，十多年前我们便构建出了"以镇乡为基本单位的寄宿制学校"这样的常态。

第三，转变乡村教育观念。乡村教育不是城市教育的复制，乡村教育有得天独厚的优势，有丰富的教育资源，诸如清新的空气，美丽的大自然，淳朴的乡风民风，纯真的亲情友情，深厚的民间文化和艺术，我们完全可以利用这些资源和优势，让其进校园、进课程、进课堂，一方面传承乡村文明和乡村文化，另一方面让孩子们在接受这种乡土化、在地化、自然化的教育中，留下乡音，记住乡愁，在他们的心中永远荡漾一种乡绪。

第四，政策投入兜底。乡村学校受生源数量减少的影响，按人头拨付的生均经费难以维系其生存及运转，对乡村学校特别是乡村小规模学校必须建立公用经费"兜底"保障机制，以确保乡村学校条件的改善和正常的运转。

在阆中，应该是在 2006 年国家刚开始实施义务教育经费保障机制时，我们便实行了经费兜底保障，当时我们明确，凡是学生人数低于 300 人，哪怕几十个孩子，我们都按 20 万元经费保底拨付。

第五，解决乡村教师的短板。城乡教育的差异，从某种角度讲，不是硬件，而是师资的差距。发展乡村教育必先发展乡村教师。

现在一些优秀教师不愿意到乡村去，已有的一些优秀教师留不住，孔雀东南飞，不是孔雀也翩翩飞，再加上各级割韭菜式的考调，让乡村教师结构老化，师资紧缺。

昨天江西吉安市一个乡村校长告诉我，说他们学校 800 多学生，一年 50 多万公用经费，用于代课教师支出的代课费一年就要花去 30 多万。

不少乡村学校不仅师资紧缺，学科不配套，艺体教师缺乏，而且勉强留下的乡村老师，在那样的氛围中，也缺乏成长的愿望和动力。

发展乡村教师首要的是提高乡村教师待遇，落实相关倾斜政策和激励措施，让更多的优秀老师愿意到乡村去，能够下得去，用得上，留得住，教得好。也就是能够扎根，能够静下心来教书，潜下心来育人。

第六，通过评价撬动。评价很重要，有什么样的评价，就会有什么样的乡村教育。我们需要什么样的乡村教育，就去评价什么。

给我一个支点，我可以撬动地球。那么，撬动乡村教育改变的支点是什么，那就是评价。

乡村教育在很多地方还是一味地靠刷题、考试支撑，评价的法宝是分数，这就带来乡村教育的应试属性和功利化，让乡村办学陷入应试的沼泽泥潭，让乡村孩子失去了更多的发展可能，让乡村教育的生态日益恶化。

过去我在阆中从事区域管理，小学三年级以下取消纸笔考试，我认为学前教育不但不能小学化，相反我们的小学教育特别是低段还应该幼儿化。取消纸笔考试，我们通过给孩子们营建一些场景，考核与考察孩子们对知识的简单认知、习惯养成、合作意识，以及他们的想象力。小学三年级以上进行纸笔考试，成绩只占50%，其余50%由五个10%构成。包括孩子们的操行表现、身体素质，艺术课包括美术、音乐、书法甚至戏剧课学习的情况，孩子们动手动脑，包括科学实验、小发明、小创造、科技作品制作等，另外一个方面就是孩子们的个性特长展示。

我们通过这样的综合的成绩，评价学生、评价老师、评价校长和乡村学校，从而撬动了乡村教育的改变，让乡村教育有了一个好的发展面貌和生态。阆中"朴素而幸福的乡村教育"当时享誉全国。

最后，当杨东平老师问到我过去在阆中做朴素而幸福的乡村教育，会影响到质量，影响到分数和成绩吗？

我表达了这样的几个观点。

一是跳出考试思维。其实，我们所做出的一切努力，在关注孩子个性化的发展和全面成长的同时，都指向质量的提升，而且这种质量是全面的质量、全体的质量、绿色的质量、协调的质量、公平的质量、整体的质量。

二是跳出分数抓分数。其实，不唯分数相反会赢得分数，而且孩子们在收获分数的同时，还会收获快乐和幸福，收获陪伴一生的最有用的东西。

三是传统意义上的死整蛮干，能干出教育，如果我们用心做教育，带着情怀做教育，做有良心的教育，做遵循规律和回归常识的教育，教育还不会改变吗？教育的生态还不会好吗？乡村教育难道不能够振兴吗？

当然最初的尝试，是需要对教育的把握与拿捏的，是需要胆识和勇气的。

如果能够在这六个方面做出一些努力，再多一些良知、责任和使命，相信就能够办出孩子们喜欢的乡村学校，做出孩子们向往的乡村教育，乡村教育的振兴便指日可待，乡村的全面振兴也就不再遥远了！

撬动乡村学校改变与发展的支点

——四川乡村联盟学校变革启示录

9月的内江，丹桂飘香，秋高气爽。在四川省乡村学校振兴联盟成立两周年之际，一群具有乡村教育情怀的人，相聚一起，交流成果、分享经验。

在交流会上，部分联盟成员学校介绍了两年来的办学成果，根据校长们的介绍和学校的发展变化，我觉得各个学校都在"变"中抓住了一些"不变"的东西。

给我一个支点，我可以撬动地球。给我一个支点，我可以改变和发展乡村学校。那么，这个支点是什么呢？

这个支点，就是乡村学校变革永远"不变"的东西。

支点一：阅读，是对教育最好的改变。

我一直认为，一个校园，只要有书香，一所学校，只要有孩子们喜欢读的书，一方教育，只要有一个喜欢读书的校长带着一批喜欢读书的老师陪着孩子们一起读书，这便是一个好校园、一所好学校、一方好教育。

这两年，联盟学校的改变，便抓住了书香校园建设和阅读活动的开展，用书香浸润师生，用阅读改变教育。可以说，各个联盟学校已经呈现了风景这边"读"好的美好和状态。

遂宁市船山区桂花学校不仅有两个学生阅览室和一个教师阅读吧，而且在每个教室门口建有"开放式书橱"，在校园里放有流动式书车，在教室里建有"书香小屋"。把图书室的书"请"出去，师生们随手可拿，随地可取，随时可读。

绵阳市游仙区徐家镇伟清小学为了营造书香校园，让孩子们在书中与名人对话，与品德交流，与时空赛跑。近年来他们加强了校园图书角建设，让校园阅读触手可及，随时发生。每到课余时间，校园处处可见一个个"书虫"贪婪地沉浸在书的海洋里，他们完全被这里的书香陶醉了！读书慢慢成为全体师生的一种习惯，阅读也成了校园一道亮丽的风景。

"腹有诗书气自华，最是书香能致远。"为了方便学生在学校随时可以看书，培养他们良好的读书习惯，丹棱县仁美镇双桥小学在每条楼道、每间教室都建有书壁、书架、书柜和图书角，把图书室的书籍搬到了楼道和教室里，让书香浸润学校的每个角落。

与此同时，学校还大力开展"以书为伴，以书为友"的校园阅读月活动，通过经典诵读、阅读分享、读书演讲、读书征文、读书论坛、读书人物评比……助推了生生互读，师生共读，家庭阅读。

理县下孟小学地处风景秀丽的孟屯河谷，这里有雪山草甸、冰川湖泊，被誉为青藏高原坡基裙里的一颗玲珑之珠。但是，典型的亚高原切割地貌在造就了奇丽的自然风光的同时，也使得这里的文明相对闭塞。

"学生学习课本知识非常吃力，成都学生只需要一节课就能掌握的知识，我们的学生可能需要一天甚至一周。"校长陈蓉仙说。为破解这一困局，下孟小学突出实施"让阅读陪伴乡村"这一举措。

经过近四年的摸索，他们已经形成了"常态阅读＋主题活动＋动态评选＋特色专题"学生阅读体系。常态阅读包括课前微吟诵、课间齐诵读、晨起大声读、国学室开放阅读；主题活动包括利用春季、秋季开学典礼，利用重大的节日和纪念日，都与书声有个约定，都不失时机地在"阅读"上做文章，如三八节"知性武装，远胜红装"，如推普周"为你读诗"，如文明月"吟诗礼赞"等；动态评选，比如，评选"书香家庭""书香班级""阅读小明星""最美诵读领航员"等；特色专题，比如诗文考级，有入门级、标准级、新秀级、明星级、巨星级，每个级别有相应的要求。

针对当下家庭教育存在的问题，特别是破解"5＋2＝0"的难题，校长陈蓉仙意识到，学校不能只建设"书香校园"，更需要帮助家长建立"书香家庭"，于是他们还初步探索出一种适合家长的阅读模式，指导建立家庭书架，充实书籍，指导家长从陪伴阅读到亲子共读，通过开展丰富多彩的读书活动推进家长读书。

教育部对理县小学四年级学生进行的质量监测报告显示，下孟小学学生的"语文积累"、习作平均得分都明显高于理县其他学校学生。

支点二：文化，为乡村教育赋能。

一个对乡村孩子友好的校园，一个让乡村孩子感到温暖的校园，那是一个什么样的校园呢？

一个值得乡村孩子留恋，值得乡村孩子呵护，不忍心去伤害的校园，那是一个什么校园呢？

一个能够给乡村孩子以耳濡目染、潜移默化，能够带去熏陶、影响、改变的校园，那又是一个什么校园呢？

我以为，那一定是文化飘香、有着浓厚文化氛围的校园。

决定一所学校有没有品质、有没有味道，绝不是校园里是否有高大的建筑、宽阔的运动场、冰冷的制度，对学生影响最久远、最持续、最深刻的也不是知识和分数，而是校园里的文化。

校园文化内化于心，外化于行，浸润着学校的每一件物，诉说着学校中的每一件事，春风化雨般地改变着学校中的每一个人。

听了这些联盟校的介绍，给我最大的一个感触就是，这些学校的改变，这些学校的发展，从某种意义上说，就是文化的改变，就是文化的发展。是文化，为乡村教育赋予了强大的能量，是文化，让乡村孩子、乡村教师、乡村学校有了它应该有的样子。

广安区大安镇第一小学以校园文化为抓手，通过文化的营建，让每面墙壁、每个楼道、每堵围墙，甚至一草一木，都能说话。

合江县白沙镇中心校把诗香校园建设作为学校的发展方向，把德润人生作为校园文化的精神内核，通过师生动手，就地取材，因陋就简，让校园时时处处都是文化，方方面面都是教育。

遂宁市船山区桂花学校在校园里精心架构了相应的校园文化景观，从"桂苑赋"到"桂苑之歌"，从"艺术教育中心"到"文心亭"。在校园里，每个孩子都能找到自己喜欢的角落。

绵阳市游仙区徐家镇伟清小学充分挖掘乡土文化，让乡村学校弥漫着浓郁的乡土文化气息。学校据此建设的农耕博物馆,既是校园一道璀璨夺目的文化景致,又是当地的一座文化丰碑。不仅具有教育意义,还有科技意义、文化与文物意义。

内江市椑木镇中心学校因地制宜创设鹅卵石文化,学生在挑选的鹅卵石上绘画,把自己对大自然无限的想象、对生活的热爱与憧憬,尽情地表达在石头上,然后用孩子们的作品装点校园,让校园文化朴素无华。

乐山五通桥二码头学校利用文化的本地属性,把当地的码头文化、水手文化、盐业文化等元素,充分融合到校园文化中,既整理保护传承了地方文化,又让乡村学校的文化有了"根"。相信在这种乡土文化的教化下,孩子们永远挥不去的是故乡情,永远也抹不掉的是家乡味!

支点三:乡土课程,乡土认同。

一个人,一定要先认同自己的乡土,才会走得更远,走得更好。认同乡土,让孩子把根留下,并不是说一定要把孩子捆绑在这片土地上,也不一定让孩子们将来一定要从事农耕,但是能让他们对乡土更有认同感,对乡村更有归属感,对生于斯长于斯的这片土地更有敬畏感,他们为之而涵养的爱心、善心、感恩心、责任心,会让他们的人生行走得更好、更自信。

要让孩子们认同乡土,特别是给乡村孩子以适合的教育,离不开的是乡土课程。联盟各学校的成长与发展,便印证了这一点。

绵阳市游仙区徐家镇伟清小学租用紧邻学校的老百姓的土地6亩,建成了"开心农场",开设了劳动实践课程,课程包括花卉栽培鉴赏、植物栽培鉴赏、农作物种植采摘、农耕文化生活体验,孩子们通过乡土课程的学习,不仅可以认识和鉴赏各类花卉和农作物,而且可以体验农耕农具的使用,农作物的种植和采摘,还可以体验农家美食的制作过程。

中江县石垭学校,地处山区,山里娃喜欢玩沙、玩水、玩泥巴,学校于是开设了陶艺课程,请来了"泥巴姐姐",和他们一起玩。从简单的脸谱制作到小型的动物摆件,从做工精细的芍药花到立体抽象、富有创意的人偶作品,他们将家乡的一草一木都揉进了一方小小的陶泥中。每一件作品,无论精致或是粗劣,都是孩子们内心世界真实的写照,都映射出孩子们最质朴的童真。

位于四川南端的高县漆溪中心学校,利用几位教师精通刺绣和手工编织的师资优势，将刺绣和手工编织作为学校特色美育课程。目前，学校已实现了刺绣和手工编织课程的普及，并编写出了校本课程。

支点四：社团活动，让孩子爱上学校和学习。

孩子喜欢上学，喜欢学校，就算放假了也舍不得离不开学校，即使还在假期中，孩子也盼着想要回到学校里去。要做到这一点，我想，绝不仅仅是这个老师有多好，也不仅仅是这个老师的课上得有多精彩，而是学校里面有孩子们喜欢的活动，有他在活动中结识的伙伴、玩伴、同伴。

从各个学校所呈现的图片看，孩子们在校园的学习生活，都很快乐，而快乐的源泉，是学校里有孩子们喜欢的丰富多彩的活动。

所以我们要转变的一个观念是，应该把乡村学校先建成一个五彩斑斓、生动活泼的乐园，一个弥漫着温馨、充满着温暖的家园，然后才是习得知识、掌握文化的学园。

丹棱县仁美镇双桥小学开设了篮球、乒乓球、跆拳道、声乐、电子琴、绘画、书法、彩陶、朗读、主持等 20 多个社团，一到社团活动时间，孩子们热情高涨，个性张扬，美妙的歌声是孩子们对未来的祝福，多彩的绘画是孩子们对人生蓝图的描绘，精美的手工制作是孩子们对美好生活的向往，帅气灵活的运球，矫健有力的出拳，是孩子们对自我的展示与超越。

绵阳市游仙区徐家镇伟清小学，依据乡土文化建成了"竹文化社团"和"民间民俗文化社团"两个大社团，其中，"竹文化社团"下设"画竹""竹编""奏竹""烙竹"等 10 个分社团；"民间民俗文化社团"下设"农耕博物馆""高跷""唢呐""舞狮""花式跳绳"等 9 个分社团。孩子们在他们喜欢的活动中，互帮互助，学会团结，阳光自信，朝气蓬勃。

中江县石垭学校依托乡村少年宫平台，开设舞蹈、绘画、剪纸、棋类、足球、器乐、合唱、陶艺等多个社团活动，校舞蹈队连续三年登上四川电视台少儿春晚的舞台，孩子们的陶艺作品也深受社会好评，在成都市泡桐树小学的义卖会上被一购而空。

南江县光雾山镇红军小学在一些常规社团活动基础上，不断学习，不断创新社团活动。2018 年 11 月，时任校长陈灿带领老师们到成都大邑县参加中国陶行知研究会农村教育实验专业委员会年会，参观学校时，陈校长被大邑学校孩子们制作的景泰蓝所吸引，回去之后，立马安排老师专程去学习，并成立了景泰蓝社团。当年年底我去该校，景泰蓝社团已全面启动，而且师生们制作的景泰蓝作品雏形业已形成。

支点五：有什么样的乡村校长，就有什么样的乡村学校。

改变和发展乡村学校，校长很关键。如果说，阅读、校园文化、乡土课程、社团活动，是撬动乡村学校改变和发展的支点，那么校长，便是总支点、关键支点、最大的支点。

因为不管是阅读、校园文化，还是乡土课程、社团活动，乃至于教师积极性调动、评价机制的建立等，都是校长主导的，校长是决定因素。

可以说，这些乡村联盟学校，每一所学校的改变与发展背后，都有一个有思想、有情怀、有良知、有责任的校长的用心与付出，奉献与担当。

刘先余、陈军、何宁、陈蓉仙、胡小龙、王涛、何浩、赖佳等等，他们便是乡村学校变革的操盘手，是乡村学校改变与发展的重要力量。

广元利州区范家小学作为国家小规模学校发展的样本和典范，已经有了很大的辐射力和影响力。张平原校长在介绍学校的办学成果时，着重谈了他对乡村教育的理解和感受。

在谈到乡村教育的优势时，他说，相对于城市教育，乡村学校免受各种检查之苦，乡村儿童免受出教室、出校园，便进各种补习班、特长班的困扰，乡村老师远离闹市，也少了很多喧嚣与浮躁。

对于乡村儿童的成长，张校长认为，乡村儿童包括留守儿童同样可以阳光，可以快乐，可以幸福成长，关键是我们学校给他一个什么教育，我们能不能给他一个快乐的童年。

怎样给孩子一个快乐的童年，张校长说，范家小学从不唯分数，从不给学生排名，他们建立了孩子纵向评价体系，让孩子自己和自己比，只要今天比昨天有变化、有进步，就行。而且学校把目标选择权、定义权交给孩子，阅读美少年、劳动美少年、艺术美少年、善良美少年、运动美少年等等，由孩子在开学初自己选择，自己确定，让每个孩子行有方向，学有目标，都能够找到自信的理由，让每一个生命都做到有枝可依。

张校长还谈到，校长不能不听话，但也不能太听话。也就是说，校长要有勇气做遵循规律的教育，在应试的压力面前，不能屈从，不能迎合，要坚守教育的初心，要遵从自己的良知，要敢于说不。也就是我常说的"把枪口抬高一厘米"。

如果我们的乡村校长都有这样的人性与理性，都有这样的觉悟和醒悟，都有这样的高度和温度，何愁乡村学校办不好呢？何言乡村孩子不快乐幸福呢？何必担心乡村没有希望和未来呢？

但愿乡村学校的校长都能成为乡村学校变革的重要支点，然后通过校长这个支点去寻求和利用教育的支点，我们完全有理由相信，乡村学校的全面改变与发展，便指日可待！

让师生依恋的校园长什么样

跑了很多学校，给我最强烈的感觉就是，一所能够让师生依恋的学校，也就是学生喜欢来上学、老师喜欢来上班，甚至依依不舍、念念不忘的学校，这样的学校真的不一定要有什么大楼，什么先进的设施设备，什么标准的运动场和塑胶跑道，当然有这些，表示学校有一个好的办学条件，那也不是坏事，但比这些更重要的是学校的文化。

未来的学校，随着教育技术的不断升级、学习方式的不断优化，知识性的学习，有可能会变得越来越容易，但是学生怎么喜欢上学校和学习，老师怎么才乐于从教、安心从教，老师和学生怎样以一种良好的关系共处在这里，我以为，唯一的途径就是给校园赋予一种强大的文化力量。

可以这样说，让师生依恋的校园，绝对不是校园里高大的建筑、冰冷的制度，对学生影响最久远、最深刻的，也绝对不是知识和分数，让老师感受到职业的尊严与幸福的，更绝对不是物质上的需求与满足，而是校园里的文化。

我以为，校园什么都可以没有，唯一不能没有的是文化。文化在教育中的作用与地位，无与伦比。

文化因其无限的美好让人有珍惜感。校园里的一切一旦被烙上文化的印迹，注入文化的基因，校园里的一切便会因文化而美好，人们对校园里的一切便会因文化的美好而倍加呵护。

就像我们穿了一身漂亮的新衣服，我们会特别小心，特别在意，生怕不慎把新衣服弄脏了。"破窗原理"，反正门窗是破的，地板是坏的，不差你我那一脚，也不差你我丢下的那一块果皮纸屑，很难有珍惜之感。

又特别是师生自己动手营建的文化，由于付出了自己的心血、辛劳和智慧，是自己劳动成果的结晶，我们就更会去珍惜它，就绝不会忍心去伤害它、破坏它。

文化因其蓬勃的生命力让人有一种亲近感。校园里那些由砖瓦、水泥、钢筋混凝土堆砌的建筑物，枯燥呆滞，一旦给它赋予文化之后，一下就光鲜灵动，富有生机与生命了，也一下就成了活的教科书，校园更一下子就弥漫着温馨，充满着温暖，飘逸着温情，彰显着温度了，这样的校园，因文化而让人觉得亲切，因文化而"文"易近人。

文化因其积极的引领让人有方向感。校园里立体的、多彩的、无声的文化，为师生撑起足够的精神空间，也给师生一种蓬勃的力量。这种精神与力量给师生赋能，以积极而鲜明的导向，牵引着师生不断前进、积极向上、努力向善，而且奋发有为，走向卓越。

这种无处不在的校园文化，时时刻刻浸润、熏陶、影响着校园中的每一个人，既决定着师生生命的成长方式，又决定其生命的成长方向。

文化因其强大的黏合让人有凝聚感。人性的弱点导致人与人的协作变得复杂而不确定，貌合神离，各自为政，互相拆台，水火不容。而文化的共同精神密码，共同的价值取向，也就是文化的磁场，让人们能够求同存异，画出最大同心圆，求出最大公约数。

通过文化"黏合剂"作用的显现与发挥，让不同背景甚至不同价值观的人因文化而变得彼此包容，相互合作，甚至逐渐走向志同道合。让学校里的每个人在共同愿景的作用下，都相向而行，同频共振，都有不同的专业追求，共同的责任使命的承担。

文化因其严格的规范让人有安全感。什么是文化，有人曾说，文化是对"价值"和"秩序"有所坚持，对破坏这种"价值"和"秩序"有所抵抗。梁晓声对文化也做过这样的表达，文化是"植根于内心的修养；无须提醒的自觉；以约束为前提的自由；为别人着想的善良"。

显然文化具有潜在的规范与约束性。而文化的规范与约束，不同于苛刻的章程，生硬的条款，冰冷的制度，这些所带给人们的往往是压抑的空气，窒息的氛围，憋屈的感觉。

而文化总是在外化于行，内化于心中，春风化雨，和颜悦色，最终给师生们传达的是一种博爱的精神、一种严于律己的道德要求、一种高雅的行为准则。

对师生们的教化与改变，总是"随风潜入夜，润物细无声"，让师生们在不知不觉中始终感受到的是信任，是祥和，是踏实，是坚定，是组织跟进的力量，而不是恐惧，不是惊吓，不是彷徨。

文化因其独具特色和魅力最终让师生有归属感。归属感是师生在学校环境中获得接受、尊重、支持的感觉。按照马斯洛需求理论，归属感是人的重要心理需要，是获取尊重、达到自我实现的基础。

师生喜不喜欢这个校园，师生对这个校园有没有情感，就看师生愿不愿意待在这里，这其实就看这个校园能不能给师生带去归属感。

而归属感的实现，从某种角度来说，很多时候是通过文化的呈现与表达来实现的。著名文化学者余秋雨认为，文化可以概括为一种生活方式和精神价值，归根结底是一种归属感。

校园中的每一个人如果都能随时从一面墙、一块砖、一片瓦、一棵树、一株草、一个楼道、一堵窗户、一扇大门感知文化的存在，并且会随时把目光投向它们，而且是那么愿意地和它们待在一起，有一种不离不弃、生死相随、相濡以沫、风雨同舟的情结，师生自然就有了归属感。

师生有了归属感，他们的内心就会变得宁静，精神就会有寄托，灵魂就会得以安放，有皈依；师生有了归属感，他们就有尊严，就有使命感，就有主人翁意识；师生有了归属感，他们就会把这里当成自己的家园、学园、乐园，他们就会在这里快乐学习，幸福工作，过一种完整而有意义的教育生活。

让校园的每一块墙壁都"说话"，让师生视线所及的地方都富有文化，让校园生长出文化，让文化构建归属感，让每个人都充满归属感，这应该是我们每一个教育人必须做出的思考与努力！

校园文化也要善于"留白"

到某地某学校考察校园文化。当地教育局长陪同。

一进入校园，雄伟壮丽的文化长廊，就像列队等待检阅的仪仗队一样，呈现在我们眼前。

校长得意地给我们介绍文化长廊上的内容，"这是学校的赋""这是反映整个校园风貌的浮雕""这些是学校的校风校训、办学理念""这里是学校的各种规章制度""镶在精美画框里的是名人名言、名人画像"……

介绍完了之后，校长还特意对局长说："这是我们在假期中举全校之力打造的，局长，您满意吗？"

我当时在想，什么举全校之力，完全没有费一点力，当然更没有花什么心思，只不过是劳民伤财罢了！

你看，长廊是工匠造的，校赋是花大价钱请名人写的，浮雕是广告公司做的，校风校训、办学理念是校园文化机构策划的，那些规章制度、名人名言、名人画像完全是喷绘的。

我还在想，这种没有师生动手参与，没有体现师生智慧，没有留下师生任何痕迹的文化，有什么意义呢？

这样的文化，陪同的局长会满意吗？即或是局长点头称赞，甚是满意，但是我们问没问过，师生满意吗？

这正如办人民满意的教育，教育的浮躁与功利，对教育的把持与捆绑，那种拼死拼活、死整蛮干，只有成绩与分数、考试与升学的教育，让"人民满意"，仅仅窄化为"领导满意""家长满意"。然而，这一切，却往往是以牺牲师生的快乐与幸福为代价，"人民"既包括领导和家长，也包含老师和学生，我们在让领导满意、家长满意的同时，考虑到老师和学生满意吗？

校园文化是给每天生活、工作在这个校园的孩子和老师准备的，师生是校园文化的主角，我们在问"局长满意吗"的同时，问没问：老师和学生满意吗？

这让我想起曾经看过的一则故事。

从前，有两位手艺都很棒，一直难分高下的木匠。

一天，国王为了给全国的木匠们找个首领，便把他俩召进宫里，并叫他们各自雕刻一只老鼠，以此比试谁的手艺更好。谁获胜谁就做木匠首领。

两位木匠雕刻好了老鼠，拿到大殿上，等待国王和大臣们的评判。

第一位木匠雕刻的老鼠，不仅形神兼备、惟妙惟肖，而且还别出心裁地设计了一个小机关，一拉老鼠尾巴，老鼠的胡须就跟着俏皮似的动起来。

"哇，真是太像了""好一只可爱的老鼠"，众臣都情不自禁地惊呼起来。

第二位木匠所雕的老鼠，就相形见绌了！远看，倒还像只老鼠，近看，却四不像。

孰高孰低，大家心里有底了。

当国王准备宣布比赛结果时，第二位木匠说道："尊敬的陛下，要决定一只老鼠像不像老鼠，仅凭人的眼睛，是判断不准确的。请陛下下旨找几只猫来，让猫来裁判。"

国王觉得有道理，便命人找来几只猫。

当仆人把几只猫一带入大殿，它们便不约而同地扑向第二位木匠所雕的那只有点不像老鼠的"老鼠"，又抓又撕，又扯又咬，又抢又夺。

众人疑惑不解，国王也看得目瞪口呆。

第二位木匠说："其实也没有什么，这只老鼠我只不过是用鱼骨头雕刻的罢了！"

国王听后，若有所思地点点头。第二位木匠靠智慧坐上了木匠首领的宝座。

像不像老鼠，不在于国王和大臣，猫最有发言权。校园文化好不好，不在于来参观的人，也不在于局长，而在于老师和学生，老师和学生应该最有话语权。

文化外化于行，内化于心。校园文化是校园的灵魂，是学校的精神引领与支撑，校园文化也是学校内涵发展的硬核。

有什么样的校园文化，就有什么样的教育。

构建丰盈的校园文化，让校园弥漫浓厚的文化气息与芬芳，这已经成了当前每个学校的共同追求。

然而，稍微留心一下，不难发现，一些学校的校园文化建设只是校长一时兴起，要么凭校长的爱好和兴趣，要么一味迎合领导的口味和意见，要么满足于参观考察者的认可和赞许，于是大兴土木，风风火火，挥斥重金，不惜一切。

没有考虑师生的感受，没有顾及师生的认知，似乎完全目无师生，也似乎一切与广大师生没有任何关系，师生在校园文化建设中主体性缺失，在校园文化的表达与呈现中，可有可无，一点都不重要。

这样的校园文化，我以为，无论多么豪华，无论多么气派，无论多么壮观，无论多么响亮，无论怎样花里胡哨，都与校园文化的本义相违背，都与校园文化建设的宗旨背道而驰！

校园文化究竟是为了谁？校园文化究竟是给谁看？校园文化究竟看什么？谁是校园文化建设的主角？这是我们必须思考和作答的。

学校是教师和学生学习与生活的场域，校园是教师和学生的天地，教师和学生才是学校的主人，才是学校存在的终极理由，也才是校园生动的载体。

如果说校园是一只泡菜坛子，校园文化就是那坛精心调制的盐水，师生就是所泡的菜蔬。

如果说校园就是那一只美丽的贝壳，校园文化便是那美丽的贝纹，而美丽的贝纹不仅是让游人看和把玩的，而且是为了孕育贝壳里美好的生命，提供一个好的环境和氛围。

因而校园文化应该立足于师生的视角，回归到师生的主体，服务于师生的发展，应该把师生置于校园文化的中心。

校园文化建设应该借助师生的智慧，依靠师生的力量，体现师生的愿望，呈现师生的美好，应该使校园文化处处彰显师生的存在。

明白了这些道理，学校的赋能不能发动老师创作，浮雕能不能靠师生动手完成，文化长廊上的那些生硬冰冷的条款能不能够换成师生的作品，喷绘的那些名人图像、名言警句，能不能发动师生书绘，从师生那儿征集。

师生们画的过程、写的过程、动手做的过程，或许就是一个学习与内化的过程，一个影响、浸润、熏陶的过程，一个成长与发展的过程，一个提升与改变的过程，甚至还是一个达成共识、凝心聚力的过程。

可能，师生们的赋、师生们的字、师生们的画、师生们的作品，还不够成熟，还不够美观，也不够高雅，也许还显得那么稚嫩，那么笨拙，那么歪歪扭扭，但那又何妨呢？

就像自己做的饭菜，可能味道不是最好的，但是吃起来感觉特别舒服；也就像自己的孩子，可能不是最聪明的，但是总觉得是最可爱的。

我始终认为，师生参与校园文化建设，不管最终所呈现的是一个什么样的状态，但其教育意义，总比那些与师生毫无关联的形式文化、商业文化、匠人文化，大多了吧！

我去过的一些学校中，不少学校的校园文化，很接地气，没有一点高大上，校园文化建设，自始至终，装着"师生"，突出"师生"，靠师生动手共同营建校园文化。这样的校园文化，很有特点，也很有特色，还很有说服力，令人流连。

比如，四川富顺县代寺小学，作为农村学校，整个围墙的浮雕，全是由师生创意设计，用泥巴搭塑，既节省了资金，又让校园文化充满着乡土气息。

比如，四川什邡市渝洮中学，这里的文化完全是就地取材，因陋就简，通过师生的用心、用情、用智、用双手点化，变废为宝，化腐朽为神奇。

比如，陕西省柞水县，这里的每一所学校都有着浓郁的校园文化，各个学校的文化，都是用学生们的剪纸、雕刻、刺绣、火柴粘贴、大豆拼贴等作品，还有学生们创作的蛋壳画、砖头画、瓦片画、石头画装点校园，由此构成了一道道亮丽而朴素的文化风景线。

当然，校园文化建设，有些环节，工匠的适度参与，也是可以的，让文化专业公司做一些前期整体架构与设计，也是必要的。但是不能撇下师生，完全包办。校园文化要善于留白，要用师生的智慧生成烙下师生印迹的文化。

让师生站立于校园文化中心，成为校园文化建设的主人，他们为此便会成为学习的主人、成为自我成长的主人、成为学校发展的主人！

门文化，乡村校园中一朵耀眼的奇葩

应该是十多年前，我做教育局长不久，和一行人到一乡村学校去。

校长指着陈旧的门板对我说："汤局长，你看这门板又陈又旧，看起来很碍眼，给我们安排点资金，我们把门换掉。"

我记得当时我说，不是我抠，舍不得给学校钱，而是，这些门，日晒风吹，岁月留痕，今年换了，明年又可能变旧，变旧了就换，换来换去，这样能换出一所好学校吗？

那时我思维一跳跃，想到文化，想到文化的魅力，想到校园里的一草一木、一墙一壁、一砖一瓦、一楼一道，只要给它赋予文化的符号，烙上文化的基因，注入文化的元素，它就会一下变得灵动鲜活，富有生机。那么我们为什么不能给这些陈旧的门板做上文化，也让它推陈出新，旧中焕发新姿呢？

我把我的想法告诉校长，校长半信半疑，这可以吗？我说，摸着石头过河，那就在你这儿尝试尝试。

这个校长执行力挺强，于是组建门文化创设工作室，物色指导老师，组织有绘画兴趣的学生参加，并安排人员做相关的材料准备。

做门文化，用什么颜料好呢？他们弄来水彩颜料、水粉颜料、油画颜料，还有一种丙烯颜料，在对比琢磨中，他们觉得，丙烯颜料，作为防锈颜料，水性涂料，颜色鲜艳，不易褪色，耐腐蚀性强，性价比高，为上乘之选。

没过多久，校长便打电话给我，说他们做好了门板文化，而且给我讲，门板文化做起来挺简单，费不了什么成本，师生们很有热情，专心投入，非常有兴趣。在大家的努力下，做出来的门文化，竟然像变魔术似的，让陈旧的门板一下子变成了一件件艺术品，让校舍转瞬亮堂起来，让校园也亮丽了许多。

于是我们在全市推而广之，启动门文化的建设，各个学校因校制宜，因"门"制宜，依靠师生动手动脑，用情用智。

在表现形式上，或剪纸，或诗书，或绘画；在表达内容上，或选取国学文化，或挖掘地域文化，或整理德育文化；在时间把握上，或一月一主题，一季度一形式，一学期一变化；在机制建立上，竞赛评比，生生组合，与研学、阅读、作文、社团活动等有机结合。

那个时候，阆中各个乡村校园，包括一些城区学校，都利用陈旧门板，创造门文化，搭建校园文化建设平台，既使陈旧门板巧夺天工，焕然一新，又营造了浓厚的校园文化氛围，使之成为师生构建良好师生关系，提升能力，励志人生，陶冶情操的精神园地。

在阆中异彩纷呈的校园文化大家庭里，又多了门文化这样的一个崭新的家族。

后来朱永新老师、杨东平老师等陆续到阆中考察教育，看到各个学校五彩斑斓的门文化，十分惊叹，赞不绝口。对我说，汤局长，在门上做文化，在全国其他地方还没看到过，独树一帜，这应该属阆中首创，是阆中学校的特色。

这几年，行走于全国各地，看到一些校园那些与校园环境不搭调的门，我便给他们介绍了阆中的门文化，以及做法，像黑龙江的绥滨、贵州的毕节、重庆的彭水、陕西的柞水、四川的高县等地的一些学校，也便有了自己的门文化。

前不久，到四川丹棱县双桥小学去，校园桃红柳绿，树木成荫，枝繁叶茂，建筑错落有致，格调高雅，环境也十分优美。唯独教学楼的一扇扇铁门，锈迹斑斑，十分陈旧，与整个氛围不大协调，似乎也有点小煞风景。

我给校长陈军说，眼睛是心灵的窗户，这些门窗就是大楼的眼睛，眼睛亮了，这些楼宇、校园才会靓起来。如果我们让孩子们参与其中，在老师的指导下，确定相关德育主题，让孩子们在门板上涂鸦，赋予门板以文化，这些门板不就一下美观了吗？

而且我说，不仅如此，还既能培养孩子们发现美、欣赏美、创造美的能力，又能点石成金，点缀校园，使校园文化飘香，文化弥漫，文化无处不在。更重要的是，这种文化简简单单，实实在在，朴朴素素，不用耗资，不必请工匠，能够体现师生动手，能够体现出校园文化的真正要义。何乐而不为呢？

没隔几天，陈校长便告诉我，他们已经着手做门文化。随后，又给我发来孩子们做门文化过程中的一些照片。并对我说，汤局长，孩子们很踊跃，积极性也高，而且孩子们想象丰富，创思活跃。虽然整个门文化还没有最终成型，但是校园却已经有了品位提升。

他还深有感触地说，孩子们缺少的真不是智慧，而是缺少挖掘、缺少激发、缺少唤醒、缺少给他们相应的舞台。陈校长邀请我在门文化做好之后，再过去看看。

校园时时处处是文化，"门"作为校园的眼睛，更应该有它的文化。门文化做好了，它会成为一朵耀眼的奇葩，光亮校园，光照教育！

第六章

教育阅读

阅读是最好，也是最廉价的补习

时下不少家长很看重孩子的考试分数，也特别看重对孩子的补习。别的孩子在补习，自己的孩子也一定要补习，别的孩子上一个补习班，自己的孩子那非得报两个补习班。上不上补习班，上几个补习班，似乎也成了一种攀比。

且不说这种"恶补"，那种重复机械的学习，翻来覆去的刷题，很容易让孩子觉得枯燥乏味，他们会逐步丧失学习的兴趣和新鲜感，逐渐产生厌学情绪和逃离行为。

也且不说这种"滥补"，让孩子没有闲暇，没有闲适，没有节假日，让孩子失去童年。童年撒下什么样的种子，决定着将来的一天开不开花，会开出什么样的花。童年所欠，迟早要还。在孩子童年所投下的阴影，在他成年后终会酿成一杯苦酒。用各种补习掠夺孩子的童年，便是为其今后人生埋下的祸根。

单就许多家长在一些补习机构"不能让孩子输在起跑线""情商要从婴幼儿补起""量子波动速读""让孩子只需把书翻一遍，5分钟就能看完10万字"的伪命题以及虚假宣传的忽悠下，对"补习"的笃定与虔诚，哪怕省吃俭用，砸锅卖铁，也要趋之若鹜地把孩子送到各种补习班，让补习机构赚得盆满钵满，让自己挣的几个辛苦钱白白地被套，交上一笔笔智商税，着实让人同情。

我以为，与其给孩子烧钱报补习班，还不如在这个时候好好培养孩子的阅读兴趣和习惯，让孩子喜爱上阅读。

智力上后天的发展和塑造最重要的技术手段是阅读，而不是补习。苏联著名教育家苏霍姆林斯基，在《给教师的建议》中说："阅读是对学习困难的学生进行智育的重要手段。学生学习越感到困难，他在脑力劳动中遇到的困难越多，他就越需要多阅读。"

孩子有了极大的阅读兴趣和良好的阅读习惯，博览群书，广泛涉猎，不仅获得的知识面广，而且会眼界开阔，思维活跃，同时在潜移默化中有助于孩子的总结、归纳与理解能力的提升与培养。这些也正是孩子面对未来高考，取胜高考所必须具备的素质。所谓得阅读者得天下、得人生。

如果我们依然按照传统的方式，让孩子的学习只是靠补习而更会记、更会算，而不强化阅读，那么我相信我们的孩子则很难适应并取胜未来的高考。

更重要的是，孩子在书中，特别在经典童话中，在充满奇幻的故事中，他们会遭遇美好的人物，美好的事物，美好的心灵，美好的情感，他们会从中体会到超越时间、超越空间、超越现实的美，这是滋养他们童年的必要营养，也是延展他们童年、拉长他们童年、储藏他们童年的最好的方式。

孩子们的童年完整了，丰富多彩了，在当下，对学习便会充满着一种乐趣和信心，便会始终保持一份热情和激情，对于未来，他会永远有着一种向往，一种憧憬，一种对生活和人生的热爱。就是到了有一天，他老了，他头发花白了，他步履蹒跚地向生命的那一头走去，但是他的童趣依然，童心还在。

最现实的是，孩子有了良好的阅读习惯，应付纸笔考试，获取一个好的分数，那更是轻而易举的事，按朱永新老师所说，一个喜欢读书的孩子，获得一个满意的成绩，那将是额外奖赏。你们想想，孩子通过那种无休止的补习，那种反复考练，那种死整蛮干，能够获得一个分数，如果我们让他充分阅读，博采众长，快乐学习，开心学习，在这样的状态下他还提高不了成绩，那就太怪了。

孩子的人生不是50米、100米短跑，而是漫长的马拉松。孩子的学习也不是一天、两天的事，他需要循序渐进、持续给力。而喜欢读书的孩子，他的学习具有很强的后劲和爆发力。

如果太在意孩子一时分数之得失，如果仅用补习去提升考试分数，有可能在短时间内，分数的确上去了，但孩子越到后来，会逐渐失去学习的愿望和冲动，甚至越到后期更可能一落千丈，难以为继。而与之相反的是那些从小就大量阅读的孩子。他们上小学时可能成绩一般，不显山露水，而广泛阅读所带来的巨大红利，却往往能让他们在上初中、上高中乃至上大学时，显现出巨大的潜力。

你作为家长如果想让孩子今后具有强大的学习力和后发力，必须从现在起就涵养他的阅读兴趣，帮助他养成良好的阅读习惯。一个不阅读的孩子就是学习上潜在的差生，现在越补习越是对他未来的透支，即使现在考满分，也难逃未来学困生的厄运！

那么怎样才能让孩子有一个好的阅读习惯？我以为，首先应该在家庭构建一种读书氛围。比如给孩子弄一个书柜、书桌，把书放在孩子视线可及、随手可取、随地可读的地方，让家庭有浓郁的书香气息，让孩子有更多的机会接近书，从而培养对书的情感和兴趣。

其次父母应该以身作则，做出表率。家长想要培养出一个热爱阅读的孩子，自己首先就要喜爱阅读。如果家长要求孩子读书，自己却从来不读书，成天抱着手机玩，那样会让孩子对阅读产生抵触情绪的。家长每天规划出一小块时间来，陪着孩子阅读，与孩子共同阅读，这个时间可以不长，但却一定要有，哪怕是做做样子，那都是必须的，这个对孩子的影响是很大的。

再者家长可以引导孩子读书。引导不是强迫，强迫孩子读书，强迫孩子必须要读哪些书，孩子都有逆反的心理，你越强迫，他越反感，他越不会去读。作为家长对孩子的阅读要尽可能放手，只要不是问题书，只要孩子感兴趣，就应该让他们自由自在地去读，让他们在书海里尽情地畅游。

孩子在他那样的年龄，应该让他们读他们喜欢的童书和绘本，而且让孩子读书多些随性随意，不要太功利，也不必附加什么任务，诸如要求孩子必须做读书笔记，必须写读后感，必须要掌握什么知识点，这些只会使孩子厌倦阅读。其实孩子只要一旦养成了阅读习惯，他会自己给自己下任务的，他会一边读，一边整理，一边积累，还会动笔写的。

与此同时还要尽可能给孩子充分展示自己读书收获的机会。人都有表现自己的天性，孩子这种愿望更强烈。家长可以让孩子把读到的内容说出来，比如鼓励孩子讲书中的故事给父母听、给亲朋好友听、给小伙伴们听，把孩子读书的视频发到朋友圈，对孩子取得的读书成果给予认可、赏识和夸奖，这有利于激励孩子不断地读书，不断地坚持读书。

阅读投入的成本最低，而收获的效益却最高。我以为，阅读是最好的补习，也是最廉价的补习。

只要孩子一旦喜欢阅读了，他的眼睛落在了书页上，一个好的学习方式就有了，一个美丽的故事就开始了，一个美好的世界就正在为他徐徐展开……

书香相伴，不出门的日子也挺好

中国人的新春佳节，往往是张灯结彩，爆竹震天，人们纷纷走出户外，爬山登高，走街串巷，热闹非凡。

而今年的春节，因为新型冠状病毒的暴发与肆虐，没有了串门子走亲戚相互拜年，没有了邀朋呼友一起聚会，没有了上街赶集逛灯会看热闹，也没有了四处旅游欣赏名山胜景。

当然，最高兴的是孩子们没有了在假期不停地穿梭于各种补习班的补习。

这段时间宅在家里，应该干些什么呢？

于是我想到了以色列的安息日。

在以色列，犹太历每周的第七日，也就是星期六。犹太人谨守安息日为圣日。

每周五晚到周六圣日当天，不许工作，不能碰任何带有火和电的东西，公交停运，就连航空公司的班机都要停飞，商店、饭店、娱乐场所大多关门谢客，人们在家中静心祈祷，严禁走亲访友、外出旅游和参加其他社会活动。

唯独有一件事是特许的，那就是读书。很多人便习惯了通过读书来度过安息日。

以色列人均每年读书 64 本，而以色列的犹太人更甚，占全国人口 80% 以上的犹太人人均每年读书达 68 本之多。

而中国人均每年读书只有 4 本，这当然还有学生教辅读物占比的功劳。

正由于此，犹太民族的人口只占世界的 0.2%，但在过去的 100 多年里，他们却获得了近 30% 的诺贝尔奖。

我还想到了国人的读书现状。

读书，只成了"杀"出重围获取一张高等学府的"入场券"，成了养家糊口的一张证书。而对许多人来说，除此之外的情况，鲜有读书的。在许多公众场合，人们要么是在玩手机，要么是在打瞌睡，要么是在高谈阔论，要么是在打麻将。一些地方没有图书馆，但麻将馆星罗棋布。

基于读书的现状调查，差不多都认为制约读书的原因是平时很忙，忙于工作，忙于生计，忙于奔波，没有时间读书。

其实一个人只要认识到了读书的意义，感受到了读书的快乐，养成了读书的习惯，把读书作为一种生活的方式，一种生存的需要，一种生命的状态，再忙总会给自己留下读书的时间。

这正如有的男士不管怎样忙，他总会有时间抽烟、喝茶、聊天，有的女士喜欢逛商场，喜欢打扮，再忙，一逛商场就是几个小时，再忙，她每天总会安排出足够的时间化化妆。

也正如我们每一个人无论怎样忙，吃饭、洗漱、睡觉永远都离不了，绝不会因为忙把这些事情落下。

仔细想想，说没有时间读书，那其实只是一个托词，一个借口。

一个人哪怕再忙，每天利用 15 分钟时间读书，那是谁都能做到的，要么早起 15 分钟，要么晚睡 15 分钟，要么挤出个 15 分钟。

就姑且承认和理解一些人所说的，这之前的确很忙，忙得不可开交，忙得不亦乐乎，忙得没有一点读书时间，就连一刻钟都排不上。

然而对于宅在家里的这段时光呢？时间可是大把大把的，我们又读书了吗？

如果这个时候再说读书没有时间，无论怎样，那是说不过去的。

阅读是一种生命的唤醒，内心的丰盈，灵魂的救赎。

当我们感到周围世界的凝滞，精神上的空虚无助，人生的无可奈何乃至必须要面对的风雨、苦难、坎坷、颠簸，也许只有阅读，才能释怀，只有安静下来读书，才是唯一的解药，只有用文字，才能倾诉和疗伤。

沉浸于读书，在书海中，尽情徜徉，与古今先哲、志士仁人对话。

在字里行间中，认识自己，走进自我，安顿灵魂，盛放自己躁动不安的心。

在对阅读有积极的情感体验和价值赋能中，积蓄向上向善的力量，把自己引入澄明之境，这是对病毒的最有力的战胜，对疫情最有效的抵抗。

我以为，这既是对国家的贡献，也是对他人的关爱，更是对自己的呵护和提升。

遗憾的是，能够安静下来读读书的人应该很少很少，差不多么是在刷视频中消耗时光，要么是泡在电视里撑着日子，要么是在牢骚与埋怨声里打发时间，要么是在焦虑与恐慌的情绪中浪费光阴。

对于孩子，最好的学习不是刷题，也不是拼补习，而是读书。

在同一屋檐下，如果还有一家人读书的身影，那就更美、更有味道了。

利用这段难熬也难得的时间，如果父母拿起书来读，如果父母陪着孩子一起读书，如果父母坚持念书给孩子听，让孩子养成喜欢读书的习惯，并慢慢爱上阅读，你就等于给了孩子一生有用的东西。

将来你会发现，你现在给孩子投入的每一分钟读书时间，都没有白费。

不负韶华，趁着假期好读书，趁着假期陪着孩子读书，过上一段时间，你会认为，不出门的日子其实也挺好。

捧着阅读金碗，怎会再去讨饭？

阅读这件事，对于每一个人来说太平凡了，也太重要了，然而很多人却没有认识到这一点。

肚子饥饿了需要用餐，不需要提醒，不需要催促，更不需要外力强制，完全成了一种条件反射，一种生命的自觉，因为对每一个人来说，这是一种生活的需要。可是我们的精神饥饿了，同样需要及时"加餐"，需要及时补充营养，按理说，这更是一种自主自发的行为，然而不少人却不懂得阅读是最好的精神食粮，不给精神"进食"加餐，让精神的饥肠为此辘辘。

很多人只关注银行卡上的余额，也一门心思不断地为卡上存钱，希望钱越存越多。然而他们不知道，我们每一个人都有一个精神银行，我们每天坚持不断的阅读，就是在不断地给自己的精神银行存钱，日积月累，我们都将成为精神上的富翁。恰恰很多人忽略了这一点，有可能他们银行卡上的那个数字在逐渐增加，而自己的精神银行却异常地贫穷。

很多人都在穷尽努力为自己建造一个大房子，也有很多人因为自己没有大房子而懊恼，或者看到别人住上了大房子而嫉恨，然而他们却不晓得我们每个人从母体分娩来到这个世界，有了人体之躯，就有了一幢房子，只不过这还只是一个毛坯房，我们只需要持之以恒地阅读，便能装饰出精致小屋，建造出心灵之大厦。

很多人特别是女士十分关注自己的容颜气质，为了容颜姣好，气质出众，不惜花钱买护肤品、化妆品、美容霜，然而她们不知道，阅读是最好的护肤，最好的化妆，最好的美容。因为它不仅廉价，而且绿色环保，有益于健康。

曾国藩说："人之气质，由于天生，很难改变，唯读书则可以变其气质。"

三毛说："读书多了，容颜自然改变，许多时候，自己可能以为看过的书籍都成了过眼云烟，不复记忆，其实它们仍是潜在的。在气质里，在谈吐上，在胸襟的无涯，当然可能显露在生活和文字里。"

很多人常常叹息人生苦短，岁月蹉跎，的确也是，一个人来到这个世上，也就那么短短几十年时光，活个八九十岁很少，能够活到一百岁，那更是凤毛麟角。掐指一算，不过两三万天。然而他们却不明白，书中收藏着百代精华，只要付出短短的时间，便可以得到一个作者在那段岁月所有的经历与心思，全部的阅历与积淀。可以说，阅读可以经历一千种人生。

很多人常常埋怨这个世道不公，怨天尤人，然而却没感受到，阅读对于我们每个人来说，是最大的公平。无论是高贵还是卑微，无论是年老还是年轻，无论是贫穷还是富有，无论是患病还是健康，都可以平等地阅读、平等地接触经典读物，平等地在书中遇见伟大的人物和事物，平等地沉浸其中享受内心的宁静，感受阅读的美好，平等地站在巨人的肩上登高望远，看透世事，参悟人生。

很多人的日子可以说是衣食无忧，养尊处优，舒舒坦坦，但却内心空虚，无所寄托，没有幸福可言。没有体验到，酣畅淋漓的阅读，会让我们在驰骋古今、贯通中外、纵横天地、穿越时空，与先哲对话、跟宿儒求教、同仁人志士交流中，捕捉到一切高贵生命早已飘散的信号，感受那些不朽灵魂的神奇力量，再现无数的智慧和美好，对比着世间的愚昧和丑陋，让我们深刻地体味到内心的充实与丰盈，岁月的温馨与静好，人生的绚丽与多彩。

有一句话"捧着金碗讨饭"，说的是一些当事人有特别的价值，超凡的能力而不自知，相反过着讨饭的日子，做着琐碎的事儿。当下，却有不少人捧着金碗，这个金碗就是阅读的金碗，到处讨饭，关键是他没有意识到我们手头所拥有的阅读这只金碗的意义和价值。

一束阳光可以折射世间众生相，一滴墨水可以引发万千思考，一本好书可以改变无数人的命运。以书为伴，与书为伍，在阅读中可以打开眼界，拓展思维，可以提升品位，坚定信念，可以享受生活，咀嚼人生。

对于阅读，迟一天，就会多一天平庸的困扰；早一天，就会平添一分精致与优雅。

　　我相信，大家只要认识到了阅读这只金碗的意义和价值，便不会抱着金碗再去讨饭了！

阅读习惯养成贵在循序渐"读"

有校长告诉我，他知道读书的重要性，也明白作为一个校长的读书，不仅仅是关乎自己人文素养的提升，而且更重要的是对老师和学生读书的示范引领，他说他每次听到相关读书报告后，总会心血来潮，于是发誓从明天开始，每天要看书两个小时，可是看过几天后，又放弃了，感觉坚持下去太难了。这个校长便问我怎样才能爱上读书。

我以为，对于喜欢读书的人，每天利用一两个小时读书，那是轻而易举的事情，是完全能够做到的。但对于不喜欢读书的人，如果一开始就给自己定位每天必须读几个小时的书，这看起来有决心，有行动，但往往凭的是一时的冲动和热情，有可能坚持一两天还马马虎虎，但如果要长期坚持下去，估计很难，差不多都会打退堂鼓。

于是想到我身边一些烟瘾很大的朋友戒烟。当相互聊起抽烟的有害无益，或者看到抽烟影响健康的文章后，有的便信誓旦旦，"从明天开始彻底戒烟""再抽就把手剁了"，起初几天哪怕再按捺不住，完全有可能凭着自己的毅力挺一挺。但是由于来得太急，太陡，弯转得太快，隔不了几天实在忍不住，又抽上了，最后不仅没有戒掉，而且越戒瘾越大。往往他还自嘲，"抽烟的人脸皮真厚"！

而有的朋友戒烟，不是急于求成，他采取递减法，滴水漫灌，靠每天逐渐减少抽烟的次数而慢慢得去戒。比如过去每天抽一包 20 支，开始戒烟了，第二天便只抽 19 支，第三天抽 18 支，第四天抽 17 支，一直递减到最后一天抽 1 支，两天抽 1 支，三天抽 1 支，这样慢慢地反而很轻松地把烟给戒掉了。

对于从不读书的人，要想喜欢上读书，也可采取这种办法。开始的时候，可以尽量抽时间逛逛书店,去体验一下书的浩瀚世界。然后在逛中挑一些自己喜欢的书,比如你喜欢某本书的封面,或者某本书的装帧设计,或者某本书的书名,也包括喜欢某本书的内容,就冲着一点,姑且把它作为一件艺术品,把它买下,读书先从买书起。

买的书哪怕不读,先把它放在沙发、办公桌,或者搁在床头,闲暇的时候,拿起书把玩把玩,随便翻一翻,看一看,嗅一嗅,感受一下书籍散发的油墨飘香的味道。

然后开始挑一本自己喜欢的书,最初坚持每天看一两页,慢慢地增量,每天读三四页,再逐渐增加到五六页、七八页、十几页、二十页……

这样你就会在持续的坚持中,不知不觉地涵养一种良好的读书习惯。

有了好的读书习惯,再不断坚持,持之以恒,久久为功,聚沙成塔,你更会在循序渐进中,把读书作为一种生活方式,一种生存需要,一种生命的状态了。

一个人一旦把读书作为一种生活方式,一种生存需要,一种生命的状态了,自然而然地就会把读书当作生命中重要的事情,当作同吃饭、穿衣、睡觉、洗脸、漱口一样平常不过而且是离不开的事情,不管怎样忙,你总会有时间读书,你总会拿起书去读。

如果哪一天你没读书,你会坐立不安,感觉这一天不完整,逝去的时光没有意义,甚而至于,人都是空落落的。恭喜你,在你的生命中,读书便再难以割舍了。

用这种方法,不仅可以让校长自己热爱上读书,还可以让每一个老师和学生都喜欢上读书,都有一个好的读书习惯。

让学校成为学生们真正阅读的地方

　　某地的农村学校营建书香校园，校长在教学楼的楼道、大厅建了一些开放式书架、书橱，把长期关闭在图书室里的书搬了出来，把这些书放在这些开放式书架、书橱中，并添置了小凳，放置了点缀美化的旧轮胎，学生们一有时间，包括课间休息、茶余饭后，就随手拿起书，或站着，或坐在小凳、轮胎上翻翻、读读。

　　浓郁的书香，让这里既成了师生心灵成长的高地，也是师生最喜欢待的地方，更是校园里一道最亮丽的风景。

　　过去不喜欢读书的学生，由于有了这种读书氛围，还有能够与"书"随时相遇的条件，再加上人们都有一种从众心理，别人在读书，即或自己不喜欢，也会凑上前去，凑凑热闹，装模作样地取出一本书，随意地看看、嗅嗅、浏览浏览，久而久之，也许慢慢地就会喜欢上读书，甚至一些学生在这样的一个过程中，会渐渐涵养一种良好的读书习惯！这应该是多好的事啊！

　　然而，这个学校的校长前几天告诉我，他们教育主管部门的人员去学校检查工作，看到了以后，却大加指责，要求拆掉。说书放在图书室里锁着，好好的，安安全全的，把书搬出来干啥！并质问校长，这些书弄烂了怎么办，搞丢了谁负责。

　　我听后很不是滋味儿！的确，国家用项目资金配的图书，当然也包括学校节省资金自己采购的图书，这是国家的财产，学校应该责无旁贷地保管好。

　　但是保管好不等于把书锁在图书室里，让图书在图书室里睡大觉。我过去曾经发现不少学校管理图书，就是把书放在图书室的图书柜里，摆放得整整齐齐。平时图书室却是用"铁将军"死死地把着，一般是不开放的，只有等上面来人检查，才会象征性地打开。在检查的项目中，往往有"图书借阅情况"一栏，有的学校竟临时安排老师叫学生做假借阅账。

我前两年到贵州某县去做讲座，到高铁站接我的驾驶员有文化，懂教育，也了解教育的弊端。我们在聊到师生的阅读时，他对我说，汤局长，现在的学校都配了很多图书，书是交给学生读的，可不少学校却把图书锁在图书室里，学生很少有机会读到。还有一些学校一有检查，就让学生作假，填写借了什么书，读了多少书，这么好的书不让学生读太可惜了。他说，汤局长，你在讲座时一定要给校长们讲讲，让校长们开放图书室，让学生们随时都能读到这些书。我当时对这个驾驶员肃然起敬！

在第二天的讲座中，我特别讲到了书香校园建设，讲到学校除了开放图书室，还要把图书室里的书"请"出去，让书漂流在校园各个地方，弥漫在校园各个角落，让学生能够做到随手可拿，随地可取，随时可读。

学校教育的重要使命是什么，我以为，就是一定要让学生养成爱读书的习惯。甚至我还认为，学校里的校长和老师哪怕只做一件事情，就是如何培养学生的读书兴趣，如何帮助学生养成一个好的读书习惯。因为我始终认为，学生有了好的读书习惯，其他习惯再差不可能差到哪个地方去，分数再低也不可能低到哪个地方去。

因为我始终相信，一个喜欢读书的学生，他一定会有端庄的品行，会有坚持的毅力，会有执着的精神，会有积极的学习态度。而且他读过的书多，知识面宽，见多识广，应付那点课本上的考试，那是一件很容易的事。

那么，怎样培养学生的阅读兴趣，让学生养成一种喜欢阅读的习惯呢？

我觉得，除了校长、老师通过自己读书的示范引领，除了营造浓厚的校园读书氛围，除了开展丰富多彩的读书活动推动外，最重要的一点，那就是把学校图书馆里的书尽可能搬到学生的身边去，让书随时都能进入学生的视野，让学生能够和书实现"零距离"接触。

我甚至有一个奇妙的观点，校园里如果到处是书，到处都飘逸着书香，到处都流淌着书味，哪怕学生不读书，置身其中，耳濡目染，都能让学生有着一个学生的样子，哪怕他只是每天看一眼，也能唤醒他读书的热情，点燃他读书的欲望。

当下的学校其实并不缺图书室，但缺少让学生们与图书亲密接触的机会，很多的学校的图书室学生不能随时随地进入，让成千上万的书在图书室里被闲置。即使有的学校的图书室全天候开放，那些不大喜欢读书的学生，他根本不愿意主动走进。更何况，不少学校的图书室，不是放在学校的楼顶，就是被弄在校园的偏僻处，本来就不喜欢读书的学生，他更不会费那么大的力气找着去。

而在学生身边的区域，比如走廊上、楼梯口、食堂处、教室角、休闲廊等，因地制宜设置一些小书架、小书橱、流动式小书车，给学生们创设一个个触手可及、难以躲掉的阅读小空间，阅读就可以随时随地发生，阅读习惯也就可以在不经意间养成。

当然，书在图书室里待着，的确很安全，既不会破旧，又不会丢失，有可能若干年后都会一成不变，新崭崭的。然而书是在阅读中体现其价值，彰显其意义，再多再好的书，不被阅读，让它睡在图书室里，难道不是一种可惜和浪费吗？学生在他那个年龄，因为我们对书的封锁，让他们错过了美好的读书季，难道我们不是一种作恶，甚至是犯罪吗？

书被学生们翻阅，留下的阅读痕迹越多，变得越破旧，书的意义和价值才被体现得越充分，作为学校，也就功莫大焉！

书被"请"出来，最开始，有可能书会有所丢失，不排除被喜欢读书的学生拿走。有一句话，读书人窃书不算偷。我也以为，书被喜欢读书的人拿走，其实并不是一件多坏的事。有可能，就是被拿走的这一本书，会影响和改变一个人。当然，我这并不是主张学生可以随便拿书，而是说，即或是丢了几本书，也用不着惊慌和害怕，一方面可以用此检验我们的德育工作，甚至可以不断反思和改进我们的德育工作。另一方面要坚信，通过开放书籍，长此以往，坚持下去，随着学生们阅读习惯的养成，校园里开放的小书架、小书橱里的书，某一天之后，不但不会减少，相反还会增加。要么是拿走书的学生，在阅读中提升了自己，意识到拿书行为的不对，主动把书归还回去；要么是大家在阅读中懂得了分享，把自己珍藏的书拿出来，与大家共享。

过去我从事区域教育管理，便响亮地提出："宁肯让书被孩子们翻烂，不能让书在图书室里放烂；宁肯让书被孩子们拿走，不能让书在图书室里睡大觉。"甚至还喊出："取消图书室""让图书室越变越小"。在当时把图书室里的书"请"出来的过程中，很多校长也担心这一点。后来事实证明，差不多学校放在校园里的书不但没减少，相反还变得越来越多。

更何况，我们让书以各种小场景出现在校园里，这既是在做书香，又是在做文化，这既是一种书香校园，又是一种以独特文化形式呈现的文化校园，学校的文化品质也将随着书香的弥漫自然而然地提升。相比有的学校斥巨资请文化公司、广告公司包装打造校园文化，还不如用节省下来的钱的一小部分，去更新补充图书。

营建书香校园，让学校成为学生们真正阅读的地方，我们应该达成共识，也应该为此而共同努力，更不应该为此随意指责和质问校长！

向着教师的最高尊严出发

——我读郑英老师《课堂，可以这么有声有色》

认识和了解郑英老师，是读她的《班主任，可以做得这么有滋味》，记得当时收到法源兄寄赠的这本书，便被书名所吸引，一气之下读完，那细腻的笔触，优美的文字，一则则鲜活而生动的教育故事，一个个充满着爱和创意的教育实践，所展现出的是一位优秀班主任，当然更是一位优秀教师的大智慧、大情怀，让我由此对郑英老师敬佩有加。

之后，连续两年的中国陶行知研究会农村教育实验专业委员会年会——2017年安徽合肥年会和2018年四川大邑年会，都邀请了郑英老师为大会做报告。

她以她的优雅端庄，以她的独到见解，以她的隽永活泼的语言，以她对教育、对孩子的真挚情感，娓娓地讲述了她如何在自己的教育教学天地里，如何从孩子的天性出发、如何从教育的细微处着手，如何用爱的才情和艺术，让孩子们快乐而幸福地成长，而且形象地诠释了教育是向美而生的事业，人因教育而多姿美好。两场报告给大家留下了深刻印象，也赢得了与会者的喝彩与好评。

前不久，收到郑英老师的新著《课堂，可以这么有声有色》，这是她继《班主任，可以做得这么有滋味》《教育，向美而生》之后的第三本著作。

课堂，这是我这些年一直关注和思考的一个重点。过去做区域教育管理，特别强调教师要研究课堂，校长要走进课堂，我到学校去，也必先进课堂，同老师们一起研课磨课，而且对区域有效课堂的构建，还带领大家尽最大努力做出了相应的探索。在2017年的安徽合肥年会上，我们还举办了全国"课堂革命"高峰论坛，以唤起更多人对课堂的尊重和觉醒。

因为我觉得，师生是以全部的生命进入课堂的，课堂既是教育的主阵地，又是师生共同的生命之场、心灵之场，还是师生情感相随、魂牵梦萦、共同向往的地方。我还以为，当下教育最大的问题，归根到底还是课堂的问题，课堂的问题解决了，其他的一些问题有可能就迎刃而解。正所谓"得课堂者得教育"。

而郑英老师的这本新书，探讨的便是课堂的问题，教师怎样才能守护作为育人主阵地的课堂？教师该以怎样的方式去守护？教师怎样守护才会更好？

一打开书，映入眼帘的是"教师的最高尊严在课堂"，这是郑英老师为这本书写的自序的标题，也是贯穿整本书的"魂"之所在，更是她对教师尊严、教师所拥有的课堂以及课堂之于教师的价值与意义的深刻理解和深邃的表达。

人之所以为人，是因为人有"尊严"。尊严是一个人的脸面，是一个人的骨气，是一个人的灵魂。人生活在这个世界上，可以没有地位、没有金钱，可以失去欢笑、失去美貌，但最不能没有的，是"尊严"，最不能失去的，也是"尊严"。

对人来说，最重要的东西就是尊严！教师作为人类灵魂的工程师，担负着传道授业解惑的特殊使命，教师的尊严既是这个职业的应有之义，更是这个职业对教师的特别要求。教师的尊严有无，可以说是检验一个人能否成为真正教师的根本尺度。

《荀子·致士》中有"尊严而惮，可以为师"。宋朝孙应时《读晦翁遗文凄怆有作》中有"师道屹尊严，人材兴倜傥"。

教师的尊严何来？我以为，教师的尊严除了来自法律的保障，领导的关爱，社会各界的支持，人们的认可，更重要的是来自我们的学生，来自我们自己。

教师自己的尊严要靠自己塑造，自己有了尊严，学生才能够"亲其师，信其道"，我们也才能从学生那里赢得尊严。

正如演员的最高尊严在舞台，老农的最高尊严在田野，工人的最高尊严在车间，战士的最高尊严在战场一样，教师的最高尊严则在课堂。

课堂作为"教师的道场"，是教师传授知识的殿堂，放飞教育梦想的平台，培育未来希望的摇篮，教师的专业尊严在这里演绎，教师的执教尊严在这里建构，教师的人格尊严在这里诠释。

因为为了课堂，教师会懂得，只有关公才能耍大刀。教师会通过不断地读书与思考、学习与实践来提升自己的专业素养，练就过硬的专业功底。

因为为了课堂，教师会明白，只有把课上好，才是王道，也才是赢得来自学生尊严的前提。教师就会像吴忞教授"打磨钻石一样打磨自己的课"；也会像贾志敏先生所说的那样，要用一生来备课；更会像于永正先生所言的那样，备课时，心中要装进大世界，上课时，眼里只能有小孩子。从而使自己的一切用心和付出都源于"功夫在诗外"。

因为为了课堂，教师会深知，要把课上好，必须先把人做好。教师只有自己"立"起来了，才能把"德"培植进去，让学生真正"立"起来，也才能让学生有完善的人格和终身受益的品质。

我常听到一些老师说："我很享受教师这个职业。只有走进课堂，站在讲台上，我才能感觉自己存在的价值。"这正是郑英老师所说的"教师真正的高光时刻，是他站立于课堂之时"。这就是教师的价值所在，教师的尊严所在，更是一种最高尊严之所在。

当然，"教师的最高尊严在课堂"，只是强调课堂对于教师的重要，并没有排斥和否定教师于课堂之外的其他教育生活。事实上，教师在课堂上体验并拥有了最高尊严，教师的尊严就无时不有，无处不在，就会在浑身上下弥漫，就会在广袤的校园上空荡漾。

而且更重要的是，教师一旦视"课堂"为最高尊严，就有了正确的学生观，就具有了孩子的立场和视角，就会把孩子当孩子，把孩子当成自己的孩子，也会把自己当成孩子，就会把每一个孩子都放在心上，真正关注每一个孩子，就不会为了"高峰"而忽略"群山"，为了"红花"而忽视"绿叶"。

而且还能够坚信，每个孩子都是一朵花，我们需要的是给他不同的养料，静待花开。每个孩子生命都有枝可依，我们需要的是给他们一根合适的枝条。

"心里有学生，哪里都是课堂"，在这样的课堂，每个学生都有了他自己的真正尊严。一个教师不以"课堂"为最高尊严，很难想象，他的学生会有什么尊严可言！

　　一个教师如何获得课堂上的最高尊严？郑英老师从"道"与"术"上为我们一一展开。

　　从"道"上，郑英老师高屋建瓴，智人睿语，给我们以拨云见日般的启发和点拨。"课堂当有仪式感"，教师"应对课堂怀有庄重和虔诚之心"，像宗教徒膜拜宗教那样虔诚，像哲学家仰望星空那样深邃而庄重。郑英老师以为："于我，那三尺讲台是一方世界，本应神圣、庄严。心中有繁花，自有芳香；心中有仪式，自有气象。"

　　同时教师还应"尽心守护自己的课堂"。她说："假使教师能用一颗匠心来守护他的课堂，对课堂精益求精，尽力使每一个点都达到极致，那么，他就在提升自己课堂品质的同时，也提升了自己教育人生的品质。"

　　郑英老师是这样说的，也是这样做的。全国很多地方请她去做讲座，除了寒暑假及其他节假日她会应允外，平常她不会落下孩子们的一堂课。她说她的"根"与"魂"，在课堂，在孩子。

　　而且郑英老师守护她的课堂，不仅仅是守护"课上40分钟的教学活动"，她还用心地守护着"包括授课前的酝酿、课中的实施、课后的跟进等一系列活动"。她说："一个真正优秀的教师，不会只重视课堂上的那些活动，还会向前、向后延伸，关注与学生的各种交互活动。"

　　比如，上完《追求高雅生活的情趣》一课后，她会邀请一位擅长烹饪的学生家长到班里传授她的烹饪秘诀。同时她还组织学生制作。

　　在"术"上，郑英老师结合自己对课堂的理解，对课堂的娴熟驾驭，其中还援引了许多经典案例，可以说是以切实的体验，真实的感悟，娓娓道来，如数家珍，告诉我们什么是好的课堂，什么样的课堂才能做到有声有色，怎样才能走出课堂的误区，如何才能让课堂返璞归真。

　　比如，在《课堂，请走出"伪生成"的沼泽》一文，针对现实中课堂教学中的"伪生成"现象：把"自主"变成"放任自流"；把"合作"变成"合坐"；把"探究"变成"标签"；把"活动"变成"表演"；把"对话"变成"问答"；把"开放"变成"漫游"。可谓针砭时弊，鞭辟入里，一针见血。如何拒绝"伪生成"，郑英老师把脉问诊，开出了一剂剂仙丹良方：善启学生的疑——引而不发，激活源头；智用学生的惑——急中生智，即时变奏；巧用学生的错——

将错就错，化拙为巧；活用学生的问——由此及彼，顺势延伸；妙用学生的题——顺水推舟，巧妙点化；反激学生的思——变导为堵，反弹琵琶。

还比如，在《找回失落的主导——教师的讲》中，郑英老师针对"讲"这种传统的教学方法日渐式微的情况，罗列了课堂上教师讲的缺失的种种表象：替身式——以"学生讲解"代替教师的讲解；呈现式——以"课件呈现"取代教师的讲解；造假式——以"虚假发现"代替教师的讲解；活动式——以"活动体验"的名义弱化教师的讲解；讨论式——以"自主讨论"的由头弱化教师的讲解；沉默式——因"消极无为"导致讲解缺位。真可谓洞若观火，洞察入微，入木三分。怎样让教师积极的"讲"回归课堂，回归它应有的地位和作用，郑英老师又望闻问切，对症下药：讲在"节点"处——学生情感冲突时；讲在"拐点"处——学生误入歧途时；讲在"盲点"处——学生视而不见时；讲在"焦点"处——学生争论不休时；讲在"热点"处——学生兴趣浓厚时；讲在"低点"处——学生思维游离时；讲在"难点"处——学生困惑不解时。相信这些药剂下肚之后，定会让课堂的"讲"药到病除，妙手回春，起死回生。

郑英老师的课堂之"术"，不是空穴来风，随意杜撰，更不是做做文字游戏，故意卖弄，随便落笔写出来的，而是她几十年如一日，植根课堂，站稳课堂，以对课堂犹如少男少女对待初恋情人一般的炽热的情感，从亲身的实践中，从匠心的独特运用中，从大量的感性材料的梳理中，从一个有良知的教育人的理性思考与研判中，悟出的道理，得出的真知，总结出来的规律，提炼出来的精华。因而具有极大的普适性、借鉴性和可操作性。

读过郑英老师的书，也见过郑英老师的人。其人，向美而行；其文，向美而写；其教育，向美而生。正如朱光潜先生所说"此时，此身，此地"，而我在"此时，此身，此地"，最想说的就是，郑英老师真是人如其文，文如其人，人与文的美好共同塑造、成就与呈现了郑英老师所为之倾心的课堂的美好、教育的美好！

课堂的修行之门，郑英老师已经为我们打开，"道"与"术"也已经为我们探明。同行们，带上《课堂，可以这么有声有色》，向着课堂的远方，教师的最高尊严，出发吧！

阅读的信仰与力量

——序范光留先生《好教育在路上》

应该是 2017 年 8 月，范光留先生给我打来电话，告诉我他被评为贵州省高中名校长，他说按文件要求工作室应聘请两位专家担任顾问，准备邀请贵州文联原主席，文史馆原馆长，贵州省人大常委会原副主任，贵州师范大学教授、硕士生导师顾久先生和我做他工作室的顾问。

顾久先生是我尊敬的文化名人、教育大家，能够和他一起担任顾问，真是荣幸之极。

2018 年新年的头一天，我和顾久先生在贵州威宁参加了贵州省高中名校长范光留工作室启动仪式，范光留先生为我俩颁发了聘书，我和顾久先生分别做了半天的讲座。

至此，范光留工作室便开启了工作模式，之后，我也一直关注着工作室的运行情况及动态。

当下各种名校长工作室和名师工作室很多，如雨后春笋般涌现，据我的观察和了解，不少工作室是名不符实，或者流于形式，或者法不得当，因而少有成效和影响。

范光留名校长工作室，其中几十个成员和学员，都是来自威宁县不同学段、不同学校的校长，也包括一些学校的副校长和中层干部，这些具有相同层次的人，相聚在一起，本着"成长自我、成就他人、引领团队、协同发展"的宗旨，共同寻找生命中的那片红杉林。

在范光留先生的主持下，工作室风生水起，充满着无限的生机与活力，工作室的每个成员和学员抱团取暖，相互给力，彼此借力，都站在团队的肩膀上奋力攀爬。

范光留名校长工作室之所以能够鹤立鸡群，脱颖而出，在于他们抓住了牵一发而动全身的阅读这一关键，在于他们选准了"给我一个支点，我就可以撬动地球"的阅读这一支点和突破口。

众所周知，当下教育最大的问题是最应该读书的教育人不读书。如果说读书，读的只是教材和教参，读的只是消遣娱乐类的书，读的只是网络和碎片化的东西。这些，从某种程度上来说，还不是真正阅读。

温儒敏先生曾指出，在网络社会，虽然人们阅读的载体变得丰富，但我们确实已经不太可能花费较长时间集中精力去看一本书了。

一个人的教育底蕴是靠书堆起来的，一个教育人的眼界是靠阅读打开的。一个教育人从来不读书，或者如著名特级教师吴非所言的那样"读书还不如老板"，则很难拥有开阔的人文视野，很难拥有自己的精神世界，很难拥有独特的心灵密码，也很难拥有一个晶亮沸腾的星空，一个面对各种教育问题应付自如的教育工具箱，一个对教育能够做出精准阐释、正确引领、理性看待的教育思想库。当然，更难拥有一方好的教育。这应该是一个教育人和一方教育的悲哀！

苏霍姆林斯基说："无限相信书籍的力量，是我的教育信仰的真谛之一。"无限相信阅读的力量，便是范光留先生及其工作室的价值取向和坚定信念。

范光留工作室启动后，便随即成立了"好教育在路上读书群"，他们营造了浓厚的读书氛围，建立了有效的阅读机制，开展了形式多样、丰富多彩的阅读活动，特别是工作室成员和学员坚持共读一本书。

两年来，他们共同阅读了二十余本教育理论著作。有幸的是我的两本小册子《致教育》《教育可以更美好》也纳入了他们的共读书目和计划。

从范光留名校长工作室的阅读实践和"好教育在路上读书群"的阅读体验中，更加深了我对读书的认识和理解。

读书是最好的成长。一个人的成长史，就是他的阅读史。一个教育人如果能够与书籍有缘，让一些书伴随着他的职业生涯，人生旅程，他的专业和生命就能得以美好成长。

"好教育在路上读书群"，他们以书会友，相信书中自有智者，书中自有高人，在阅读中与智者同行，与高人为伍，与伟大的人物和美好的事物相遇，让他们在理论素养和管理水平方面都有了很大的提升，在专业和事业上都得到了很好的成长与发展。

工作室成员高跃国、李昱，学员周桂平、马开运等多次获得市、县表彰，学员卯银福晋升为正高级教师，学员胡道成被评定为"贵州省乡村名师工作室"主持人，范光留先生也由贵州省毕节市第三实验中学调任贵阳一中李端棻中学当校长。

读书是最大的改变。一滴墨水可以引发千万人的思考，一本好书可以带来万千人的改变。读书，不仅仅能改变我们的生活方式，改变我们的思维方式，改变我们的精神面貌，还能够改变我们的内在气质，改变我们的外表相貌，让我们变得与众不同，气度不凡。

这两年，范光留先生常常带工作室的成员和学员参加全国的一些学术会议，在与他们的不期而遇中，在同他们的接触交流中，总感到在他们的身上有一种力量和气场，这便是书本所给的，也是书籍带来的改变。

我在想，这种改变绝对不仅仅是对个体人的改变，教育人通过读书可以改变对教育的视野，对教育的看法，对教育的态度，对教育的立场，对教育的行为，必定会带来学校发展的改变，教育生态的改变。

读书永远不会晚。我一直坚信，这个世界上有两样东西永远都不会晚，一是情感，年龄再大，他都会有情感的需要。二是读书，不管你多大年龄，也不管你过去读不读书，只要你现在拿起书来读，总不会晚。

正如教育学者成尚荣先生所说：与阅读有关的话题，都与年龄无关，只要愿意，现在才是开始。

范光留先生说，他过去整天是疲于应付各种事务，被工作和生活牵着鼻子走，没有自我的精神阅读空间，也没有过一种真正的阅读生活。也就是在两年之前，他才开始真正的阅读。尽管如此，他自认为为时尚不晚。有梦想就有希望，有阅读就有收获。

读书总会有时间。《肖申克的救赎》中有一句经典的台词："人生可以归结为一种简单的选择，不是忙着活，就是忙着死。"的确，有很多人，就是这种状态。成天都是忙忙碌碌，忙得不可开交，忙得不亦乐乎，忙得焦头烂额，忙得晕头转向，一说到读书就摇头叹气，没有时间。其实，对于不少教育人，不是因为忙，没有时间读书，而是因为没有时间读书，所以才显得忙。

我以为，当我们有了读书的欲望，有了读书的习惯，当我们把读书作为生命中重要的事情的时候，就不愁没有阅读的时间。

社会生活中有一个三八理论：一天 24 小时，工作时间八小时，休息时间八小时，自由安排时间八小时。对于所有人而言，前两个八小时产生的效益都大致差不多，那么，人与人之间的差异关键就在于对这八个小时自由时间的安排与利用上了。

即使一个人再忙，每天挤 30 分钟的自由时间读书，那是任何人都能够做到的，一两周下来，你完全可以轻轻松松读完一本书。只要长此以往地坚持下去，即使你还没有成为名师、名校长，但你会比原本与你在同一起跑线的人懂得更多，会比过去的同一个你优秀很多。

范光留先生及其名校长工作室的成员、学员，他们所承担的工作任务和责任不比我们轻，他们的读书时间从哪里来呢？除了充分利用工作日内的自由时间，闲暇时光，还利用周末和节假日读书，而且日复一日，不断坚持，从不间断和懈怠。相信岁月，懂得坚持，读书慢慢地便成了他们的一种生活的方式，一种生存的需要，一种生命的状态。

读书的最高境界是拿起笔来写作。读书是输入的过程，写作是输出的过程，有输入、输出，再加上这之间的思考，才形成了一个完整的链条。

如果说阅读是站在大师的肩膀上前行，那么写作则是站在自己肩膀上飞翔。没有写作，就谈不上真正的思考，也就没有真正的阅读。只有边阅读边写作，在阅读中写作，在写作中阅读，才开启了真正的思考，也才开启了真正的阅读。

范光留先生及他的团队，便认识到了这一点，他们既坚持阅读，又坚持写作，用笔记录读书的感悟点滴，用文字记录读书的思考体会，用手记录自己的教育生活，用心把平凡的琐碎串连成一个个值得回味与留恋的精彩。

仅仅两年时间，便硕果累累。他们一共撰写了 3699 份阅读心得，合计 250 余万字，编辑并推送微信公众号 106 期。其公众号推送的文字，我基本上是在关注和阅读，我常常为他们的文字所感动。

　　这本由范光留先生主编的即将付梓的《好教育在路上》一书，便是从众多文字中择优选编的。除此之外，团队中还有多篇文章在《中国教师报》《贵州教育》等报刊发表。

　　捧读《好教育在路上》中的一篇篇文章，揣悟书中的一个个文字，仿佛看到了范光留名校长工作室的校长和老师们那乐此不疲而又十分专注的读书身影，还有那夜已至深仍在那里反复推敲，潜心写作的身影，也好像听到了他们的专业和生命在阅读与写作中不断成长那滋滋拔节的声音，还似乎感受到了他们沉浸在阅读与写作中所收获的其他人难以体味到的快乐与幸福。

　　相信《好教育在路上》这本书的面世，给大家带去的不仅仅是文字的盛宴，精神的享受，也不仅仅是教育思想的碰撞，教育智慧的呈现，更是对读书的价值与意义，阅读的信仰与力量，坚持的奇迹与伟大的感同身受。

　　好教育在路上，在阅读与写作的路上。行走在阅读与写作的路上，你就在为好教育助力，就在做好的教育，就会领略到好教育的曼妙和魅力！

一本书，还有那一个人

——序张进球先生《教育从心出发》

张进球校长要出书了，嘱我给写一个序，写序那是名家的事，我尽管不是什么名家，但还是欣然接受。因为在我心中，对于张校长，始终澎湃着一些情愫，总想把它写出来。

认识张校长，是在北京吴法源先生的源创图书读者群，随后，我俩的名字又同时出现于 2016 年 11 月 1 日的《中国教育报》的评论版，我那篇写的是农村留守儿童问题，标题叫《最好的关爱是爱的教育》，张校长文章的标题是《校园表彰不怕"小题大做"》。

记得我当时给他去了电话，在电话里我们聊到教育、阅读、写作等话题，很是投缘。当时我还在教育局长任上，张校长说他也曾当过教育局长，后来他选择到了学校。

共同的经历和志趣，相同的情怀和信仰，一样的取向和追求，让我们一下子缩短了时空的距离，都有相见恨晚之感。

2017 年 12 月，中国陶行知研究会农村教育实验专业委员会在安徽合肥行知学校召开年会和换届大会，鉴于张校长对教育的影响，对乡村教育的热爱，再加之，他所在的祁门隶属于安徽黄山市，黄山市又是陶行知先生的家乡，张校长在大会上当选为中国陶行知研究会农村教育实验专业委员会副理事长。

之后，我们又在共同的平台上，一起为传播陶行知教育思想，一起为乡村教育的改变，一起为教育生态的改良，而思考，而探讨，而行走，而尽一己之力。

这几年，与张校长的不断接触和深入了解，让我对他十分佩服，敬重有加。

最值得首肯的，是张校长喜于读书，乐于思考，勤于写作，是他的超强的学习精神和强大的学习力。

歌德说："人不光是靠他生来就拥有一切，而是靠他从学习中所得到的一切来造就自己。"张校长便是从他后来"学习中所得到的一切来造就自己"。

张校长从最初当工人，到通过招干考试；从参加祁门县首次公开选拔领导干部，以第一名的成绩成为副科级领导干部，到通过心理专业考试，以优异成绩获得心理咨询师资格；从 1986 年参加全国高等教育自学考试获得法律专科文凭，到 2007 年参加心理健康教育本科自学考试，四年之后取得安徽师范大学心理健康教育本科学历；从一般干部到县商务局副局长；从县政府法制办主任到县教育局副局长，祁门一中党支部书记、常务副校长；从具教育局局长到祁门一中校长，张校长无论何时何地，无论何岗何位，无论生命中的哪个阶段，他都与书为伴，与学习同行，与写作为伍，都用书香浸润人生，用学习不断历练和成长自己，用如椽之笔记录生活、反思教育、书写美好。

可以说，没有读书学习，没有思考写作，就没有张校长充实的过去，从容的今天，或许更没有张校长无限期待的明天。

张校长有一个习惯，为了促使自己不断地读书与学习，他常常将学习计划在第一时间公之于众，有时甚至在学校教职工大会上广而告之。

君子一言，驷马难追。这种习惯，实际上就是一种承诺，一种宣誓，一种倒逼，一种监督。让自己压力常在，动力自给，不敢懈怠，没有退路，死棋出妙招，绝处又逢生。

在这一点上，我更有同感。十几年前，我担任教育局长，为了建设书香校园、书香机关，大兴阅读之风，我在几百人的大会上公开讲"我争取每年出一本本版书"。我还说，这绝不是为了名，为了利，教育局长如果仅仅为了追逐名利，完全可以变着法子，也完全可以利用其他途径。我写书出书，完全是为了逼自己不断地学习，不断地读书，不断地思考，在不断提升自己专业素养的同时，对校长和教师，也包括对班子成员及机关单位的干部职工，给以示范与引领。

因为我深知最好的教育莫过于率先垂范，最好的管理莫过于身先士卒，最好的引领莫过于榜样的力量。

我是怎样承诺的，我竟然也怎样做到了。十几年教育局长生涯，十几本小册子，文字很可能笨拙肤浅，甚至还可能"拾人牙慧"，但是对自己的倒逼和对大家的示范引领，从某种角度讲，已经超过书的内容和文字本身了。

再者值得推崇的是张校长所具有的熠熠生辉的人格魅力。

在《我的父亲张北国》一文中，张校长写道："父亲脾气不好是出了名的，特别是怀宁人骂人出口腔很难听，但是和父亲共事过的人都知道，他是光明磊落的正人君子，从来没有害人之心。表里如一可以说是父亲一生的真实写照。"

文章里还写到他的父亲曾经也在祁门一中工作过，他刚到祁门一中不久，一个叫胡元武的老教师知道张北国是他的父亲，便转述了人们对他父亲的评价："你父亲脾气很坏，人很正派。"

有可能，他父亲这些难能可贵的优秀品德遗传并影响了张校长。大凡与祁门的校长和老师接触，一说到张校长，大家都赞不绝口，激动不已。

他们给我说，张校长人品正直，心地善良，为人坦荡，对人真诚，而且从不整人，时时处处都在为他人着想，对同事、对下属，对身边的人，都有着感恩之心，包容之怀，大爱之情。在他们的心目中，张校长就是楷模，就是标杆，就是祁门的一张名片。

我在与张校长相处的时光中，也都强烈地感受到了这一点。和张校长在一起，感觉他身上始终有一种东西在感召着大家，有一种磁场在吸引着大家，有一种力量在鼓舞着大家，有一种光芒在照射着大家，有一种温暖在温馨着大家，我以为，那便是张校长那叫人为之动容和折服的人格魅力。

前不久，从心概念传媒中读到张校长写的《一次不可原谅的教学事故》，文章写的是，在今年的六月一日，张校长给本校高三年级学生做高考考前心理辅导。

由于学校报告厅一次只能容纳300多人，高三年级600名学生只好分两批进行。

下午是高三（1）至（6）班，上课前，他认真准备了PPT课件，感觉内容已经十分完备。在讲到越王勾践时，进入提问环节，他问道："有哪位同学能够说出清朝初期落第秀才、《聊斋志异》的作者蒲松龄曾经写过的一首自勉诗，其中提到越王勾践的故事。"一个学生应声作答："有志者事竟成，破釜沉舟，百二秦关终属楚；苦心人天不负，卧薪尝胆，三千越甲可吞吴。"

而当天晚上进行的高三（7）至（12）班的心理辅导，张校长讲到越王勾践，提了同样的问题，却没有学生能够回答出来。他原以为这个内容大家耳熟能详，估计学生答得上来，因此没有呈现在课件上。这个时候恰恰他又出现了记忆短路，没有能够及时补救，然后只是故作镇定地让同学们回去查阅资料。

下来之后，张校长为此进行了深刻的反思，他在文章中写道："尽管瑕不掩瑜，但我还是不能原谅自己。虽然没有人对我提出批评意见，我依然认为这是一次明显的教学事故，是一次不可原谅的教学事故。"

张校长坦诚的胸怀，善于反省的品质，勇于揭短的美德，敢于自我批评的精神，都由此映衬出了他令人敬仰的人格魅力。

还有值得大家学习的是张校长对教育的深刻理解和深邃的教育理念。

祁门一中，是一所高中，对于过分强调成绩和升学率，过分注重"育分"而忽视"育人"，过分渲染教育的工具性和功利性的当下，高中教育竞争日趋激烈，高中教育的"应试"属性和特征日益明显。

面对应试教育的根深蒂固和人们对分数一如既往的追求，以及社会和家长对教育日益多样化的需求，张校长始终保持冷静，不盲目跟风，也不任性盲从，更不丧失理性，一味为应试教育推波助澜，助纣为虐，而是本着一个教育人的良知、责任和使命，既关注眼前，又注重长远；既革新传统，又面向未来；既立足高考思高考，又跳出高考看高考，跳出高考抓备考。

对待分数，作为校长不重视是假，张校长当然要重视，这毕竟是教育的生命线，也是教育的尊严之所在。但是作为一个智慧而有思想的校长，他不唯分数是从，不以分数论英雄。

他本着"没有分数过不了今天，只有分数过不了明天"，坚持"君子爱分，取之有道"。这"道"，就是尊重教育规律，尊重学生身心发展规律。也就是说，既要科学地去提高分数，但又不能牺牲了学生个性发展与全面发展的空间，更不能以泯灭学生的想象力与创造力，伤害他们的身心健康与快乐幸福作为沉重的代价。

这些年张校长通过积淀生成，梳理并提炼出了"志存高远、身心健康、博览群书、服务社会"16 字育人目标。

围绕"志存高远"，张校长坚持立德树人，面向全体学生，不放弃每一个学生，帮助学生树立理想信念，传递正确的价值观，既让学生成才，又让学生成人，还让每一个学生成为他应该成为的他那样的人。

针对"身心健康"，张校长作为国家级心理咨询师，他更深谙学生身心健康的重要性，除了学校注重身心健康教育外，他还经常与学生开展交心谈心活动，定期与不定期地给学生做心理健康讲座。

教育的改变，从阅读开始。张校长以"阅读"为杠杆，在"博览群书"上，他除了自己喜欢阅读，坚持阅读，除了用自己的阅读引领师生阅读外，还通过书香校园的营建，读书氛围的营造，读书活动的开展，帮助学生养成良好的阅读习惯，用阅读来撬动学生的学科学习，用阅读提升学生的人文素养，用阅读成就学生美丽人生，用阅读为学生未来幸福生活奠基，用阅读让学生在竞争日益激烈的格局中永远立于不败之地。

而且张校长更是穷尽一切办法和措施，用阅读推动教师的专业成长，用阅读让教师成为真正的教师，用阅读来推进教育教学质量的提升，用阅读来创设和构建教育最亮丽的一道风景线。

对于"服务社会"，张校长认为，学校教育的过程，是人的社会化的必然过程，未来社会需要具有合作精神和服务精神的人。张校长特别注重学生综合素质的培养，特别注重学生良好行为习惯的养成，特别注重学生良好人际关系的建立，特别注重对学生生涯规划的教育，特别注重对学生内心生长力的涵养，通过社团活动的开展，校本课程的研发，评价机制的创新，努力使学生成为一个合格公民，成为一个能够服务于他人，服务于社会的有用之人。

如今的安徽省祁门县第一中学，在张校长思想和理念的引领下，不仅办成了人们所认为的传统意义上的名校，而且办成了学生们喜欢的学校，做出了学生们向往的教育。

张校长的《教育，从心出发》，是从他这些年来所撰写的 200 多篇教育随笔中精选而出的几十篇文章结集而成的，共分为五辑。

这五辑，既有对阅读的主张，又有对教育生态重建的呼唤；既有对学生成长的期盼，又有对心灵与灵魂的考问；既有对教育本真的认知和理解，又有对社会现象的关注与抨击。

在我读完整个书稿后，给我的感觉，可以说，每一篇都是他学习的成果，都是他读书的结晶，都是他行动与探索的历程，都是他站在自己肩膀上飞翔的所见所闻、所思所感。

也可以说，每一个字符，都浸润了他的心血，注入了他的情感，都反映了他的教育理念和教育主张，体现了他的教育思想和教育智慧，都蕴含了他对师生、对亲人、对朋友、对教育乃至对社会深沉的爱和挥之不去的眷恋，都折射了他敢于说真话、讲真理、写真文、做真教育和真做教育的胆识和勇气，还有他对教育的那种洞察入微，初心不改，痴迷执着，"咬定青山不放松"，"衣带渐宽终不悔"的担当与情怀。

更可以说，人如其文，文如其人。相信大家在《教育，从心出发》中，能够走进张校长，走进他的内心世界，走进他的思想宝库，走进他的教育天地与视界，走进他的为人处世的心路与境界，从而受到熏陶，受到感染，受到教化，受到启迪……

一本书，更重要的是，在这本书的背后，还有这样的一个人，能够有如此的魅力和光芒，真值得期待和走进。

是为序！

第七章

教育人物

张琴："玩"出来的文化与教育

上个月中旬，在成都市蒲江县参加田园教育论坛，并主持"队伍建设与教师素养"分论坛。张琴校长也参加了会议，并参与了我主持的分论坛。我在主持中所穿插的点评，体现了我对教育特别是乡村教育的一些认知与主张，论坛结束后，张校长对我说，她比较认同我的一些观点。比如做教育就是做文化，教育应该回家，乡村教育要充分挖掘地域文化，乡村教育必须有乡村的气息和味道，等等。由此和张琴校长相识。她介绍她的学校——什邡市湔氏初级中学，是一所乡村学校，规模不大，239 个学生，35 个教师。

随后她的学校加入了四川省陶行知研究会农村教育实验专业委员会，成为会员单位，接着她又带领她的团队去四川合江县参加了我们的年会，在当晚召开的四川省陶行知研究会农村教育实验专业委员会换届大会上，她又当选为理事。

会后她给我说，这次会议收获满满，不管是教师的成长，还是教育的发展，都从大会中受到了很多的启发，也找到了行进的方向和路径。她还说，真没想到一个学术会议会开出如此的氛围和效果。她为我们的教育情怀，为教育的改变所做出的努力而感动。她表示要坚定地走学陶师陶之路，期待能够得到一些引领，并邀请我一定要找时间去她的学校看看。

陆陆续续又从微信中看到了她学校的一些图片，包括校园文化建设、学生参加社团活动、祖国 70 华诞文艺晚会等。凭直觉，我以为这是一所有着独特味道与魅力的乡村学校，为此也向往着能够有机会走进。

副理事长唐磊一直叫我去彭州市的几所会员学校看看，前几天时间还允许，我和副理事长杨元彰便相约去了彭州，先后考察了几所学校。当得知张琴校长的学校离这里很近,我们结束彭州之行后,不到半个小时便来到了什邡市渭氏中学。

车一停下,我们就迫不及待地来到校园,迎候我们的张校长一边陪我们看,一边给我们介绍。尽管时间已是下午四点多,再加上遇到冬天的雾霾天气,到处都是灰蒙蒙的,然而校园里的一切,却让我们感到十分亮堂。

学校从校舍来看,挺普通,或许与一些学校壮观的建筑相比,还显得很逊色。但是在渭氏中学,校园精巧别致的文化环创的布局,独具匠心的文化氛围的营造,韵味十足的文化符号的表达,厚重浓郁的文化底蕴的呈现,却彰显着校园的朴素优雅、温润灵动、诗意精致,也诉说着这里的超凡脱俗和与众不同,更体现了文化之于校园和教育的独特意义与巨大魅力!

更难能可贵的是,这里的文化没有一点高大上,没有一点造作,也没有一点为了文化而文化,更不是那种一味的形式文化、商业文化和匠人文化,这里的文化完全是就地取材,因陋就简,甚至是变废为宝,通过师生用心、用情、用智、用双手的点化,浑然一体,大美无痕,妙趣天成,令人拍手叫绝。

这些年我一直主张,校园文化建设应该朴朴素素,简简单单,而且要具有师生立场,反映师生的意愿,同时靠师生动手营建校园文化。没有想到的是,张校长的这些理念和做法,完全与我对校园文化的理解,对校园文化建设的主张同出一辙,不谋而合。

徜徉于校园文化的世界,我们所看的墙面上的装饰品,是师生在废旧木块上用烙铁烙上字画贴上去的,大厅墙壁上的壁画是孩子们用几张三层板拼好后再绘上富有教育意义的画挂上去的,铺设校园小道的枕木是老师们从拆走的三线工厂报废的铁轨上卸下扛回来的,点缀校园的朽木是老师和家长们从河流涨水在洪水退去之后的河坝里抬回来的,用作环保教育的水池和假山是老师和学生们拣石子一块一块垒出来的,校园里的开心农场是师生们从校园里的一块废地一锄一锄开垦出来的,柱壁上所挂的楹联是团队创作、师生书写、然后一刀一刀雕刻而成的,为了使教学楼破旧的阳台美观整洁,富有乡土味的装饰是师生们用木棍一根一根拼接而成的,就连室内、室外所有的灯罩都是孩子们用树枝、树根通过精心创意而成的……

除了校园中无处不在的文化，还有就是满校园飘逸的书香，也让我们如痴如醉。学校图书室从不上锁，而且置于最显眼的位置，不像有的学校，作为一种摆设和应付，把图书室弄在某个卡卡角角，同时全天候开放，方便师生借阅。

不仅如此，学校还通过建书壁、书橱，在大厅摆放书桌、书柜，让书出现在校园各个地方、各个角落，让书主动撞入师生的视野和生活。一个温馨而浪漫的读书环境与氛围，让校园到处荡漾着一种书香文化。

在一所有文化的学校背后，肯定有一个有文化的校长。张琴校长便是一个充满着文化气息的校长。

对于文化，有过这样的描述，它是随便一个人迎面走来，他的举手投足，他的一颦一笑，他的整体气质。著名文学家梁晓声也曾用四句话对文化做了这样的表达："（文化是）植根于内心的修养，无须提醒的自觉，以约束为前提的自由，为别人着想的善良。这在张琴校长身上得到了完美的演绎、诠释和印证。"

当我们在一起聊到怎么做文化，怎么做教育时，她说，她没有做文化，也没有做教育，她在"玩儿"，在"玩"文化，在"玩"教育。

好一个"玩儿"！于是我想到著名相声表演艺术家于谦，他有一本书，书名就叫《玩儿》。他在社交媒体曾阐释他的"玩"的"哲学"："所谓玩儿，就是不带任何功利的目的去生活，用自己喜欢的方式过一生。"

我以为，张校长所谓的"玩"，不是玩耍，不是放纵，也不是玩物丧志，失去追求，浑浑噩噩过日子，而是遵从自己的内心，遵循教育的规律，淡去功利，褪去浮躁，远离喧嚣，直面教育，优雅生活，过真人生，做真教育。

她没有其他嗜好，除了琢磨教育，就是读读书，或者练练书法。她邀请当地书画家入住校园，在学校给他们建起工作室，驻校书画家自告奋勇担任书画社团指导老师，书画家平时创作，一有时间便去观摩临摹，兴起时她也挥笔泼墨，来个龙飞凤舞。

在周末和节假日，她便带上老师，抑或呼朋引伴，去河坝挑拣石子，去野外采茶赏花，去爬山看树木葱茏，观蝴蝶翩跹，听流水潺潺，享凉风习习，再或者打点行囊，四方览胜，浅走低吟，感山河壮丽，把自己的精神付于一抹绿荫，把自己的心绪寄托于一块花地，把自己的灵魂托付给一片轻羽。

就是在做管理上，她也在"玩"。在楼房单元与单元之间，有一个空间，过去是学生洗拖把的地方，随时水渍遍地，有失雅致，她便用玻璃搭弄成了一个通透敞亮，取名为"明境"的阳光书屋。阳光书屋四壁用书画点缀，几个大书柜里放满了书籍，书屋的正面有一套茶桌、茶凳、茶具，师生们随时可以在这里读书，在这里对话，在这里沙龙，在这里品茗。

张校长的茶艺很好，而且对茶文化颇有研究，平时她会在这里泡上一壶茶，看看书，想想学校发展的事，思考思考教育的未来。而且学校议事决策、与教师交心谈心、与家长沟通，她都是在这里同大家一边品茶，一边交流。她说，奇怪的是，一些纠结与困惑、矛盾和分歧，甚至不少疑难杂症都在氤氲的茶香中，轻轻松松地得到消除和化解。

北京十一学校原校长李希贵用陪学生用餐的方式，了解学生的学习需求和心理状态，包括对优秀学生的褒奖。而在湄氏中学，张校长的办法则是陪学生喝茶，通过喝茶，走进学生内心世界，知道他们所想所需所盼，通过喝茶，及时纾解一些学生的心理问题和学习压力，特别是给留守孩子带去精神上的安慰和爱的抚慰，通过喝茶，对每周、每月评出的星级学生进行奖赏、鼓励。很多学生都向往着同校长喝茶，都想感受与体验校长娴熟而典雅的茶道。

在一个有文化的校长背后，是一方好的教育。张校长给我们讲，作为中学，有中考的压力，社会看重分数，家长也看重分数，一所好的学校也不能没有分数，没有分数的教育，那是没有说服力和影响力的。他们也抓成绩，也抓分数，但是他们不唯分数，也不是靠一味灌输，靠拼时间、拼身体去提高分数。

他们一直坚持立德树人，首先育人，对孩子进行做人的教育，然后才是育分。过去我们到一些学校的书画室，看到的只是一件件成功的作品，然而在湄氏中学师生书画室，首先映入我们眼帘的竟是堆积如山的师生练习书画的废纸，我们问张校长为什么不把这些废纸烧掉，要专门把它保存下来。张校长告诉我们，把这些废纸积淀在那里，成为一道独特的文化风景，那其实也是一种教育，让学生们懂得坚持的重要，明白失败是成功之母，成功的坦途都是用一张张练习书画的废纸铺就而成的。对学生的立德树人教育，由此可见一斑。

与此同时，学校注重特色课程研发和课堂教学改革，充分体现学生学习的主动参与、合作探究、感悟体验、理解迁移，让学生们在放松、愉悦、身心自由的状态下学习。

张校长还给我们介绍，学校开设了学生们喜欢的各种社团，书法社、绘画社、剪纸社、茶艺社、棋艺社、文学社、合唱社、舞蹈社、体育社，凡有则有，应有尽有。学生们在他们喜欢的活动中，都爱上了学校和学习，而且不管成绩好坏，一个个都快乐活泼，阳光自信。她说，我们学校的孩子完全没有逃学的，也没有不想上学的，尤其是他们喜欢参加各种活动，愿意主动与人交往。

中华人民共和国成立七十周年的庆祝活动，学校两百多个孩子人人参与，一台庆祝晚会，孩子们自编自导自演，创意新颖，节目形式多样，而且质量高。当天晚上，当地党委、政府，社会各界，村社干部，学生家长观看了整个演出，都赞不绝口。

在评价上，张校长说，他们不只看分数，而是坚持个性化发展，用多把尺子去评价学生。学校对学生评"星"，擅长学习的，可以获得"学习之星"；喜欢阅读的，就授"阅读之星"；有体育特长的，颁给他"体育之星"；爱劳动的，冠名为"劳动之星"；哪怕他爱整洁，讲究卫生，学校就送他一个"卫生之星"。

对老师也是一样，他们不是单方面以学生的分数来考核教师，老师在哪方面做得好，学校就给予认可和鼓励。这样每一个老师和学生，都有了他们的成就感和归属感。

对于学校的下一步发展，张校长打算在学校建一个农耕文化博物馆，利用教学楼宽敞的楼顶，建两片劳动实践基地，再弄几个实训场所，给学生们实践操作搭建一些平台，而且争取努力，把校园建成一个当地的研学旅基地，让学生们在研中学，学中研。

有这样的一个有文化，当然更有思想、有情怀的校长，真是渝氏中学师生的幸事，一方教育的幸事！

刘先余：让乡村教育朴素而幸福地活着

应该是 2018 年 11 月，四川省乡村教育振兴联盟在广汉市启动，十多所乡村联盟校校长在启动仪式后介绍学校情况。

一个中等个子，留着平头，看起来十分内敛文雅，特别实诚的校长用富有磁性的声音不紧不慢地汇报自己的教育思想以及学校的发展，PPT 所呈现的画面，校园里的青青竹园，绿影婆娑，怪石嶙峋，亭阁掩映，孩子们在课间，或走高跷，甩大绳，跳竹舞，欢声笑语，其乐融融，或随手取书而读，竹林下、池塘边、凉亭里，竹绿水清，书香人美，当时一下就吸引了我。

这所学校就是四川省绵阳市游仙区徐家镇伟清小学，校长名字叫刘先余。

后来我作为特聘专家参加乡村教育振兴联盟活动或会议，同刘先余校长接触交流，更了解和感觉到刘校长是一个很有乡村教育情怀和思想的校长，学校也是一所与众不同，具有鲜明特色的乡村学校。便一直寻找着机会想走进，去领略一下刘校长的魅力和学校的风采。

前不久，乡村教育振兴联盟在都江堰召开专家座谈会，利用经过绵阳去都江堰的机会，我顺道去了游仙区徐家镇伟清小学。

到了学校，绵阳市游仙区教育局党委副书记范刚便早早地等在那里。在范书记的陪同下，我们漫步校园，欣赏竹园，感受校园文化，观赏孩子们的社团活动。

校园里的竹园，青翠碧绿，密密层层，郁郁葱葱，毛竹、斑竹、人面竹、琴丝竹、佛肚竹、黑竹、箭竹、芦竹……简直是一个竹的海洋，竹的世界。

学校以"竹"为主色调，所构建的校园竹文化，以竹雕、竹编、竹艺为题材所组建的社团活动，以栽竹、画竹、写竹、吟竹、唱竹、舞竹为主线所研发的"'竹'渐成长"课程，让校园处处竹之清香沁人心脾，竹之品质催人奋进。

在竹园，除了各种竹子外，还有高大的银杏、香樟等树木，也有矮小花草，以及长长的青藤密布其间，更有假山巍峨，老石突兀，廊桥回转，亭台轩榭，清韵涟漪，锦鲤嬉戏，小路逶迤，曲径通幽。

看完竹园，我们驻足农耕文化博物馆和竹艺博物馆，这里收集的濒临失传的农耕用具、生活用品，珍藏的师生们创作的各种竹艺作品，琳琅满目，让人驻足欣赏，目不暇接。

然后我们再来到教学楼，这里的楼道文化、墙壁文化、走廊文化、教室文化等，完全靠师生动手，鲜活而朴素的文化，给校园平添了灵动和温馨。

徜徉于十多亩的劳动实践基地，这是学校刚从老百姓那里租过来的，租期 20 年，学校统筹规划，分班耕作，这既是学农基地，又是进行劳动教育、生活教育、实践教育的阵地，它不仅让乡村教育有了乡村的味道，乡土的气息，而且让乡村教育有了丰富的载体和应有的美好。虽然劳动实践基地刚刚启动，但是所栽种的萝卜、青菜、大葱、韭菜等农作物，已经显现了它的勃勃生机。

我们又饶有兴致地观赏了部分社团活动，花式跳绳、走高跷、舞狮子、竹竿舞、长竹鼓舞、烙铁画、竹艺编织、吹唢呐等等，每个老师和孩子都参与其中，在个性张扬，"各美其美，美美与共"的氛围中，让幸福的教育生活在这里得以淋漓尽致地诠释和演绎。

我们在这里所感受到的是，这里的校园，不仅是师生们的学园、乐园、家园、花园，还是他们的田园、公园、博物园、艺术园。

绵阳市游仙区徐家镇伟清小学不仅校园文化浓厚，而且书香气息浓郁。"一定要让图书室的书走出来，不能让图书室成为装潢门面的陈列室。"刘先余校长说。

学校在教学楼、综合楼每一层都建有书壁、书橱，在每个教室里都建有图书角。书在伟清小学，全被"请"了出来，或置于开放式书壁、书橱，或放于班级图书柜、图书角，或搁于读书亭、读书长廊，在校园、班级的各个角落，书无处不在。

不管是校园，还是各个班级，各种书籍包括童话故事、国学经典、名人传记、古典名著、自然百科、历史地理等等应有尽有，十分丰富。书的"唤醒"，真正实现了书与师生不期而遇，美丽邂逅。

幽园闻书香，书声绕于耳。漫步校园，随处可见师生们读书的身影，或立或坐，或侧或靠，或独自翻阅，或结伴而读，或消遣休闲，或专注投入，或凝神静思，或切磋讨论，好一幅鲜活、温馨而又美好的读书画卷！

我一直期待和幻想的作为校园应该有，也必须有的场景和氛围，作为师生应该有，也必须有的姿态和样子，在伟清小学终于见到了。

我一直以为，一个校园，有了书籍飘香，书香四溢，这个校园就有了她的精神特征和底色；一所学校，有了随处可见的读书身影，就有了她的生命活力和张力；一个孩子，有了随时拿起书来读的习惯，就有了对书籍的无限眷恋，对学习的孜孜以求，对学校的热爱向往和对人生的把握拿捏；一个老师，有了阅读生活相伴，对教育的理解就绝不会肤浅片面，对职业的态度也绝不是得过且过，应付了事，而且每一段时光对他来说，将不再是单调乏味，每一个教育日子更会变得充实而有意义。

一所好学校的背后，一定有一个用心坚守的校长。学校是 2008 年地震后迁建的，校长刘先余从负责建校到现在，已在这所学校担任校长十年之久了。

十多年时间，伟清小学一路走来，一步一步地发展，一点一滴地实践与创新，无不证明校长的重要，校长思想与情怀的重要，校长用心与坚守的重要，校长良知与智慧的重要。

刘先余校长从二十世纪九十年代便开始担任校长，二十多年的校长生涯，倾情于教育，全身心地投入教育，用整个心在做整个的教育。

在当下一些校长把校长当成官来做的今天，而刘校长却能够静下心来，不盲从，不迎合，不浮躁，思考教育的本原，关注教师的专业发展，关心孩子的幸福成长，以一种价值追求和角色扮演，用自己的思想引领和专业撬动，做真教育，真做教育，把教育做真。

在营建浓郁的校园文化，开展丰富多彩活动的同时，刘校长还特别关注校本课程的研发和课堂的改革。

他组织教师将学校的竹文化和社团活动整理编纂成课程，目前学校已形成了《"竹"渐成长》《艺术三原色》等富有特色的校本课程、地方课程。学校开展高效课堂教学，除了与名校结对、派老师外出学习、请名师到校引领，刘校长还特别关注课堂。

尽管校长事务很多，但是他坚持带头上课、带头上示范课、带头沉入课堂听课，10 多年来，刘校长始终坚持每周听课 3～4 节，然后和老师们一起研课、磨课。

刘校长对教师工作严格要求，但是他深知，离开了教师，校长什么也不是，校长也干不成事。他善待每一位教师，尊重每一位教师，关爱每一位教师，这里的老师不仅不愿意离开伟清小学，而且都全身心地投入到工作上。

按照当地规定，在一所学校任校长时间不超过 9 年，但是刘先余已经在伟清小学做校长 13 个年头了，游仙区教育局几次想把他调到城区的学校，他都拒绝和放弃了，他坚持留在乡村，留在伟清小学。

他说，他的根在乡村，他对乡村，对乡村学校，对处在乡村的伟清小学，对处在乡村的伟清小学的师生有感情，他放不下，也舍不得。更重要的是，他还有很多想法，还有很多事需要做，还有很多对乡村教育的构架与理解还要在这里落地。

我在想，教育需要淡定，需要坚守，一方教育的改变，一所学校的发展，没有十年之功，那是很难的。在当下，又有多少校长能够做到像刘校长那样对乡村教育如此地执着而虔诚呢？

在伟清小学的一天多时间里，校园的一切都让我眼睛一敞亮，内心一震撼，灵魂一升腾，让我感受到了这里校园的美好，教育的美好，师生生命状态的美好。当然，更看到了乡村教育的美好范式和美好希望！

相信，在刘校长的引领下，伟清小学的明天会更加美好！

袁方正：让自己的身体和灵魂都在路上

两年前，也就是 2015 年，应邀给老师们做讲座曾来到合肥行知学校，那次是在暑假中，尽管天气炎热，但是老师们不顾大热天参加学习，边听讲，边做笔记，而且全神贯注，一丝不苟，当时给我留下了深刻的印象。

这一方面体现了学校对教师专业发展的重视，另一方面也反映了合肥行知学校老师们对自身专业成长的渴盼与自觉。我当时想，同样作为假期，很多老师有可能正在休闲度假，有的还可能正在喝茶打麻将，合肥行知学校的老师们却忙于"充电"了，学校办学水平和效果的差异完全有可能从这里就产生了！

时间过得真快！两年以后，为筹备全国"课堂革命"高峰论坛暨中国陶行知研究会农村教育实验专业委员会年会，再次来到合肥行知学校，一天多的时间，看行知剧院，感受学校扑鼻的现代化气息，漫步校园，徜徉楼道，感受学校浓郁的行知文化和学陶师陶践陶的步履轻盈，与老师们聊教育、交流学校发展，强烈地感受到了合肥行知学校从校长到老师，从主任到职员，每一个教育人那种对教育宗教般的虔诚情怀，还有每一个教育人那种通过对教育的忠诚与奉献，责任与担当，良知与使命，把教育这一普通职业演绎成了生命中的事业、志业后所收获的职业尊严与幸福，所找到的生命的港湾与归宿！

更令人心生感动和敬仰的是合肥行知学校的领头羊——袁方正校长！

袁校长个儿不高，中等身材，带给人们的却是一种稳健、坚挺和厚重，短短的头发，浓黑的眉毛，慈祥的笑脸，眼镜后面的小眼睛随时都闪闪发光，让人们倍觉诚朴温暖，和蔼亲切，而又特别有精神，有情趣。

就是这样一位校长，管理着合肥行知学校一校四区，统领着 300 多位教师、5000 多个孩子，自己经常参加学术论坛与交流，学校又组织和承担了安徽省、全国的一系列大型教育教研活动。据办公室汪主任讲，学校从今年 9 月份至现在，已经承担了十多起大型活动，在上周，一千多人参加的安徽省小学英语优质课评选刚刚在学校行知影剧院落幕，今天又迎来了"心阅四方读书联盟 2017 年会"在学校的召开，来自全国各地的阅读专家和大咖，还有几百名与会代表云集学校，交流阅读的话题，给学校带来了不尽的人气、生机和活力。

不管学校管理事务多忙，袁校长还始终坚持站在初三教学一线，自己担任着初三政治教学。校长，其实只是一个临时工，校长第一身份是教师，永远的身份是教师，校长们千万不要因为当了校长而疏远了课堂，荒芜了教学，这是我的一贯主张，袁校长在这方面可谓给我们树立了榜样与典范！

不管天晴下雨，不管严寒酷暑，袁校长每天都要坚持在一校四区巡走一遍，在校园各楼层巡视两遍以上，步行器上每天显示的 26000 步，便记录着他的一腔教育情怀和不悔教育人生，这 26000 步，也犹如一个个跳动的音符，在一步步击打中，奏出了他对学校、对孩子爱的音符和旋律！

更难能可贵的是，袁校长每天都要坚持读书，晚上一般都会坚持到 12 点以后，早晨 5 点多他又会拿起书继续读。他平均每天读书不会少于五六个小时，而且已经坚持多年。每年仅暑假，他都要读三四十本书。他对读书的认知，有一句很通俗的表达："一日不读书，活得不如猪。"我也喜欢读书，但是与袁校长相比，还真有点汗颜。

袁校长读书应该是博览群书，广泛涉猎，除了读学校管理、读教育理论读物、读人文经典，他还坚持不断地啃《左传》《史记》《资治通鉴》等古典书籍，学校一至九年级《经典诵读》读本中所有的古文，都是袁校长在阅读不同版本的古典书籍后编校而成的。

除了热爱读书，袁校长还特别喜欢写作。一边读书，一边思考，一边写作，已经成了他的生活方式，他的生命状态。在他的朋友圈里，除了随时能看到他的读书笔记，还能够从不断更新的"方正论教""方正工作室"微信公众号读到他很多新的文章，收获很多新的观点和启发。他的个人教育博客

"学思不致"已发博文两千多篇，访问量已达到三百多万。

身体和灵魂必须有一个在路上。身体在路上靠上下班步行和几个校区间的所谓行动管理；灵魂在路上靠读书。傅斯年说："一天只有 21 小时，剩下 3 小时是用来沉思的。"时间哪里来，哈哈，身体在路上时一半时间可以来沉思。这是袁校长对读书、行走、沉思的认识。

零零星星写下这些后，快到凌晨了，正要把今天我们所见证的袁校长马不停蹄般的忙碌呈现出来，打开他的微信，他已经发了这样一段文字："人会不会忙到很失礼的程度呢？忙到什么情况呢？居然从早上到现在一个字都没看，而且微信都没看。觉得自己今天特别不好意思，太对不起大家了！早上到校看了下初二考场和初三上课，接待几个人，之后现场交流学苑校区二期建设项目，回到漕冲接待阆中汤局张局罗主任。有两天没去恒通校区，下午去了恒通校区，然后又到学苑校区看看初一考试，回来继续和汤局他们交流，长见识，之间两次去看了看来参加读书联盟的朋友，还开了初三教师会。的确对不住大家，觉得几个方面都失礼，请见谅！"

这就是袁校长平凡而普通的一天，学校王书记给我讲，袁校长哪一天不是在这样的忙碌而有序、紧张而有效的状态下度过的呢？

有一个好校长就有一所好学校，这应该是颠扑不破的真理。正是袁校长对教育的情怀，对老师的情感，对读书的坚持，对写作的痴迷，对陶行知知行合一精神的践行，还有对工作的脚踏实地、兢兢业业、一丝不苟，才有了合肥行知学校这些年的一路凯歌，突飞猛进！

袁方正校长，其实本身就是一部厚重的大书，值得我们用心去崇敬、去品读！

蒋鸿荣：一个好老师、好校长造就一所好学校

去年 11 月，中国陶行知研究会农村教育实验专业委员会在四川合江召开年会，同时举办了教师发展高峰论坛。高峰论坛开辟了五个平行分论坛。四川南充五星教育集团校长蒋鸿荣应邀在"学校管理与教师发展"分论坛做交流。

由于前面几位校长时间没大控制好，轮到蒋校长做报告时已快晚上六点了。蒋校长怕耽搁大家的用餐时间，便提出不做分享。我对蒋校长很熟悉，也深知他的办学思想以及管理经验与智慧一定会给大家带来很多启发。我跟蒋校长说，他一定要给大家分享分享。

蒋校长便从自己的成长说起，谈教师的发展、学校的管理、自己对教育的理解，口若悬河，滔滔不绝。到六点半，蒋校长说，就此打住，大家去用餐了。台下三百多听众异口同声："蒋校长，继续讲。"

快到晚上七点了。蒋校长不忍心再占用大家时间，可大家却仍然坚持，哪怕不吃饭，都还要听蒋校长的报告。

当时我为校长和老师们高昂的学习热情所感动，也为蒋校长的精彩报告而喝彩。

其实，蒋校长的报告，不仅仅在于他讲得好，而在于他做得更好。

一个好校长，首先应该是一个好老师。蒋校长认为，校长是暂时的，老师的称谓是永远的。只有成为一个好老师，才能做一个值得人们信任、尊敬与追随的好校长。

这些年，蒋校长一直按照"四有"的标准和要求，立志于做一个有理想信念、有道德情操、有扎实学识、有仁爱之心的好老师。

成为一个好老师，不一定是一个好校长。只有具备领导力的好教师，才是一个真正的好校长。

著名教育家苏霍姆林斯基曾对校长有一段非常精辟的论述："你作为校长，不仅是教师的教师，不仅是学校的主要教育者，而且形象地说，也是一个特殊乐队的指挥。这个乐队是用一些极精细的'乐器'——人的心灵来演奏的。你的任务就是要听到每个演奏者（教师、教导员、班主任）发出的音响。"

蒋校长作为特殊乐队的指挥者，为了走进每个"演奏者"的内心，听到他们从内心深处发出的声音，这些年来，他坚持三个原则。

不断"历练"，让自己有一个大格局。能够登高望远，胸怀大局，把握全局，具有前瞻性和"不畏浮云遮望眼"的长远目光。

努力"修炼"，让自己有一个熠熠生辉的人格魅力。这种人格魅力，是一种无形的力量，莫大的鞭策，巨大的鼓舞，强大的牵引，它犹如磁石一样捕获着教职工的心，让自己不语自威，让教职工不令而行，死心塌地地追随，心甘情愿地做事，心悦诚服地工作。

反复"锤炼"，让自己有一个深厚的专业功底。关公才可以耍大刀。自己具有了渊博的学识，扎实的专业知识，精良的业务本领，就不仅有了思想引领和专业引领的能力，而且还会使自己具有"草摇叶响知鹿过、松风一起知虎来、一叶易色而知天下秋"的见微知著功夫，不至于出现"盲人瞎马，夜半临深池""瞎子领着瞎子，一同掉进沟里"的境况。

有一个什么样的校长，就有什么样的学校。有一个好校长，就一定有一个好学校。

作为五星教育集团的校长，蒋校长坚持"三维领导"。

一方面坚持自主领导。对于他来说，不是事无巨细，包揽一切，而是坚持统一管理下的校区校长负责制，充分放权，大胆授权，责权统一，并且坚持只做自己该做的事，只做那些关键的事，只关注那些异常，而不关注那些正常的事，充分调动团队每一个人的积极性。

针对当前大多学校存在管理过度而领导不足的情况，蒋校长坚持学校管理向现代学校治理迈进。本着校区自治、学科自主、年级自理的原则，实行团队自主设计、自主管理、自主发展。

改革行政管理机制，成立三会五中心，变管理为服务，去行政化，显专业化。让五星教育集团这辆动车，不仅车头有动力，而且给每一节车厢都装上了动力强劲的"发动机"。

另一方面坚持价值领导。价值观就是方向，就是效能，就是行动的路径，就是远行的航标。让价值观成为大家的信仰，凝聚成办学的目标，蒋校长一直孜孜追求。

围绕教师价值观的塑造，五星教育集团确立了"人在中央"的办学理念，树立起了培养"中国灵魂、世界眼光、现代公民"的培养目标，汇聚成"探索本原、敢为人先、追求卓越"的"五星精神"，办一所受人尊敬的伟大学校成为五星人的时代梦想。

同时还坚持创新领导。创新就是发展，创新关乎成败。时代呼唤创新型校长，蒋校长便是这样的校长。

五星教育集团为了办适合每一名学生的教育，也为了让每一名学生想得起童年、忆得起母校、记得住师恩，他们坚持"德育为先、五育并举"，而且大力推进选课走班、分层分类、成长导师等创新举措。

课程是教育的重要载体。课堂改革的核心不仅仅是学生座位的变化，也不仅仅是教师讲多讲少的变化，而是课程。

蒋校长牢牢抓住课程这个牛鼻子，大胆创新，实现了国家课程校本化，校本课程学本化，学本课程特色化，特色课程多元化，多元课程微型化，构建了以"学习有品质，生活有品位，生命有品格"为课程目标，"基础精修课程群""学科拓展课程群""综合实践课程群""多元艺体课程群""自主发展课程群"为体系的五彩课程群，从而让学生有了五彩斑斓的学习生活，这为他们拥有丰富多彩的人生，奠定了坚实的基础。

我是南充人，我为南充有蒋校长这样的好老师、好校长，有五星教育集团这样的好学校，而倍感骄傲和自豪！

文东茅：幸福教育的探索者

　　这些年我一直主张并践行幸福教育，因为幸福是人类社会的终极目标，教育是幸福的事业，教育更需要幸福。在不断地尝试与探寻中，从实践到理论层面，都应该有了一些成果。

　　北京大学教育学院院长、教授，博士生导师文东茅先生致力于幸福教育的研究，大力倡导幸福教育，我一直在关注着文东茅先生和他的幸福教育。

　　有幸参加中国教育三十人论坛，终于得以有机会和文东茅先生相遇相识。

　　前天下午，先是由全国人大常委、中国陶行知研究会常务副会长、湖北省人大常委副主任周洪宇主持的"改善教育生态"论坛，我做了"绿色评价建构教育的绿色生态"的演讲。

　　之后，是由全国政协副秘书长、民进中央副主席朱永新先生主持的"引导学生健康向上"论坛，文东茅先生在论坛上围绕"幸福"主题，引经据典，开合自如，做了十分精彩的演讲。

　　他说，中国已经进入全民焦虑时代，从东部都市到西部农村，从达官巨富到普通民众，焦虑如同挥之不去的空气，蔓延至各个阶层。

　　对于当下的教育，文东茅先生从"教育的黄庄"，不能让孩子输在起跑线，讲到"不满的南京"，本科上线率尽管达到95%以上，家长仍然不满意。他于是说，我们的教育令人失望，不但没有让人感受到幸福，而且让人焦虑、烦躁、恐惧。

　　他风趣地说，幸福不是快乐，快乐来得快，去得快，幸福需要持续。你不要以为孩子考上清华、北大就幸福，这些孩子拿到录取通知书到入学，他的幸福感最多只有一个月，然后就感到不幸福了。

文东茅先生接着透过现象，从理论上提出一些问题让人对教育进行反思，教育是人力资本投资？是不是投资越多就越幸福？教育是社会分层的战场？是不是在财富、权力、名声、地位处于最高层就幸福？我们的教育这么"拼"，为什么没有带去幸福？

对于教育怎样让每个人收获长久的幸福，他说他通过读书、思考与研究，他以为，心安即福，幸福是不断向上向善的心安。很多人之所以感受不到幸福，主要是"我心不安"。

我随之想到一个成语叫"心安理得"，心安能心定，心定而后能心静，心静便能致远，所谓宁静而致远。

文东茅先生接着用孔子、孟子以及古今中外名人大家的论述佐证。

孔子："修己以安人。"孟子："仰不愧于天，俯不怍于人。"王阳明："此心安处，即是乐也。"星云："人生在于心安。"余光中："此心安处，便是吾乡。"季羡林："心安即是归处。"吕克·费希："人生难得是心安。"

何以心安？他讲，首先要找到"家"的感觉。在"家"最心安，"家"，能够体悟到亲情、安全、自在、和谐、友善、真诚、容错。"安"字，就是家里有一个人，而且是女性，是妈妈或奶奶，有妈妈或奶奶，会让人感到备受关爱，特别踏实。

文东茅先生指出，既然是"家"，就应该有"家"的文化，"家"的氛围，"家"的温暖。

当时我想到，我经常所说的，我们的校园不仅仅是孩子们的学园，还要成为孩子们的家园。既然是家园，就应该有"家"的感觉，在家园，流动的不能仅是冰冷的分数，生硬的制度，而应该是爱，是信任，是温馨。

同时对于迷失在功利与喧嚣丛林中的教育，我主张"让教育回家"，我的拙著《致教育》，副书名是"不忘初心，让教育回家"，也就是让教育回归本质。这是不是有异曲同工之妙。

在讲到怎样让孩子们在这个"家"里因心安而幸福，文东茅先生列举了"幸福小班会""幸福小天使"两个简单而有意义的做法。

他说，"幸福小班会"，每天放学前 10 分钟，让孩子讲出"好""幸福""谢谢"。"好"是当天的好人好事，"幸福"是分享幸福的时刻，"谢谢"是让孩子们善于发现身边的感动点，学会感恩。不断坚持，孩子们便会有了归属感、价值感和成就感。

对于"幸福小天使"，每个孩子都是"天使"，每天随机抽取一位同学为"国王"，"天使"要默默关爱"国王"，不能暴露身份，让孩子们懂得相互了解，无私关爱。

文东茅讲到心安的第二点，那就是修己以心安。通过修己，从功利境界走向道德境界。他告诉我们，境界提升，不是靠外部环境和外在力量，而是靠内在的修为、修炼。

怎样修己？他明晰路径：读书明理，得以心安；真诚慎独，无愧心安；为善去恶，尽责心安；宠辱不惊，随遇而安；志存高远，知止而安。

文东茅先生特别强调让孩子每天写"幸福日志"，通过三省吾身，善于觉察幸福、感知幸福、记录幸福。

我以为，作为一个教育人，必须依循内在良知，恪尽育人本责，守护宁静之心，追求向上向善，构建大爱家园，让孩子因心安而幸福，让教育因心安而幸福。

下午论坛结束后，我与文东茅先生又就幸福的话题，做了探讨交流。

我向他讲了我对幸福教育的理解，也介绍了我过去在阆中从事区域教育管理，把"朴素"作为一种践行理念，把"幸福"作为一种追逐目标，把"内涵"作为一种发展路径，最终的价值取向是让师生过一种幸福的教育生活。他对"朴素而幸福的教育"很感兴趣。

他说他这些年和他的团队主要着眼于孩子幸福的研究，我向他建议，着眼于孩子的幸福，更要关注教师的幸福。

我说，教师是人，不是神，教师要生活，要生存，要养家糊口，教师需要幸福；教师传道、授业、解惑，责任重大，职业神圣，使命崇高，教师应该幸福；没有教师的幸福，就没有孩子的幸福，就没有教育人的幸福，就没有教育生活的幸福，教师必须幸福。

文东茅先生十分认同，并表示今后将关注教师幸福，加强对教师职业幸福的研究与思考。

与会的专家、学者以及参会代表都离场很久了，我们的交谈似乎还意犹未尽。

我经常说，这个世界上的一切都是一种相遇。这次能够与文东茅先生相遇，我以为，这既是一种缘分，也是一种福分。

对于幸福教育，有文东茅先生等的纵深研究和高屋建瓴的引领，有我们这些基层教育工作者的一线实践和思考，一定会给幸福教育注入新的元素与基因，一定会让幸福教育在广袤的教育大地上落地生根！

唐孝任：把生命的意义传递给更多的生命

　　慕名并有幸走进湖南江华。湖南江华瑶族自治县地处潇湘源头，位于湖南、广东、广西三省（区）结合部，被称为中国瑶都。

　　这个集"老、少、山、边、穷、移"于一体的县，年财政收入不到 10 个亿，却创造出了惊人的教育奇迹。实现了最好的房舍和建筑是学校，待遇落实最好的是教师，教育最美的条件和环境是乡村，工作劲头最足、幸福指数最高的是乡村教师。而且学校越边远的教师，精神面貌越好，幸福感与职业的尊严感越强，扎根乡村教育的愿望越强烈。

　　我们在采访中了解到，江华不少大瑶山里的教师和校长都不愿进城，不愿进机关。

　　在不少地方乡村教育日益凋敝的当下，江华的乡村教育为什么有这么大的吸引力，为什么令人如此神驰与向往？在不少教师想着法子纷纷逃离的今天，江华的教师特别是乡村教师为什么能够心甘情愿地扎根，为什么能倾情地诠释着教师的神圣使命与天职？

　　在江华教育奇迹的背后，不能不提到一个人，那就是江华教育局局长——唐孝任。

　　是他对教育无怨无悔的坚守、用心与付出，是他对人生价值的不断叩问与追寻，是他用信仰与行动，把生命的意义传递给了更多的生命，才有了今天江华教育的可圈可点，辉煌与灿烂，也才有了江华教育人现在的扬眉吐气，有尊严而又感到荣耀！

担当：临危受命挑重任

从 21 世纪以来，直到 2012 年初，江华教育一直没有跟上经济社会发展的脚步，教师队伍外部保障不力，内生动力欠缺，学校办学条件落后，教育教学质量低下，系统上下作风涣散，不思进取。

2012 年 12 月，在江华教育危难之际，唐孝任被组织任命为江华瑶族自治县教育局局长。

这个曾经做过教师、中学副校长，当过县委宣传部副部长，干过 6 年乡镇党委书记，看起来皮肤黝黑、身材魁梧、爽朗耿直、朴实率真、刚强自信，充满激情的瑶族汉子，硬是以一腔热血，毅然决然地挑起了这副沉甸甸的重担。

能否在人们的冷眼中尽快走出江华教育发展的低谷和困局，以一个新的工作状态和新的教育形象面对江华父老乡亲？

能否在植根江华这样的一个民族自治县，摆脱应试教育的羁绊和束缚，蹚出一条区域素质教育推进的路子？

能否在当下社会浮躁、教育功利、家长焦虑这样的环境与氛围中，构建出一方教育的良好生态？

能否在留住青山绿水的同时，留下乡音，记住乡愁，传承好乡风文明，探寻到一条既符合教育规律又具有农村特色的乡村教育出路？

能否在改善办学条件的同时，通过思想引领，理念革新，提升学校的内涵品质，办出师生向往的理想教育？

唐孝任带着这些问题走马上任，并开启了对这些问题的深度思考与奋力破局模式。

之后，江华教育在他的带领下，在困境中求变，在发展中突围，通过对"美丽校园、幸福师生、理想教育"的架构与生动实践，坚持让每一个孩子都不被落下，让每一所学校都不薄弱，让一方教育美好而有温度，实现了江华教育的脱胎换骨、华丽转身和化蝶蜕变，走出了一条凸显乡村县域教育特色的道路，打造了一种具有浓厚的中国乡村县域教育特征与特色的"江华模式"。

角色：从不把局长当官来做

教育局长不同于其他官员，这应该是一个高度专业化的职业。但是在很多地方，教育局长却在官本位的影响与侵蚀下，"官"气浓厚，"官"味十足。

而唐孝任局长却从不把自己当成行政官员，他把"教育家"作为一种价值追求和角色扮演，他用自己的专业引领来推动江华教育走上专业化发展之路。

今年七一前，我们去江华采访唐孝任局长，恰逢江华教育局在江华第二小学召开建党99周年庆祝大会。我们卧底会场，真切地见证并感受到了他的功大和风采。

在大会上，唐局长以《路》为题，脱稿为大会做了一个生动的报告。其报告，深入浅出，娓娓道来，鞭辟入里。

在报告中，唐局长从中国共产党的救国、建国之路，领导中国人民走上中国特色的社会主义之路谈起，讲到了江华美丽校园的构建之路，江华幸福师生的探寻之路，江华理想教育的追逐之路。

他描述他心目中的江华理想教育，是学生向往并适合他们的教育，是因材施教，因人而异，让每一个生命都有枝可依的教育，是能够体现一校一特色、一师一风格、一生一特长的教育，是学生们能够快乐学习，教师们能够体体面面地享受职业尊严和幸福的教育。

唐局长讲到，要把教育理想变成理想教育，江华的校长，包括江华所有的教育人，这当然也包括他自己，要对教育有情感，对学生有爱、有情谊，对养育我们的这方水土和家乡父老有情义，不能把承载使命的职位当官来做。

他深情地说，教育是神圣的事业，学生的成长与未来都在我们身上，一方教育的发展重任都在我们肩上，如果我们用"官"来定位自己，打官腔，摆官架子，那是对孩子的不负责，也是对自己人生的亵渎，更是一所学校、一方教育的悲哀。

由一场会和一个报告，让我们领略到了教育家办教育的独特魅力，也让我们明白了这样的一个道理，当教育局长和校长越来越不像行政长官的时候，我们的教育就越来越像教育了，我们的学校就越来越像学校了。

执着：挥之不去的教育情怀

教育人什么都可以没有，唯一不能没有的是情怀。有了情怀，就有了一种对教育近乎天然的痴迷。江华教育人都知道唐孝任对教育的那种"痴"。

在教育局长任上，唐孝任一干便是八年了。在这近三千个日日夜夜里，他把心紧紧地贴着教育，他把全身心都融进了教育。这期间，他本来有很多提拔的机会，但他想到大山里的孩子，想到自己还没有实现的教育理想，他都毫不犹豫地放弃了。

"我感觉到，我好像是为教育而生的。只有教育才对我的口味，也只有教育，才能让我充满热情，点燃我生命的激情。"唐孝任局长笑着对我们说。

在和唐孝任局长的接触中，如果闲聊其他话题，他保持沉默，但只要谈到教育，只要谈到江华教育的发展，只要谈到与学校、教师和学生相关的东西，他便眼睛为之一亮，精神抖擞，口若悬河，滔滔不绝。

大家都对我们说，唐局长喜欢校园，喜欢校园里的味道，喜欢校园里的一草一木，喜欢孩子们在校园里打闹嬉戏，奔跑狂欢，喜欢看老师们在课堂上神采飞扬，手舞足蹈，也喜欢走进教室坐在那里听课的感觉，还喜欢和校长、老师们在一起探讨交流学校发展以及孩子成长等问题。

当然，他更喜欢看这些年在他亲自规划和指挥下，在他付出心血和努力之后，一栋栋教学楼拔地而起，一所所新学校傲然屹立于江华大地，一个个美丽校园的灿烂绽放。

唐局长夫人潘海珍是江华教师进修学校教师，她说："节假日或傍晚时分，他叫我陪他散步，但差不多都是围绕学校周边转转，很多时候走着走着，人就不见了，他就跑到学校里去看校园，去与老师和孩子们交谈了。"

魄力：锲而不舍也要坚持到底

唐孝任局长凡是认准的道儿，无论面对什么样的阻力，他绝不会后退半步，哪怕是披荆斩棘，冲破重重难关。他的这种工作魄力，在江华是出了名的。

这种魄力源于他的高瞻远瞩。2013 年，按照移民人口数量，水口中心小学按占地 41 亩规划，唐局长两次实地考察，认为原规划缺乏长远考虑，便力排众议，最终实现新建学校规划用地 62.5 亩。

江华思源学校建设在县城的一块黄金宝地，最初设计规划为 24 个教学班，建设用地 60 亩，唐孝任局长顶着指责，通过两次规划调整，最后建成了一所占地 124 亩，有 60 个教学班规模的学校。

唐局长有如此大的勇气和底气，离不开他自身的魅力和影响，离不开江华教育人的有为才有位，离不开江华教育人对全县社会经济发展以及对江华县委、县政府各项工作部署的全力尽责和担当。

这些年来，江华县委、县政府始终坚持对教育高看一眼，厚爱三分。2013 年以来，全面实施合格校园、县城学校提质扩容、教师安居、移民学校复建、村小改建等教育"七大"工程，新建成 18 所幼儿园、9 所中小学校，新增学位 39150 个，2019 年全县义务教育大班额问题全面化解。

在江华财力吃紧的情况下，建成教师公租房、周转房 2800 套，3200 名教师搬进新房，基本上满足了乡村教师一人一套房的需求。

而且教师的"五险一金"、体检费用纳入财政预算，教师年终绩效评估奖、文明县城奖、综治维稳奖与公务员一个标准发放。全县教师的年平均收入，高于县内公务员平均收入 6000 多元，偏远的乡村教师每年享受的津贴比县城教师多 2 万元。

这种魄力源于他的倔强不服输。唐孝任局长把"校长回归课堂"作为狠抓校长队伍建设的一个着力点和突破口。每年都要举办校长上课、听课、评课比赛。

开始的时候，校长们觉得不洒脱，不自在，也很不适应，于是闲言碎语、告状信满天飞。唐局长不妥协，不让步，相反以更大的决心，更强硬的举措倒逼校长拿起书本，走进课堂，搞起教研。

比如坚持"不换思想，就换校长。不上台阶，就下台阶"；同校长们共读一本书，脱稿交流读书心得；亲自上课，亲自评课，亲自听校长的课，亲自批阅校长工作日志；对校长好的做法和工作成效在江华教育微信公众号推送，让所有校长学习借鉴，对差的进行通报，及时约谈，以儆效尤。

唐局长凭着一种倔劲，硬是让校长回归了书本，回归了课堂，极大地提升了校长教育教学能力和对教育教学的管理水平。

引领：修复一方教育生态的重要力量

教育局长同校长一样，对教育的引领不仅仅是行政上的引领、专业上的引领，更是思想上的引领。江华教育的发展，离不开唐局长的思想引领。

唐孝任局长提出的"美丽校园、幸福师生、理想教育"的民族教育发展总体架构，其中"美丽校园"是基础，"幸福师生"是深化，"理想教育"是升华，是江华教育追求的理想目标。这为江华教育理清了发展思路，勾画了宏伟蓝图，展望了美好明天。

"一校一品牌、一班一特色、一师一专长、一生一特长"，唐局长的"四个一"为江华学校的发展和学生的个性化成长找到了行动路径和切入点。

走进江华的各所学校，一校一看点，一校一亮点，校校有特点，让我们眼界大开。大石桥中心小学的红色品牌，县职教中专的"爱心、孝心、感恩心、自信心和责任心"的"五心"德育品牌，涛圩镇上游完全小学的民族文化品牌等等，让人目不暇接，流连忘返。

在品牌立校的同时，江华各个班级更是注重班级特色建设。我们在码市中学看到九年级210班的"蓝晒印相"、七年级220班的"京彩国风"、七年级224班的"妙泥生花"等等，让班班特色迥异，"特"而不同，"特特"与共。

在"一班一特色"的基础上，江华还通过开设丰富多彩的社团活动，体现"一师一专长""一生一特长"。

白芒营小学所开设的书法、棋类、摄影、合唱、瑶舞、瑶之研等特色社团活动，让学生们根据自己的兴趣，选择自己喜欢的社团参加，在参加中掌握一种技能，发展一项特长。

社团活动不仅让学生爱上了学校，爱上了班级，爱上了学习，而且老师与学生一起参与，其乐融融，一道学习，共同成长。

唐孝任局长所主张的"五型六化"，即园林型、书香型、创新型、特色型、学术型和净化、绿化、靓（亮）化、序化、数字化、文化，这为江华教育品质与品牌的塑造注入了鲜活的元素和色彩。

决定学校品质和影响力的，绝对不是校园里高大的建筑、冰冷的制度，对学生影响最久远、最深刻的也不是知识和考试分数，而是文化。

在江华，校园里的一墙一壁、一砖一瓦、一廊一道，都弥漫着文化的芬芳，都成为表达文化的载体。当然，也成为一种好的教育。

"最是书香能致远"。唐孝任局长不仅自己带头读书，这些年还一直着力于推进书香校园建设。在江华教育局成立了阅读办公室，负责书香校园建设和对教育系统阅读推进工作的实施与指导。

在建立阅读种子教师团队的基础上，唐局长在全县开展了大阅读，从局长到局班子成员，到局机关干部职工，到学校校长和教师，再到每位学生和家长，都参加了"阅读·梦飞翔"活动。

与此同时，唐孝任局长还用最大的推力变革评价机制，推进大质量观在江华的入脑入心。这些年，在唐局长的主导下，江华教育一方面出台了《关于全面深化大质量观下的中小学教育教学质量综合评估改革的实施意见（修订）》，通过对中小学教育教学质量的综合评估，建立了规范、科学、高效的中小学教育教学综合评估体系。

另一方面，唐局长还倡导绿色质量，通过重视和加强艺术教育，通过强化和突出心理健康教育，通过全面启动和实施"微团队建设"，达成了立德树人目标，实现了从"育分"到"育人"的转变。

唐局长除了思想上的引领外，还有一个最大的引领，就是人文和人格上的引领。人文的引领，体现在他对校长的充分尊重，对教师的无微不至的关爱上。对于学校的经费、用人、项目实施，唐局长对校长很放手，很信任，从不干涉。对于教师，则尽量给他们搭建平台，尽量改善他们的工作生活条件，尽量帮他们解决一些实际困难，尽量让他们多一些获得感。

唐局长说："校长和老师们一旦受到重视和尊重，他们就会选择用心做好本职工作来回报，哪怕自己吃点苦，受点委屈也要把工作干好。"

在人格的引领上，唐局长带头苦干，实干，拼命干，带头严于律己，率先垂范，凡是要求大家做到的，自己带头做到，凡是要求大家不做的，自己坚决不做。

教育局人事股副股长游江文说："唐局长对大家要求很严，有时为了推进工作，训人、吼人很凶，但他心地善良，从不整人，而且为人坦荡，处事公正，在系统上下，行业内外享有很高的威望。"

改变：成就了中国乡村教育的江华模式

教育的评价单一，唯分数至上，所带来的一些地方的区域教育生态恶化，已是不争的事实。在江华，却通过唐孝任局长与一班人的不懈努力，综合给力，多方发力，为区域教育开辟了一条新路。

在这里，每一个校园都环境优美，雅致清新，都有了浓厚的文化氛围、浓郁的书香气息、和谐的人际关系，都成了孩子们美丽的花园、魅力的学园、成长的乐园、温馨的家园和幸福的田园。

在这里，每一位教育人都充满活力，富有朝气，都视职业为事业，都有了专业成长的自觉，都把教育生活过得有滋有味，都感受到了职业的尊严与幸福。

在这里，每一位孩子都有一张张天真烂漫的笑脸，都有了一双双灵动而有光泽的眼睛，都感受到了成长的快乐与愉悦。乡村孩子在骨子里还烙下了对养育自己的家乡那种血浓于水的朴素情感。

在这里，乡村教育充分挖掘乡土元素和资源，充分彰显乡村特有的条件和风格，让乡村教育充满着乡村味道，弥漫着乡土气息，让乡村因乡村教育而变得有生机、有活力、有希望。

在这里，教育有分数而不唯分数，教育有质量而不追求片面质量，教育有人性而不一味死整蛮干，教育有情趣而不再是单调枯燥，一种快乐而幸福的教育生活，被江华教育人演绎得淋漓尽致，生动精彩。

在这里，我们所体验到的"江华模式"，是中国乡村县域教育"优质"和"均衡"的典范，是民族文化传承和创新的样本，是振兴县域经济和促进城乡一体化发展的榜样，是有顶层设计、系统行动和系列发展成果的完整体系，是具有广泛示范性、辐射性、影响性和借鉴性的成功经验。

唐孝任局长是江华教育的设计者、实践者，是江华教育良好生态的建构者、捍卫者，是"江华模式"的创立者、操盘者，可以说是他让江华教育环环相扣、招招到位，是他构建起了神州瑶都的教育理想国，是他成就了中国乡村教育的江华模式。

在结束采访时，唐孝任局长对我们说，过去，他只是做了一个教育人应该做的，也只是尽了一个教育人应有的责任。未来的路还很长，在这条路上，他会一如既往地走下去，迈着轻盈的脚步，从容前行，让江华的教育在美好的教育路上，行走得更好更远……

侯德富：中国民办教育的拓荒牛

走进私立华联学院，校门口由全国人大原副委员长程思远所题名的"私立华联大学"的校名便映入眼帘，程思远先生曾被聘为该校名誉校长。学院位于广州天河区，创立于1990年，是当时广州第一所私立民办大学，由华南师范大学退休教授侯德富和华南理工大学、暨南大学等几位老教授联合创办。

私立华联学院能够有今天的发展，与作为董事长、校长的侯德富的民族担当、家国情怀是密不可分的。

第一次认识侯校长是2017年4月月底在北京中学召开的中国陶行知研究会的年会上，与一个十分清瘦又显得精神矍铄、特别睿智的老头儿相邻而坐。当晚，在陶行知基金会召开的座谈会上，我和他又先后发言，我才知道，这个老头儿是广州私立华联学院的董事长、校长。说真的，当时我很难把这个清瘦的老头儿与一所大学的董事长、校长联系在一起。

之后，私立华联学院负责中国陶行知研究会工作的王承鳌教授在电话交谈中，多次提及他们的董事长、校长侯德富的教育情怀。王承鳌教授也已七十多岁，在部队服役履职多年，后转业到地方一直在党政机关、中专学校、大学从事管理工作，每当说到他们的侯校长，简直是赞不绝口，敬佩不已。

这次为了解私立华联学院的学陶、师陶、践陶，还有有关乡村教师的培训开展情况，当然更有对侯校长的好奇以及冲着他的教育情怀，来到私立华联学院，第二次见到了这个清瘦的老头儿——侯德富，通过面对面的接触和交流，对侯校长更有了一些了解。

侯德富是新中国培养的第一代大学生、第一代研究生、第一代教授，作为一名共产党员，始终记住的是教育改变了他的命运，改变了他子女的命运，自始至终没有忘掉党对他的培养之恩，他在退休之后，拒绝了在美国工作的子女让他在美国安享天年的打算，毅然将他在美国办培训班所淘到的第一桶金带回祖国，同几位志同道合的老教授一起创办私立华联学院，招收高考落榜生，帮助这些落榜生改变自己和家庭的命运。

侯德富校长 1978 年回华南师范大学复职，连续三届担任华师大工会主席，第三届全国教育工会委员，于是有了更多的与当时中国教育工会全国委员会副主席、中国陶行知研究会会长方明的接触机会。方明是陶行知的学生，也是成立中国陶行知研究会的重要发起人和组织者。受方明先生的影响，他对陶行知有了较深的认识和了解，随后他又系统读了陶行知先生的有关教育论著，做了大量的笔记，写出了相关的学陶、践陶的文章，陶行知教育思想已经在他的头脑里潜移默化，深深地扎下了根。

2003 年，他还带领学校一班人到陶行知家乡考察和学习，并且多次请来朱小蔓、顾久、吕德雄、汤翠英等资深中国陶行知研究会专家和教育名家，为学院师生介绍和传播陶行知思想。

在华联，侯校长不管教育的风向如何，他坚定地走陶行知教育思想立校、办学之路，他本着"生活即教育，社会即学校"的教育观念，依据生活而教育，立足生活办教育，着眼社会开门办教育，力求办朴素而面向大众的教育，并且在教育教学中体现手脑并用、知行做合一，注重对学生的技能教育、创造教育和全人教育。

学院把素质教育和社团活动纳入教学计划，努力推进校园文化建设，组建各种学生文化社团，想方设法开设提高学生综合素质的第二课堂。学院现在组建有各种学生文化社团 50 多个，每个学生文化社团都配备有专任指导教师，参加学生达 6000 多人。比如管乐团、合唱团、武术龙狮团、美术社、文学社、记者协会、物流协会、摄影协会、电子协会等等。为了大力推广"工学"或"产学"结合模式，学院还请了不少"能工巧匠"来校兼职教学。

这次到学院，恰逢大一学生军训结束，有幸观看了学院举行的军训表演，近三千名大一学生，着上整齐的迷彩服，列着整齐的方阵，迈着矫健的步伐通过主席台，接受学校的检阅，那种投入专注、那种精气神、那种灵动英姿，充分展示了私立华联学院学子的素养和风采。

侯校长告诉我，学院这次组织的学生军训，没有找第三方机构，而是采取"生教生""学长训练学弟学妹"的方式，一方面节约了成本，另一方面充分达到了自己教育自己、自己管理自己、自己训练自己的教育目的。通过深度而且全方位践行陶行知教育思想，让学校得到了持续快速发展，27 年来共为国家与社会培养合格人才近 5 万人，而且所培养的人才深受社会及用人单位的高度认同和赞誉。

这些年，侯校长精打细算，打紧开支，厉行节约，勤俭办校，学校虽然是他办的，他从未在学校乱开支一分钱，更没有动用学校的钱给自己买车、买房子，学校资产已达到数十亿，但他衣着简朴，吃饭简单，没有私人专车，自己住的房子还是其爱人在暨南大学分的，这两天陪同我们吃工作餐，盘中所剩的一点饭菜，都要自己打包带走。

但是侯校长却具有博大的平民教育情怀，他坚持办学的公益性，在学院自身良性发展的同时，利用一切机会回报社会，反哺家庭和学生。对于家境贫困的学生，学院开设"绿色通道"，采取奖、减、免、贷、助等措施和提供勤工助学岗位的办法，帮助他们完成学业，顺利走上社会，确保不让一个学生因贫困而失学。学院还为川藏孤儿开设慈善义教班，为残疾青年广泛提供就业岗位，为贫困生大批量减免学费，为贵州毕节留守儿童在广州举办夏令营。为了改变乡村教育，提升乡村校长、教师素质，也为了更好地落实精准扶贫，通过办好乡村教育、让乡村孩子快乐成长，以真正体现扶贫贵在扶"志"、扶"智"、扶"自"，学院还将筹建乡村教师培训学院，免费为中西部地区和一些相对贫困地区培训乡村校长和教师……

侯德富校长尽管已经是 87 岁高龄，但他精力充沛，激情满怀，教育壮志，不减当年，一颗教育赤胆忠诚之心，凡与之接触者，无不为之动容。

他坚持每天早上五点半到校，晚上六七点才离开学校，除了开会和为学校的发展而奔波之外，他只要在学校，一天到晚差不多都和老师、学生守在一起，和学生们一起参加活动，同他们交心谈心，畅谈人生，和老师们讨论教学，排疑解难，和董事会、校务委员会、教授委员会成员规划学校前景、研究棘手问题、论证学术课题……

侯校长给我们的感觉就是，对于他来说，教育岂止是他的事业，更是他的志业、命业，是他生命的全部，他已将他的一切融入他的教育中，把教育的一切融入他的生命中。他常给学院的师生讲："华联不是我之华联，而是华联人之华联，更是中国人之华联。"他给我们讲，干教育不是干一阵子而是干一辈子，这一辈子与教育结缘，就再也割舍不开了，如果离开了教育，离开了老师和学生，离开了这个生死与共、风雨同舟的团队，生命或许也就延续不下去了。既然整个生命都是教育的了，只有把自己的一切献给教育，也才能死而后已。

短暂的时间，无论与私立华联学院的学生，还是老师接触，无论与年长者，还是与年少者交谈，他们都亲切地把侯德富校长称为"侯哥""侯老大"。有的老师说，与侯校长在一起工作，不在乎报酬的多少，即或报酬再低哪怕不给发钱，他们也愿意给他干事，跟他一起干事，他的那种精神、那种情怀就是一种无声的号令、无形的力量。还有的老师说："他这把岁数，放着安稳而舒适的日子不过，一心为的是学生，为的是教育，为的是国家，他都不图什么，我们还能图什么呀！"

在侯校长的带领和感召下，一班人白手起家，不靠国家资助一分钱，通过"借窝生蛋""租窝生蛋""筑窝生蛋"三部曲，27年的心血与智慧的奉献、情怀与使命的坚守，现学院已发展成为占地面积1000多亩，在校学生近9000人的民办普通高等学校。学院与美、英、日、德、澳、加等国家和香港、澳门地区的高校建立了合作办学关系，每年都推荐大批学生出境留学及游学；学院交响管乐团在维也纳世界杯管乐大赛上获得金奖，舞蹈艺术团、合唱团参加国际艺术节大赛，也曾多次获奖；学院先后被评为"广东省首届十佳民办高等学校""广东省最具竞争力民办高校十强""广东省最具就业竞争力民办高校十强""2008（首届）中国民办大学50强"；在广州举办的两届大学生"创业之星"评比中，一共40个席位华联毕业生夺得3个席位。侯德富校长为此被誉为中国民办教育的"拓荒牛"。

我经常讲，人的行走，需要一些感动，也需要榜样的力量的感召，侯德富校长，让我在新年之初，在收获一份感动之余，也从他身上收获到了一种巨大力量的感召，这便是我今后一如既往前行、取之不尽的动力，谢谢侯校长……

第八章

教育拾英

成都大邑：教育生态的鲜活样本

2018 年 11 月，中国陶行知研究会在成都大邑召开了"美丽而有温度的乡村教育"全国现场推介会，大邑教育所呈现的"美丽"，所彰显的温度，给当时与会的一千多位"陶子"留下了深刻的印象，大邑的"美丽而有温度的乡村教育"由此走向全国。

之后，大邑又以此为契机，着眼于"美丽而有温度的乡村教育"的品质提升和内涵拓展，启动了第二轮"美丽而有温度的乡村教育"建设工程。一年多来，又有什么新的发展与变化，带着一种虔诚与一睹为快的冲动，前几天再次走进大邑教育。置身学校的真切感受，与大邑教育人的深度交流，让我一直处于感动之中。

一、乡村小规模学校，都有了家的温暖

随着城镇化进程的加快，人口的转移，小规模学校将成为教育的常态。对于小规模学校，是自生自灭，自然消亡；是不顾及群众利益，随意撤并；还是本着一种责任与使命，一种良知与情感，不放弃小规模学校，把每一所学校包括每一所小规模学校办好。其取向和作为考量着一个地方教育主管者的教育远见和智慧。

一些地方，把所有的资源都放在了名校、重点校，肥上添膘，锦上添花。面对日益增多的乡村小规模学校，大邑教育人没有把这些学校当成"死角""弃儿"，抛之不管，盲目撤并，而是在政策上"兜底"，在资金上增加投入，在师资上给予倾斜。

同时坚持乡村学校的内涵发展，通过校园文化的营建，乡土课程的开发，富有乡村气息的社团活动的开展、评价机制的撬动等途径，"量身打造"每一所学校，让每一所乡村学校都充满魅力，让每一所小规模学校都有了生机与活力。

斜源小学，位于大邑县城以西 21 公里的斜源古镇。这所有 76 名学生、16 位教师、6 个年级的学校，群山环绕，绿树成荫，建筑古色古香，与小镇"典雅古朴"的风格特别契合。

校长陈仕林在教育局开会，副校长付晓红带领我们参观了学校文化展厅、安全教育展厅、手工香囊陈列厅、学生寝室、学生餐厅。我们感受了浓厚的楼道和走廊文化，观摩了具有浓郁乡土气息的地方课程，体验了幸福课堂和个性化的小班教育，一种"家的味道"扑面而来，一种"比家更美丽"的校园氛围，严严实实地包裹着我们。

最后我们来到"阳光书屋"，这是利用楼层的一个平台搭建的一个三面及顶部都通透的书屋，周围的山色掩映其中。书屋里存放了很多图书，而且与顶楼的图书室相连，取书、读书十分方便。我们落座后一边翻书，一边听副校长付小红给我们介绍："学校老师虽然少，但老师结构合理，去年教育局一下补充了五个年轻教师。乡村小规模学校关键是留住老师，让老师能够扎下根来，教育局出台了很多暖心政策，乡村老师能安下心来从教。"

在旁边拍照的小付老师，去年参加工作，被安排到这里，她说："小班教育，我们差不多都是全科教师，办公室就在教室，生在师在，老师和学生时时处在一起，工作全天候，不仅有责任感，而且都有一种幸福感。"

到了下午四点多钟，孩子们便离开教室，来到窗明几净的社团活动室，画画、写字、剪纸、下棋、制作小香囊……开启每天美好的社团活动时光。

从孩子们灵动的眼神里，从他们的投入与专注中，我们感受到了他们学习生活的快乐与愉悦，他们生命成长的美好与幸福。

斜源小学的这一切，应该是大邑乡村学校这些年来良好生态架构的一个缩影。

二、阅读，让教育有了真切的回归

教育要回归本质，要回到它应有的路上去，不二之途径，就是阅读。阅读是对教育生态的最好改变。

大邑教育正是以此为切入点，开展书香校园建设，创设读书环境，营造读书氛围，深化读书活动，研发阅读课程，并通过示范引领，一级读给一级看，从而让阅读变成了"悦读"，阅读已成了大邑教育的一个标配。

大邑县东街小学，在当地民众中认可度高，知名度大。在"高""大"的背后，不是宽敞的校园、漂亮的建筑在支撑。

学校近两千学生，占地面积却仅有十亩，学生课间操要轮流做，各种功能用房特别紧张，而学校这些年通过阅读所积淀的厚重的书香气息与味道，却成了支撑"高""大"的重要力量，让学校成了"抢手货"。

校长胡文兵，很有激情，一看就是一个受书香熏陶的"书生校长"，一谈到阅读的话题，便娓娓道来，如数家珍："书香校园，能够唤醒孩子们生命沉睡的潜能，能够滋养孩子的精神发育与教师的专业成长，能够促进教育的生态改善。学校深受朱永新老师新教育思想影响，这些年来，着力书香校园建设，积极推进'大阅读'，用阅读点亮孩子人生，用阅读奠基教师职业幸福，用阅读成就教育美好。"

学校阅读操刀人李英姿给我们介绍："我们的阅读目标就是培养具有文气、灵气、生气的书香少年。在阅读中，力求阅读与学科、与艺术、与生活相联系，与研学旅相结合。读万卷书，行万里路。每年学校都要组织师生到全国各地参加阅读主题论坛和相关阅读活动，既体现了游学，又倡导了阅读。而且注重阅读的课程化，把阅读由粗放式转变为校本阅读课程的研发，阅读吧课堂的开发，使阅读由环境书香、活动书香提升为课程书香、课堂书香。"

我们在东街小学看到，学校校舍尽管紧缺，但是老师们的"咖啡书吧"，学生们的"开放书屋"却大气温馨。

大邑县银都小学，是在 2008 年汶川地震之前由房地产开发商捐资、政府配套修建的一所学校。建校时间虽不长，但是学校立足于"阅读"，将"阅读"与"健体"作为一体之两翼，"阅读"的涵养与积淀，让校园书香四溢，幸福满满。

曹劲松是一个很有教育情怀和教育思想的校长，担任校长近二十年，先后做过城区学校、农村学校多个学校校长，也提携培养了不少学校管理干部，包括校长，人们都尊称他为"师傅"。他对阅读有很深厚的理解，他说，阅读不仅能够改变孩子的学习方式，还能改变孩子生命的成长状态，更能改变教育的现状，提升教育的品质。因此，不管在哪所学校，他自始至终都抓住阅读不放。

为何将"阅读"与"健体"作为一体两翼，副校长何静给我们介绍，"阅读"是文，"健体"是武，文武双修，至善至美；"阅读"是静，"健体"是动，动静结合，张弛有道；"阅读"是灵魂，"健体"是身体，身体和灵魂应该都在路上；"阅读"在左，为孩子的人生打底色，"健体"在右，为孩子的人生守底线，"一体两翼"为孩子的人生强底蕴，师生行走在"智慧教育"的两旁，随时播种，随时开花！

三、文化，为教育赋能

文化外化于行，内化于心，是最好的管理，也是最好的教育。漫步于大邑校园，这里既是教育的天地，又是文化的世界。

南街小学的创客文化，如梦幻般的多姿多彩，不仅给孩子们以丰富的想象空间，还给孩子们搭建了创造的平台，更给了孩子们可以尽情地在科海里畅游探索的航船。

北街小学的"陶然圃"与现代化种植园文化，营造了浓厚的生活氛围，让教育走进生活，与生活相连，使校园弥漫着生活与生命的美好。

潘家街小学笑脸墙文化，师生们最灿烂的笑容，最可爱的形象，无不表达出孩子们的快乐校园生活和老师们对职业的热爱与职业幸福感。

蔡场小学的劳动实践文化，不禁让人们想到了当年陶行知所倡导的劳动教育，想到了苏霍姆林斯基在帕夫雷什中学校园里开辟的苗圃和麦地，也让乡村教育有了乡村的气息、乡土的味道，更能让这种有"根"的教育唤醒每个孩子的乡土记忆，让孩子们记住"被遗忘的乡愁"。

三岔镇小学的红色文化，不仅成为学校亮丽的校园风景，而且能够激发师生爱国热情，让师生们从中感受烈士们坚贞不屈、英勇无畏的革命气概，对培育和践行社会主义核心价值观起到了潜移默化的作用。

子龙街小学的子龙文化，既使大邑特色文化名片发扬光大，又在校园内对师生形成了更大的影响力。特别是由此派生的"子龙战鼓"的气势磅礴的展示，充分彰显了新时代中国青少年的奋发进取精神。

这里的一草一木，一砖一瓦，一墙一壁，一旦被大邑教育人注入文化的基因，烙上文化的印迹，便成了生动、鲜活、有效的教育。

这里的文化，不是盲目照搬，也不是仅停留于匠人层面，而是立足于地域文化，立足于学校的文化底蕴和办学特色，自然生成，并且师生用心、用情、用智、用自己的双手创设，因而让文化有了独特的价值和意义。

一所学校什么都可以没有，但不能没有文化。大邑教育百花满园，璀璨夺目的校园文化，为大邑教育赋予了强大的力量，增添了神奇的魅力。

四、好的教育是看不到分数的

有道是"追鹿的猎人是看不到山的，打鱼的渔夫是看不到海的"。好的教育是看不到分数的。大邑的教育正是如此。

当许多地方还在把学校办成应试工厂，把学生当作应试机器，通过拼时间、拼身体，乃至拼生命获取分数时，而大邑教育却立足于办孩子们喜欢的学校，做孩子们向往的教育，把孩子们从唯分数的桎梏中解脱出来，让孩子们过一种快乐而幸福的学习生活。

唐场小学的"三读"教育，读人、读书、读事，其中围绕"读事"所开展的"奏农事、写农事、画农事、读农事、剪农事、绘农事、演农事、创农事"8个学生社团活动，让学生们觉得学校有趣，学习有趣，在有趣中习得了知识。

"像我们安仁中学这类地处农村的高中学校，如果还是靠死整蛮干，靠知识的生硬灌输，靠反复刷题来拼高考，已经不行了。而应该从立德树人，以文化化人，用课堂的变革教人，借社团活动的开展与组织育人。"安仁中学校长郭文丽说。

大邑中学作为大邑高中教育的龙头，承担着为国家培养人才和为高等院校输送人才的重任，但是他们仍然不唯分数、不唯升学、不唯高考，学校始终坚持"生活自理、行为自律、人格自立"的育人模式，将"为学生的幸福人生奠基"放在各项工作的首位，着力构建有利于学生自我教育、自主管理、自主发展的自主德育特色。

小社团，大社会。小活动，大舞台。学校还力求以活动为载体，通过开设门类齐全的社团组织，鼓励学生根据自己的特长和兴趣选择参与，既发展了个性，培育了能力，又让学生们在活动的参与中找到了自信和尊严，同时还让他们在活动中爱上了学校和学习。

在和老师们的接触中，他们深有感触地说，以争第一制造了多少教育的失败者，以反复考练泯灭了多少学生的创造力，以分数至上压抑了多少学生的个性发展，以片面追求升学率让多少教师、校长苦不堪言。

这些年大邑教育跳出高考抓高考，不唯分数进行教育教学，尊重教育规律，注重全面发展，特别是引导和教会学生做人，去追求未来幸福生活和有价值的人生。

不唯分数更会自然赢得分数，不为高考更会赢得高考。去年大邑有 4 名学生考入清华、北大，有多名学生被全国重点大学录取。

大邑教育，已给区域教育的发展提供了鲜活的样本，我们完全有理由相信，更美丽、更有温度的大邑教育，将会为我们的基础教育提供更多的范式和借鉴！

柞水教育印象

　　人生在于相遇。前年在江西弋阳召开的中国陶行知研究会农村教育实验专业委员会年会上遇见陕西柞水县教研室主任郑大华兄，这两年，在与大华兄的联系与交流中，也默默地关注着陕西柞水教育。

　　去年一千多人参加的陕西省全省基础教育"四新四大"现场会在柞水召开，接着陕西省商洛市几百人的素质教育推进会也在柞水召开，我从相关的报道和图片中，感觉到这里教育发展的生态很好，这里的每一所学校似乎都有着浓厚的校园文化，浓郁的书香氛围，丰富多彩的社团活动，而且我还看到各个学校用学生们创作的蛋壳画、砖头画、瓦片画、石头画，还有各种剪纸、雕刻、刺绣、毛线粘贴画、大豆拼贴画装点校园，由此构成了一道道师生自己动手、充满着朴素味道的校园文化风景。

　　这同我一直主导的校园文化建设理念，一些对教育发展的思考和思路不谋而合，似乎在柞水的教育里有很多阆中教育的影子，所以一直想找个机会走进柞水看看这里的教育和学校。

　　这次结束四川合江、贵州赤水教育之行，从赤水坐车到重庆，又从重庆乘飞机到咸阳机场，柞水教研室的周老师早早地等候在机场的出口处。然后经过一个多小时的车程便到了柞水。

　　柞水位于陕西省南部，地处秦岭南麓，西安近邻，商洛西部，总面积2332平方公里，是一个"九山半水半分田"的土石山区县。全县植被覆盖率高达78%、森林覆盖率达65%，负氧离子含量比西安的四倍还高，可谓"天然氧吧、城市之肺"。

　　这里旅游资源丰富，有"秦楚咽喉""终南首邑"之称的秦楚古道；有

"云绕青山山映水，树隐幽洞洞含天"的天佛溶洞；有以茂密的原始森林，迷人的潭溪瀑布，独特的峡谷风光，罕见的石林景观，以及秦岭冷杉、杜鹃林带、高山草甸和第四纪冰川遗迹而闻名的牛背梁国家森林公园；这里还有凤凰古镇、终南山寨，你若身临其境，可以看到小桥流水人家，品味到鸟语舞美酒香，体验到沧桑、幽静、典雅的江南意境。

柞水县城，坐落在两座大山之间的一块平地上，呈带状，两头向山势的方向延伸开去。县城不大，人口也不多，但是给人的感觉是县城别致古朴，每一个人都宁静而幸福地生活在这里，当然也自然包括每一个教育人。

用过晚餐，同大华兄聊教育，这是教育人聚在一起共同的话题。他说，真正的教育发展，不是硬件上的投入，设备设施的武装，而是教育的内涵发展。孩子的真正发展，也绝对不是考一个高分数，考取一个好学校，而是孩子的个性发展，全面发展。让每一个孩子都有更多人生出彩的机会，这应该是教育的努力方向，更是每一个教育人神圣的职责和使命。

他对我讲，正是带着这样的思考，这些年来，柞水教育从课堂改革、自主学习、精细管理和文化建设等几个方面推进素质教育，为深化教育领域综合改革、促进教育内涵发展做了很多探索和尝试。

他还说，教育的良性发展，评价导向很重要。他们这几天，教研室全部出动，并组织了相关人员，分成几个组进驻各个学校，对学生音乐、美术等艺术课程进行考核，对学生的综合素养进行考察。

在当下，不少人都觉得多一事不如少一事，还有很多人都以为抓住考试分数就行了，何必还要多费心思、自讨苦吃呢？但是他们却凭着一种良知与责任，在尽力践行着教育常识，捍卫着教育本真，在用心用情用智履行着一个教育人的基本职责，在守护着一个教育人最起码的职业底线。

第二天一大早，我们在郑大华兄的陪同下，来到柞水县城区第一小学，这是我们走进柞水教育的第一站。

柞水县城区第一小学始于光绪十五年的崇实学堂。百余年来，学校汲取"崇实"精髓，弘扬"崇实"精神，并通过一代代城区第一小学教育人的不断努力，一步一步丰富着"崇实"的文化内涵，逐渐积淀成为"尚德崇实、知行致远"的文化精神，这一文化精神在"崇实做人、崇实学习、崇实健体、崇实特长、崇实实践"五个方面得以生动地践行和体现。

校长程先照一边给我们介绍情况，一边带我们参观校园。校园依山而建，整个校园建筑布局，呈三级梯步状。我们拾级而上，漫步于校园，就像欣赏一件艺术品一样，用心地品味，静静地品鉴。

校园干净整洁，明快敞亮，没有一个垃圾桶，没有一片纸屑，学生活动、学生生活、整个教育教学秩序井然有序。特别是无处不在的校园文化，富有特色的社团活动，给我们留下了深刻的印象。

在楼道，有雅致的楼道文化；在运动场，有活泼的运动文化；在教室，有温馨的教室文化；在行政办公区，有得体的办公文化。就是校园的梯步台阶，都匠心独具地嵌上成语，形成了别具一格的梯步文化。而且所有的文化主题鲜明，文化凸显，相映成趣的各种文化，让学校的每寸土地、每个建筑、每件事物都发挥着教育人、感染人的巨大魅力。

学校开设了器乐、舞蹈、合唱、书法、绘画、花样篮球，以及其他球类等几十个社团，孩子们根据自己的兴趣爱好、个性特长，选择自己喜欢的社团参加。

程校长带领我们观摩了各社团的活动，在每一个社团，看到孩子们的那种全心投入，训练有素，阳光自信、快乐幸福的状态，既让我震撼不已，又让我沉浸其中，思绪万千。我在想，如果我们的学校成天就是分数，就是考讲练，没有他们喜欢的活动参与，孩子们哪会有这样的学习兴趣？哪会有如此的生命状态？哪会有我们期待已久的个性化的教育和幸福的教育生活？

我们还参观了校园电视台、校园气象台、校园学生种植园。程校长给我们介绍，校园电视台一些设备比柞水县电视台的还好。我们来到演播大厅，字幕机、编辑机、灯光等设备一应俱全，两个孩子正在播校园早间新闻，那坐姿、那眼神、那口型、那字正腔圆，真有点专业的"范"儿。

在占地近 4000 平方米的种植园里，一棵棵青菜、一畦畦大葱、一个个番茄、一串串辣椒，还有盛开的一朵朵月季花、一株株薰衣草……让这个种植园似乎闪现着孩子们一张张劳动的笑脸，也似乎处处彰显着丰收的喜悦和教育的意义。

程先照校长告诉我们，种植园分为桃李园、观赏园、种植区和无土栽培实验室四个区域，通过主题实践，让学生在小组观察、集体交流、亲子种植等活动中，认识一些果树、种子、农作物，了解它们的名称、生长习性等，体验劳动的辛苦和乐趣，在体验中帮助他们养成热爱劳动的习惯，培养他们观察、动手、合作的能力，增进他们对农业和农民的理解，对养育这片土地的敬畏，对劳动成果的珍惜。

在种植园的另一边，是学生气象站，孩子们结合科学课的学习，每天在这里记录气温，观测风向，整理一些数据，并在充分分析的基础上，发布每天的校园气象信息。

怀着依依不舍的心情，我们告别了柞水城区一小，然后驱车来到营盘镇九年制学校。营盘镇被称为陕南第一镇，这个"第一镇"，不是从经济而言，而是依地理位置而定，它是从西安向南而行，翻越秦岭之后经过的第一个乡镇。

进入校园，两侧的山挺拔高耸，蓝天白云间，清爽整洁美丽的校园，如同镶嵌在这大山深处的一颗明珠。

经过校园的一侧，是琳琅满目的"石文化"，这些奇形怪石，差不多是天然形成的，大自然雕琢、洗练的，不少石形独特，石色鲜艳，石质细腻，纹理图案优美，是学生们在课余用心挑选收集的，然后再精心根据石头的形状，赋予相关的文化符号，烙上一些精神的印迹。用这些会说话的石头装点校园，既是一道璀璨的文化风景，又是一座美轮美奂的艺术宝藏，更是融合了诸多人文景观的一个知识殿堂。

感受完石文化，我们来到研学园，这可是一个快乐的"百花园"，这里有植物园、有种植园、有农耕文化博物园、有德育教育主题园、有孩子生涯规划园、有柞水非物质文化遗产展示园，还有师生作品欣赏园、师生读书园，这可以算是营盘九年制学校师生学习交流、实践体验、丰盈灵魂、饱满精神、放飞梦想的一个精神高地。同时，既是对地方文化的传承与挖掘，又是对校园文化的丰富与拓展，更是对教育内涵发展以及乡村学校如何特色发展的有益尝试和生动实践。

立德是基础教育的首要之义。柞水县营盘镇九年制学校这些年还通过探索，逐步形成了"养德于心，育德于行"的特色德育，积淀了知感恩、能感恩、会感恩的一系列感恩文化架构。

学校编写了《德育读本》校本教材，突出了对学生的中华优秀传统文化教育、公民意识教育、生态文明教育、心理健康教育、网络环境教育五大主题教育。同时开展了课堂延伸实践活动、走进经典实践活动、志愿服务实践活动、研学旅行实践活动、自强自立实践活动，让学生在实践中明德悟德有德。

特别是学校制定的润养教育"66"方案，即以十大好习惯、十种阳光行为、十种责任行为、十个忠诚行为、必做的十件事、展示十样成果以及评选校园六星为抓手，使每一个学生都成为最好的自己。

在柞水参观学校的第三站，是柞水城区第二小学。这所学校处于城郊接合部，学校分两个校区，两个校区隔街相望，学校规模也不是很大，但是学校同样让人感觉布局合理，建筑风格与色泽和谐共生，而且同样让人们感到洁净舒适，温润明亮。

柞水城区第二小学在构建丰富的楼道文化、墙壁文化、教室文化、厕所文化的同时，还努力营建书香校园，他们把图书室的书"请"出来，让书分布于校园的每一个角落，而且通过营造读书氛围，开展读书活动，让师生们有了一种良好的读书习惯。

该校学生来自城郊接合部，还有一些来自农村，他们普遍胆小、腼腆、自主能力差、家庭教育薄弱。学校于是以学生的自主管理为切入点，让孩子们在自主管理中学会学习自主、活动自主、生活自立、品行自律，他们都变得胆大、阳光、自信。

由于时间关系，这次虽然没有走进更多的学校，但是这三种不同类别的学校却足以代表柞水教育发展的内涵与面貌。

在当晚与柞水教育局分管教育教学的副局长陈友谊的接触中，他还谈到了柞水教育除了让学校里的每一面墙都学会说话，学校里的每一处景观都有育人价值，学校里的每一个角落都应飘逸着书香，学校的每一个学生都要在活动中动起来外，学校里的每一个教师都还要参与到课堂改革中去。

的确，柞水的课改全国闻名。课改，在柞水，不仅是教育行为，而且当地政府也极为重视。这些年，他们在深入反思、认真研究、反复探索的基础上，摸索出了课堂改革的一系列抓手和策略，探寻出了符合柞水教育教学实际的课改新路子。不仅学生变得阳光自信、善于表达、敢于质疑，课堂学习生态有了突出的变化，柞水教师队伍也得到了整体历练和提升。

为什么一个不足二十万人的人口小县，为什么地处陕南和秦岭山脉的一个大山区县，教育却有如此的美好与魅力？

我以为，一方面取决于区域教育发展的"关键几个人"，像柞水教育局局长傅先亮。这次恰逢陕西省高校扶贫现场会在柞水召开，有些遗憾还没有见到傅局长。教育局副局长陈友谊、柞水教研室主任郑大华，也是这几个关键人。另一方面取决于学校发展的那个"牵头人"，谁站在"牵头人"这个位置，将决定着学校发展的品质和教育的走向。正所谓有什么样的牵头人，就有什么样的学校。像柞水城区一小校长程先照、营盘镇九年制学校校长蔡雅芳、柞水城区二小校长熊焱，就是这样的牵头人。

美好的草原行知教育

"天苍苍，野茫茫，风吹草低见牛羊"，对美丽的大草原，心驰神往，向往已久，对这片神奇土地上的教育，究竟长什么样儿，也一直渴望着走近她，能够有机会撩开她那神秘的面纱，一睹芳容。

我经常说，这个世界上的一切都是一种相遇，其他如此，人与人亦然。前年五月份，在北京参加中国陶行知研究会年会，在大会的第一天晚上，有一个由陶行知教育基金会举办的座谈会，在参加完座谈会回宾馆的路上，邂逅内蒙古乌兰浩特市红云希望小学校长王卓伟。

这之后我们便常常通过微信交流，探讨教育，卓伟是一位颇有教育思想、极具教育情怀与教育智慧的校长，我们对教育都有着一些相同的认知和理解。

前年在安徽合肥行知学校的年会暨课堂革命高峰论坛上，她到会做了课堂改革的精彩交流。去年她应邀参加成都大邑的年会暨卓越课程研发高峰论坛，又在圆桌论坛上激昂陈词，纵横捭阖，做了很好的分享。

这两年卓伟一直邀请我到草原看看他们的行知教育，但一直没有找到合适的契机。前不久，中国陶行知研究会在长春举办行知校长和行知骨干教师培训，我应邀为培训班做有关劳动教育与学生关键能力发展的讲座，卓伟得知我到了长春，便请我到她那儿去，并发来长春到乌兰浩特的交通截图。长春与乌兰浩特相邻，只有三个多小时的动车车程，挺近。我答应她，这次讲座完了要赶回四川，有事情需处理，本月的中下旬再去长春双阳区，为那里的骨干教师培训做报告，完了之后再去乌兰浩特。

16号在长春双阳区做完报告，17号便来到了乌兰浩特，踏上了内蒙古这方土地，开启了草原教育之行。

当天晚上，卓伟与她学校分管德育的李校长和政教处张主任、许主任陪我用餐，我们一边吃饭，一边聊教育，从两千五百多年前的孔子聊到民国时期的陶行知，从当下教育的现状聊到未来教育的发展，从南方教育聊到北方教育再聊到草原教育。

卓伟说，有朋自远方来，不亦乐乎，同来自远方的朋友一起唠嗑教育，更是一件幸福的事。我说，到了草原，不仅享受到了这里的蓝天白云、适宜的气候、凉爽的风，而且感受到了草原教育人的热情好客，以及深厚的教育情怀。我们享用的不仅是美食，而且是思想的饕餮、文化与教育的盛宴。

北方的天，亮得真早。第二天用完早餐，收拾妥当，走出酒店，还不到八点，卓伟和乌兰浩特市义勒力特中心小学的包金花校长、乌兰浩特市葛根庙中心小学的钱查干校长便等候在那里，然后我便带着一种朝圣般的急切心情，和大家驱车赶往学校。

半个多小时，我们便来到乌兰浩特市义勒力特中心小学。这是一所乡村民族学校，去年在成都大邑的年会上被评为"美丽乡村学校"。

一进入校园，映入眼帘的是古老的大树、宽阔的运动场、漂亮的楼房、具有民族特色的蒙古包、流水潺潺的小河、古色古香的文化长廊、干净清爽的校园，这一切的一切在蓝天白云、明媚阳光的映衬下，犹如一幅色彩斑斓的山水画卷，更显其无限的魅力！

当我站在蒙古包前，正陶醉于这美丽的校园风景，校长包金花带领学校班子成员，给我们献上了蓝色哈达，哈达有白色、绿色、蓝色三种，包校长讲，蓝色哈达是献给最尊贵的客人的。然后我们又在校园的蒙古包里品尝从学农基地里摘下的新鲜水果，喝老师们做的奶茶，听陈校长、王校长给我们唱的祝福歌，让我们感受到了这里浓郁的民族风情和淳厚的民族情谊。

这些年来，国家对民族学校和民族教育极重视，学校硬件设施齐全，各种功能用房应有尽有。按现有的办学条件应该已经比较完善了，目前又投入一千多万在校园对面建两千五百平方米的体育馆，体育馆建成后，通过在小河上搭建的迂回曲折的木桥与校园相连，同校园融为一体，校园将更加亮丽壮观。

除了学校的优美环境和硬件设施，更让我们惊叹的是这里的极具民族特色的，靠师生动手创建的校园文化，不管是蒙古包、运动场，还是教室、寝室、食堂、功能室，乃至于楼梯、楼道、墙壁，都充满着文化的气息，弥漫着文化的芬芳。我们徜徉其中，接受文化的洗礼，享受文化的熏陶，感受着不尽的校园文化带来的快乐与幸福。

在义勒力特中心小学，我们强烈地感受到了，这是一个充满爱心、弥漫着和谐温馨的大家庭，教师在这里乐教善教，学生在这里乐学会学。甚至这样的一种温暖温馨的氛围通过家校沟通与家校共育，已经影响并改变着这里的家风、民风。

这样的一所好学校的背后，是一个好的校长的用心与付出。校长包金花自称为草原上的"野马""野狼"，为了学校的发展，她执着坚韧，忍辱负重，风风火火，马性、狼性十足，竭尽全力争取一切可以争取的资源，调动一切可以调动的因素，用心而虔诚地做着教育，真可以算是一个地地道道的"拼命三娘"。然而对待班子成员、对待老师、对待孩子，她却没有一点"野性"，而全部是爱，是关怀，是包容，按照她的话说，她对待他们都是用"欣赏"的眼光。

带着依依不舍的心情，我们从乡村回到城区，来到卓伟的学校——红云希望小学。

红云希望小学虽是城区学校，是前几年红河集团捐资新建的一所学校，但学校目前只有一栋大楼，从硬件上看，还不是最好，甚至与义勒力特中心小学相比，都差距很大。

卓伟校长避其所短，一方面苦练"内功"，不断提升老师们的专业素养。对于卓伟，她本身就注重自己的成长，她喜欢读书，喜欢写作，一有时间便沉浸在书中，享受书中的美好与乐趣，并坚持笔耕，现已出版了个人专著《教育的味道》。

最好的教育莫过于示范，最好的成长莫过于校长自身成长后带来的老师成长。卓伟的读书学习和向上的蓬勃成长，对老师们就是无声的号令，无言的行动，因而这里的老师都有很强的专业成长自信和自觉。

再加之卓伟通过书香校园的营建和读书活动的开展，让老师们有了一个良好的读书环境和氛围，老师们喜于读书，乐于读书，在书中吸取精神食料，在书中遇到美好的自己，在与古今大家、志士仁人对话中成就美好的自己。

同时积极为老师提供外出培训学习的机会，全校的老师每年都有一两次外出学习的机会，老师们通过轮流走出去学习，开阔了视野，打开了思维，又接收到了新思想、新理念，还欣赏到了祖国的大好河山，感受到了社会发展的日新月异，增强了他们的家国情感。

专业素养的提升，让老师们在专业发展中获得了职业尊严和幸福，在职业尊严和幸福的获得中，认识到了职业的价值和意义，老师们不仅仅是把"教师"当成一种职业，更是视为一种神圣的事业。

在与学校部分老师的座谈会上，从老师们的精气神，从老师们的言谈举止，从老师们身上所洋溢的那份职业自豪感上，我强烈地感受到了这一点。

另一方面，走学校内涵发展之路。这些年学校一直坚持学陶师陶践陶，一直把行知教育思想作为立校之本，一直本着知行合一，教学做合一，一直依据生活、立足于生活、为孩子未来生活做准备进行教育，并且一直把"让阅读成为孩子的生活方式，让运动成为孩子生活习惯，让艺术成为孩子生活情趣，让实践成为孩子生命特质，让热爱生命成为孩子积极的生命态度"贯穿于教育的全过程。

校园建有"陶园"，有孩子们玩耍的"乐园"，有培养孩子们德商、情商、财商的"田园"，有提供给孩子们随手可拿、随地可取、随时可读的"读书园"，还有无处不在的对孩子们进行影响和浸润的"文化园"，孜孜以求的内涵挖掘与拓展，让幸福在这里满天飞，让幸福的教育生活像蜜一样在这里流淌。

当天下午，我们又来到乌兰浩特市葛根庙中心小学。葛根庙中心小学相对偏远一些，离城区有一个小时的车程，是一所乡村寄宿制民族学校。

我们一行走进校园，漫步其中，蕴含于教育中的一股浓浓的乡村气息、乡土味道，便迎面飘来，令我们如痴如醉。

陶行知对乡村教育特别关切，他曾大声疾呼："中国乡村教育走错了路！"他一直痛斥这种教育是"他教人离开乡下往城里跑，他教人吃饭不种稻，穿衣不种棉""他教人羡慕奢华，看不起务农""他教农夫子弟变成书呆子""他教富的变穷，穷的变得格外穷；他教强的变弱，弱的变得格外弱"。乡村教育这样的"走错了路"的现象在当今还在延续，甚至是变本加厉，有增无减，越走越远。

而在葛根庙小学，却让我们感受到了这里乡村教育的活力与美好。学校占地 6 万多平方米，而其中学农基地就有 3 万多平方米。儿童果园，树影婆娑，苹果压枝，沙果坠地，让人垂涎欲滴；葫芦长廊，藤蔓相牵，遮阴蔽天，高挂的葫芦，就像一个个顽皮的葫芦娃在空中倒悬，嬉戏打闹，叫人忍俊不禁；开心农场，大豆翻浪，瓜菜飘香，玉米穗儿扬起高高的头颅，落日的余晖洒在农作物上，把最好的一切定格于这个成熟的季节。

虽然还没有开学，校园中也还没有孩子，但是我们完全可以想象，孩子们平时在校园中奔跑，在果园中伫立，在葫芦长廊中穿梭，在开心农场里劳动那天真活泼的身影，那回荡在校园里的一串串欢快而清脆的笑声……

不仅如此，葛根庙小学，还善于挖掘和整理地域文化资源以及民族传统文化与艺术，比如蒙古族的射箭、摔跤、四胡，通过进校园、进课程、进课堂、进社团活动，在对民族与地方文化的传承中，让孩子能够留下乡音，记住乡愁。

其实，乡村教育比城市教育更具有得天独厚的一些优势，比如，清新的空气、美丽的大自然、淳朴的民风、深厚的乡土文化，但是现在很多地方的乡村教育舍本逐末，不是利用好优势，而是去乡村化，对城市教育一味模仿和复制，因而让乡村教育失去了应有的特点和魅力。

葛根庙中心小学的钱查干校长，典型的北方大汉，是一个做得多、说得少、十分内敛的校长，他能够独具慧眼，把握住乡村教育的发展方向，抓住乡村教育的发展根本，让乡村教育回归生活，回归乡村，回归孩子的天性，回归乡村教育应该有的姿态和样子，这既体现了钱校长独特的办学理念和丰盈的教育智慧，又体现了他对乡村以及乡村孩子所具有的那种深厚而朴实的情感。

美好的东西总令人难以忘怀，总叫人流连忘返，回味无穷。在乌兰浩特所待的两三天时间里，让我们领略到了草原教育的美好，也感受到了草原行知教育人的美好。

这份美好，既给我带来了一种行进的动力，又给我带来了一种使命与责任，我要把这份美好传播开去，让更多的学校、更多的老师，拥有这份美好，让我们的教育和老师，能够更加美好……

这里的乡村教育，因他们而美好

　　还在出差的路上，接到陕西师范大学培训学院的邀请，让我参加青川县英华教师培训项目送培诊断。

　　当时我迟疑了一下。一来近段时间行程满满的，二来需准备湖南江华的会议。但是鉴于这两年到青川做了两次讲座，认识了郑天刚、白培锋、董白琚、李祎、冯小勇等乡村学校校长，从接触交流中，感觉他们不仅有乡村教育情怀，而且对乡村教育有思想、有行动，在各自的那一亩三分地里，用心地经营与耕耘着，于是很想找时间去他们的学校看看，苦于一直没有成行。

　　这次应该是一个很好的机会！我在迟疑之后，答应了邀请。于是调整行程，从北京飞成都，便直接去了青川。

　　送培诊断的第一站是清溪小学。早上 8 点，我们从县城酒店出发，中巴车一直颠簸于蜿蜒曲折的山沟公路，两边都是巍峨耸立的高山。同行的一些老师，特别是从西安邀请来的专家，从没走过这样的山路，有的竟然第一次晕了车。

　　两个小时之后，到了目的地。走下车来，舒展身体，再放眼远望，只见蓝天白云，碧空万里。四周的山，翠绿欲滴，云雾缭绕，云蒸霞蔚，万千气象，犹如仙境一般。我们都不约而同贪婪似的来了几个深呼吸，空气清清的、凉凉的、甜甜的、爽爽的，沁人心脾。

　　清溪小学便置于群山环抱之中，看上去，就像一幅泼墨的中国画。我们走进学校，仿佛置身于画中，又似乎进入了一个五彩斑斓的童话世界。同行的陕西师范大学培训学院苏院长看到大山深处如此的美景，如此美景中的美丽学校，赞不绝口。

来到校园，正逢大课间活动，全校 600 多名学生在操场做自编的古诗韵律操，音乐旋律优美轻松，学校老师把一至六年级的古诗镶嵌其中，孩子们和着节拍一边做操，一边欣赏古诗，这样的创意，可谓匠心独运。看到孩子们那整齐欢快的动作，还有那活泼可爱、阳光自信的样儿，以及灵动温润、有光有诗性的眼神，苏院长说，这哪像乡村孩子呀，这些孩子比城市里的孩子还有范儿。我回应苏院长，这就是乡村真教育的力量与改变啊！

随后，我们按照孩子们导引的路线，一边听孩子们的讲解，一边看学校。孩子们一点不认生的情态，落落大方的讲解，还有学校优美的环境，厚重的文化，弥漫的书香，充满乡土气息的劳动实践基地，让我们感到清溪小学的教育生态，比这里的"绿水青山"的自然生态还好。校长陈纪兵给我们介绍，清溪小学立足于用生态的观念培养人，用生态的环境熏陶人，用生态的课程教育人，这些年一直做的便是"生态"教育，我们期待，这里的生态教育能够为中国基础教育生态的修复与矫正，提供更多的典范与示范。

简单用过午餐，我们又乘车一个半小时来到曲河小学。学校只有一百多名学生，是地地道道的小规模学校。学校规模虽小，却办得很地道，很有特色，属于典型的"小而优、小而精、小而美"。

在学校会议室，刚落座，便品尝到了一杯孩子们自磨的豆浆，这豆浆，味道鲜香可口，与在餐馆中喝的豆浆那简直是两码事。

在品完了豆浆之后，我们更是怀着虔诚的心，品鉴了这里校园的优雅精致，教育的高雅美好。一方面，校园里的种植文化、农耕文化、环境文化、充分挖掘的地域文化，让这里的一草一木、一楼一道、一墙一壁都被赋予了文化的符号，注入了文化的基因，烙上了文化的印迹。

另一方面，校园里的每一处标识、每一个文字表达、每一件设施布局，都具有儿童视角，孩子立场。比如，孩子们的涂鸦墙、种植园、对孩子的"六个好"的要求——好好吃饭、好好睡觉、好好劳动、好好运动、好好读书、好好行礼等等，都力求看得见孩子，体现对孩子的尊重，让孩子置身于教育的正中央。同时，学校还开展了丰富多彩的社团活动。在这里，看到了孩子们滚铁环的身影，听到了久违的"咚咚锵""锵咚咚""咚锵咚锵咚咚锵"的锣鼓声，闻到了孩子们在农耕房里点制豆花的芬芳，这似乎也让我们找拾到了远去的童年。

　　而且，更值得称道的是，学校还构建了一种和谐的家校关系，好的关系就是好的教育。这种和谐的家校关系，除了他们用出色的办学业绩赢得家长认可支持外，更重要的是，靠一种情感的投入与浸润。家长们接送孩子，学校都会给家长端上一杯孩子们自磨的热热的豆浆。一杯豆浆，普普通通，却让家长们喝下的是一种情，温暖的是家长们一颗颗心。郑校长给我们讲，孩子们在学校参加正常的教育教学活动，受点伤，有点擦剐，哪怕腿摔折了，家长从不找学校和老师一点麻烦。

　　从曲河小学返回青川县城，路过青川东河口地震遗址。5·12地震，东河口三山倾颓，两江断流，瞬间崩塌，4个组184户房屋和村民、过往行人、东河口小学师生等共计780余人被掩埋其中。后在此建成地震遗址公园，以供后人对遇难者的哀悼追思。一行人下车凭吊，顿觉自然生命在大灾大难面前的无助与渺小，也顿感生命的珍贵和不可逆转。敬畏自然，热爱生命，善待自己，这应该是我们必须抱定的生存法则和人生态度。

　　回到县城已是晚上9点了。大家一起同青川几位乡村校长用晚餐，当聊到曲河小学校长郑天刚，有人说他既懂教育，又懂管理，而且做事认真，棋琴书画歌，样样都会。苏院长说，西安一些民办学校正以年薪50万聘校长，问郑校长愿意去吗。郑校长无动于衷，似乎没有听见。苏院长再问时，郑校长呵呵一笑说："我不适合，胜任不了，我也舍不得我的学校和孩子。"我禁不住眼眶一热，在这样的一个不少人为金钱而追逐的时代，居然还有这样纯朴而执着、从容而淡定的乡村校长，真是情怀高于一切啊！

　　在青川送培诊断的第二天，我们仍是一大早出发，仍是经过山路弯弯，山路曲折，山路盘旋，仍是经历了近两个小时的车程，最终才来到竹园小学。

　　竹园小学所在的竹园镇，地势相对宽阔空旷，青川县城曾准备迁址这里。竹园小学因"竹园"而得名，却不负"竹园"之名，校园里竹林遍布，郁郁葱葱，错落有致的校舍，掩映其中。一个翠竹茂密，花草茂盛，小道逶迤，曲径通幽的竹园，更给校园添了几分情趣和别致。

　　学校将"竹"贯穿于点缀美好校园和落实立德树人目标的全过程，以竹育人，以竹化人，以竹构建校园文化，以竹整合学科课程，以竹创设社团活动、栽竹、赏竹、画竹、写竹、吟竹、颂竹、唱竹、舞竹，让孩子们在对"竹"的高风亮节、虚怀若谷、外直中通、质朴善群等诸多品性的认知中，"竹"梦年华，"竹"渐成长。

下午我们又来到乔庄小学，这是一所县城学校，也是5·12地震后浙江省援建的一所学校。一到学校，我们便被学校干净、整洁的校园环境，宽敞、清爽、明亮的教学楼所吸引，更被王校长所带的一班人的那种人心齐，泰山移，众人拾柴，众志成城的团结互助精神所感动，同时也对已有深厚的文化积淀，拥有扎实专业素养的教师队伍的乔庄小学未来的高品质发展，充满了不尽的期待。

在青川的两三天时间里，让我感受到了大山深处这些乡村校长和老师的不容易，这些乡村校长和老师在不容易中，却能够潜下心来，"不畏浮云遮望眼"，以满腔热血和热情在这里扎根坚守，而且在扎根坚守中以他们的责任和使命，智慧和真情做着朴素而真实的教育，他们用朴素而真实的教育呵护着乡村孩子的成长，点燃了乡村孩子的梦想。

也正是有了这些点灯人，他们以自己易逝的青春，不老的年岁，永不消退的初心，始终葆守的一颗素心，把自己沉淀为精神的燃料，托举起昭示未来的火把，点燃乡村孩子的梦想，给每个乡村孩子以更多的走出大山的勇气、智慧和可能。

而他们，这些可亲可敬的乡村校长和老师，犹如苍穹中的点点繁星，也如夜雨巴山里的点点灯火，给夜空带去了些许光亮，给山村、山村教育，带去了美好和希望！

办一所富有特色的农村学校

—— 河北省廊坊市第十三中学发展探秘

四年多前，在国家教育行政学院参加《未来教育家》杂志社举办的学术会议。大会开设了几个平行论坛，其中的一个论坛有我的一个演讲。

当天的会场，演讲嘉宾坐第一排。刚落座，我后排的一个老师扯着我的衣角小声告诉我，他叫马爱国，是河北省廊坊市第十三中学的校长，他刚刚读了我的新书《回归教育常识》，颇受启发。恰巧在这次会议的会务指南上看到有我的演讲，便带着同事一起来听听。

会后不久，他又陪着当地教育局分管教育教学的副局长刘峰到了阆中看学校。在后来的不断接触中，我了解到，马爱国之前在廊坊市安次区教育局担任基础教育股股长，他喜欢孩子，也热爱乡村教育，对教育有深刻的理解，更有教育梦想，便选择去了廊坊市第十三中学。

廊坊市第十三中学是一所农村寄宿制初级中学，学校紧邻城乡接合部。五年前马爱国还没去的时候，学校基础和条件差，学生只有 400 多人。

在这种现状下，马爱国广泛听取意见，反复思考，仔细琢磨，怎样调动学生学习积极性，怎样激发他们的内生力，怎样点燃教师的工作激情，怎样让师生过上幸福的教育生活。

星光不问赶路人，时光不负有心人。五年来，学校校风、学风、教风明显改变，学校办学特色明显，教育教学质量大幅提升。在校学生猛增，目前900 余人，比五年前翻一番。一些北京市区的家长都纷纷来学校考察，把孩子送到这所农村学校体验学习。

环境育人润学子

环境是最好的课程，也是最好的教育。马爱国校长深知环境育人的重要，他一到学校，便从环境的创设与改变入手，注重每一个细节，抓住每一个环节，不放过任何小节，力求让每一面墙壁都会"说话"，每一块砖瓦都能"表达"，每一个立柱都能"熏陶"，每一棵小草都能"含情"，每一寸场地都能"育人"。

走进校园，一排排梧桐树、白杨树，挺拔直立，像忠诚的战士守护着学校。每一束阳光透过树叶的缝隙散落在地上，像一颗颗闪烁的星星，点染着孩子们的梦。

教学楼前移栽的两棵玉兰，清晨迎接学生到教室学习，周末目送着孩子们放学回家。

地面上的花草，还有50多种小灌木，像一个个小精灵，默默无闻地在那里点缀，让校园变得富有生机，更加美丽。

分布于校园中的三个花园，分别取名为书香园、和乐园、至诚园，与屹立在教学楼制高点的办学理念"书香静远，和乐至诚"，遥相辉映，诉说并见证着一代代十三中人的理想与情怀。

在操场南侧开辟有以"和"为主题的池塘，一到夏天，池塘里层层叠叠的荷叶一张张，一片片，犹如翡翠般的绿玉盘，一尾尾小鱼在荷塘里追逐嬉戏。

周边绿树丛荫、花团锦簇，阅读长廊贯穿其中。茶余饭后，课间休息，这是孩子们最喜欢待的地方，他们在此嬉戏、聊天、静思、读书，在这里给心灵放假……

几座别具风格的教学楼、办公楼，掩映其间，在校园里这些自然与人文景观的映衬下，也具有了一种灵动和曼妙。

宽阔的操场、内容丰富的教育园地、展示师生风采的橱窗、窗明几净的教室，还有教室里的图书角、植物台、评比栏、光荣榜等，处处都从育人出发，处处都彰显育人的氛围，处处都立足于学生的成长和发展。

干净整洁的校园环境，丰富多彩的校园文化，是廊坊市第十三中学一道最美的风景线，也是一门生动而鲜活的育人课程和教材。

活动育人添自信

小活动，大舞台。小社团，大社会。马爱国校长说："活动带来了孩子们的自信成长。学生的自信来源于参与，来源于展示，社团活动，学生唱主角，让学生在参与和展示中锻炼他们强大的心理，找到他们的个性和长处，增强他们的自信。"学校到目前已开设了二十多个学生们喜欢的社团。

在科技社团，谁有想法、有灵感都可以提出来；谁想创新、想创造都可以参与进来。3D打印机、机器人、无人机……这些原本农村孩子不易接触到的科技和设备，已经慢慢地通过社团活动渗入到学生的学习生活中。如今，科技社团已经成为学校中最受欢迎的社团。众多学生凭双手，凭动脑，凭创意，凭创造，走出了农村校园，参加河北省及全国大赛并屡获大奖。

文学社团在指导老师刘文荣的带领下，学生们一直坚持用文字记录着校园内的人、事、景，记录着自己的学习生活，记录着世间万象和人生百态，现已经推出多部学生作品集，一个个小记者、小诗人、小作家从这里走出。

还有书画社、剪纸社、摄影社、合唱社、器乐社、球类社等等，一到社团活动时间，学生们全员参加，一个都不被落下。

社团活动的蓬勃开展，为学校师生搭建了平台，让每一个教师在陪伴学生成长中提高自己，让每一个学生在各自的活动中都能找到自信，让每一个师生在学校发展的道路上，奋力实现着学校的发展愿景——老师们愿意来上班，学生愿意来上学。

而且更用孩子们在社团活动中的风采向人们证明：农村孩子不差，农村孩子能行，农村孩子今后同样会有精彩的人生。

课程育人塑个性

没有个性化的课程，就没有个性化的教育。廊坊市第十三中学结合自身实际，依据国家课程，研发了一系列校本化、特色化、个性化课程。

加强劳动教育，不是简单的劳动了事，他们利用劳动实践基地，构建了巧种"一分田"课程。一方面学校从学生家长中聘请懂农事和农耕的家长做老师，到学校上劳动课，在田间地头进行技术指导，对学生进行劳动教育。

另一方面学校将劳动活动分为种植周、管理季和收获月三个阶段，从耕种到管理，从收获到出售，每一个过程又贯穿学科知识："直线播种"看数学，"挖坑填埋"看物理，"施肥培护"看生物、化学，"练就口才、说服买家"看语文……

个性化的劳动课程不仅让孩子们体会到劳作的艰辛，更能引导他们感念父母养育之恩、学校教育之情和自然馈送之意。

学校还积极探索游学课程，他们结合学科知识，编写了《实践手册》，作为行走中的课堂，进一步推进游学活动的课程化。通过走进北京博物馆、国家博物馆和北京自然博物馆，活学活用，实现知识与实践的融合，既利于对学科知识的掌握，又能够涵养学生的爱国情怀；通过开展"我去北京上大学"等主题活动，让学生走进清华北大等名校，帮助他们立志向，找方向，树理想，见行动。

为促进校园阅读，学校还组建了阅读课程研发团队，编写了《书香·成长》《穿越岁月遇见你——古诗词分类读本》等一系列校本阅读课程。对于培养学生阅读兴趣，扩大阅读面，增加阅读量，形成良好的阅读习惯，起到了积极的作用。

书香育人长学问

最是书香能致远。一个有书香的校园，才是一个有内涵的校园。

为了营建书香校园，学校除了在日常教学中，充分利用语文教学的优势，紧扣听、说、读、写对学生进行阅读相关训练外，一方面营造浓厚的阅读氛围。通过在校园建开放式书架、书橱，在班级设置班级图书馆、班级图书角，让书漂流起来，让师生与书籍不期而遇，随手可拿，随时可读。

另一方面开展丰富多彩的读书活动。他们通过设立校园读书日，校园阅读节，开展读书沙龙、读书论坛、读书演讲、读书征文，举办"新书推荐会""读书汇报会"以及"书香伴我成长，阅读成就人生"为主题的师生快乐阅读启动仪式，进行读书心得、阅读笔记、精美书签、读书手抄报展示，还组织校园诗词大赛、成语大赛、校园读书人物评比，这些活动的开展，有效地带动了校园的阅读之风。

让每个师生都能把阅读当作一种最好的休闲，一种最好的生活方式，一种最好的生命状态。

情感育人享幸福

"没有教师的幸福，就没有孩子的幸福，也就没有师生教育生活的幸福。"马爱国校长说："为了让孩子幸福，一定要让教师先感受并收获到职业的幸福。"

这些年来，马校长为此做了很多努力和探索。学校每年都充分利用节庆，开展各种简朴而富有意义的活动，凝聚人心，体现人文，融洽教师关系，塑造和谐团队。

妇女节邀请瑜伽教练进校园为教师普及瑜伽知识，指导瑜伽训练；中秋节开展诗文朗诵会，诗文素材取自校园中的人或事；一年一度的教师节举办"留住最美的你"为主题的摄影活动，学校聘请专业摄影师，为全校教师拍照留念，留住最美的自己。

每学年结束，学校还要举行隆重的年会庆典，回顾一年来的工作，采取走红地毯的方式，让每一个人都出镜出彩，呈现幸福瞬间，展示工作业绩，让自己为自己加油，让大家为自己喝彩。

学校每月为老师庆生，他们按生日把全校教师分为12组，每月为一组，然后为教师集体庆祝生日。每月主题不同，形式各异，或体育竞技，或才艺展演，或读书交流，或文化考察。校长的一句暖心的话，工会送上的一束鲜花，同事间的一句祝福，都会让大家感动，乃至终生难忘。

老师们感受到了爱，收获到了幸福，然后再将爱和幸福融于工作中，体现在日常的教育教学里，并将这种爱和幸福传递给学生，让学生在学校的大家庭里，被浓浓的爱意包围，被甜甜的幸福感染！

就在刚刚写完这些文字，得知马校长被调整到新的岗位，由他牵头筹建新的学校。对于原学校，那里的老师和孩子都接受不了这个事实，他也有些不舍，他说，他会把这份情感，把这些年对教育的积淀，带到新的使命中，建好并办好一所孩子们更加喜欢的学校……

做孩子们向往的教育

——四川省宣汉县育才石岭小学逆势发展之道

四川省宣汉县育才石岭小学一直践行陶行知教育思想，办学很有特色，一直很想走进一睹芳容和风采，却没有找到合适的机会。

八月下旬应四川省万源教育局之邀，为全县校长做讲座，宣汉、万源乃友邻县市，结束万源之行，便来到了宣汉县育才石岭小学。

记得当天是"七夕"情人节，到了宣汉，已是晚上七点多。宣汉县育才石岭小学校长李军，还有宣汉百节溪小学校长马娟、育才小学校长刘锋等六七位校长便早早地在育才石岭小学等候。

简单用餐后，我们便聚集在育才石岭小学看学校、聊教育，我开玩笑说，在这美好的时光，我们在这里相互都遇到了彼此的"情人"，说不完的教育话，道不尽的教育情，教育"情人"相会，让这个日子独具情趣和韵味！

宣汉县育才石岭小学建校时间不长，是在 2015 年 9 月化解城区学校超大班额的背景下建成的。李军校长说："学校建成初期，当时学生不愿意来就读、家长不愿意送孩子来报名，教师也不愿意到这里来工作。"

是什么使育才石岭小学从零起步，在短短的几年时间里，逆势而起，迅速发展，成了一所蜚声县内外的知名学校，乃至于辉映全川的一颗耀眼教育新星呢？

用陶行知思想立校

新学校犹如一张白纸，怎样描绘新画卷，怎样打开新未来，怎样谋划一所新学校，这考验着李军校长及一班人的教育胆识和智慧。

他们日思夜想，苦苦叩问，不断考量，努力追寻，在审时度势，科学研判的基础上，茅塞顿开，豁然开朗，终于从陶行知先生的深厚而丰富的教育思想中受到启迪，找到答案，响亮地提出践行陶行知"真人教育"的办学理念。

在"真人教育"办学理念的引领下，构建了"教人求真，学做真人"的校风，"真我育真人，教做传真知"的教风和"自主自立做真人、动手动脑求真知"的学风。并为此塑造"真爱之心、识才之眼、教做之法、博学之才、和合之情"的行知之师和培养"健将体魄、君子言行、工匠身手、智慧头脑、艺术特长"的行知之子。

如今，"循行知路，育真人才"，已经成为育才石岭小学的办学愿景；"不忘初心，做行知路上温暖的行者，砥砺前行，做'四有'教师，重新出发，做朴素幸福教育的追梦人"，已经成为育才石岭小学一群人的共同尺码；"埋头，是坚实的脚步；抬头，是诗意的远方；回头，是鲜活的故事"，已经成为他们共同的心灵密码；"珍惜缘分，重情重义，包容创新，无私奉献，团结协作，勇争第一"，已经成为他们共同的精神家园。

用校园文化铸魂

校园文化是校园的灵魂，它体现着一所学校的精神价值，彰显着一所学校的独特魅力。"一草一木皆说话，一景一物均传情"，"时时处处都是教育，方方面面都是文化"，便能达到春风化雨、润物细无声的潜移默化的教育效果。

我们一走进育才石岭小学校园，一股浓浓的文化气息便扑面而来，校园、大厅、走廊、教室、墙壁等，都成为文化表达的载体，都烙上了文化的基因，注入了文化的符号。

真人大厅内，正中伫立着一尊陶行知先生的半身铜像，左右两边的墙壁上，镌刻着学校的校训、校风、学风等内容；行知走廊陈放和悬挂着孩子们的各种作品，琳琅满目，让人应接不暇，"知行合一"在这里得到生动诠释和体现；真人广场，孩子们侍弄的种子墙、种植角、种子基地、植物园，按时令进行蔬菜、瓜果、花草的种植，让学生认识植物、了解生长时节，体验劳动的快乐和收获的喜悦，既是一道亮丽的文化风景，又是劳动实践与生活教育的成果和结晶。

除此之外，楼道文化、教室文化、走廊文化、围墙文化，还有校徽、校歌、班牌，都以最简单、最凝练的方式把朴素的文化传递给每一位师生，让师生们徜徉其间，受其熏陶，以其独特的文化内涵影响着师生、陶冶着师生、提升着师生、改变着师生。

用书香为师生精神打底

读书是需要氛围的，学校把图书室的书搬出来，通过建书壁、书橱、班级图书角，让书香弥漫在校园各个角落，浓郁的读书氛围让书与师生在校园不期而遇。

"师生们的精神面貌取决于他们读不读书，读了多少书"，李军校长说。学校将每年四月定为读书月，每年的读书月，学校都要开展丰富多彩的读书活动，诸如读书演讲、读书征文、读书沙龙、读书人物评选等。

分管教育教学的副校长张晓芬告诉我们，每天清晨，孩子们在晨诵中开启新的一天；课间，孩子们从校园里随手取一本书，随性而读，在不经意间便慢慢养成了良好的阅读习惯；每周都开设的有阅读课，孩子们在阅读天地里静静地享受美好的阅读时光。在校园阅读的基础上，学校还定期组织学生前往县青少年文化中心开展阅读活动。而且他们还邀请一些儿童文学作家，诸如著名儿童文学作家汤素兰和马来西亚儿童文学作家许友彬等到学校为孩子们做读书讲座。

与此同时，他们还引导教师"以书为伴"，要求教师读好四类书：读经典名著，添人文情怀；读理论专著，涵教育素养；读儿童文学，悟童心童趣；读人物传记，增榜样力量。特别是每周的读书分享会，已经成了一个品牌，老师们结合自己的教育教学实践，踊跃分享自己的读书心得和体会，畅谈读书感受和收获，为学习型教师队伍和书香校园建设起到积极的推动作用。

用课堂的变革助力"双减"

陶行知先生主张"最好的教育，是叫学生做自己的先生""学会了赶快去教人，教了又来做学生"。基于这样的思想与理念，育才石岭小学大胆变革传统课堂，把课堂还给学生，让学生站在课堂中央，让学生真正成为课堂的主人。

他们探索的"小先生"制教学模式，以小组合作学习为基本形式，在"小先生"的主导下，完成课前预习，学生对学习目标，学习内容形成整体感知，"小先生"再进行交流展示，用学生教学生，以学生带学生，靠学生帮学生，在和谐、热烈、有序、精彩的课堂氛围中，教师适时追问启发，给以引导点拨。

人人当"小先生"，个个是"小先生"，真正实现了生生互动，师生互动，生生互助，师生互助，充分培养了学生的自觉学习能力、自主探究能力、合作分享能力和交流表达能力。

用社团活动课程让孩子生命都有枝可依

育才石岭小学本着"一班一特色，一生一特长"的宗旨，积极研发各类社团活动课程。

如今已有童心合唱团、红心足球队、阳光篮球队、森林之声田径队、国学经典诵读班、梦幻舞蹈队，还有英语、书法、绘画、棋类、器乐、手工、机器人等近30个社团。

学校打破班级和年级界限，将社团活动课程的选择权交给学生，学生根据自身兴趣爱好和需求，自主选择相应社团活动课程参加学习。目前，学校已实现了人人进社团、班班有社团的格局。

丰富多彩的社团活动课程，不仅为孩子们搭建了展示才华的舞台，促进了个性化成长，而且由"要我学"变成了"我要学"，激发了学生的学习兴趣和热情。同时，让每个孩子都变得阳光自信、活泼开朗，都能够抬得起头来。

　　"海到无边天作岸，山登绝顶我为峰。"育才石岭小学在美好教育的路上，已经迈出了可喜的一步。相信，在未来的征程中，他们的步履会更轻盈而从容，发展的前景将会更加广阔而美好……

"六味俱全"留乡音

—— 四川省富顺县代寺镇中心小学乡土教育管窥

四川富顺的"豆花"很香，富顺的教育很美，富顺的乡村教育更美。在我还没有来到富顺时，对富顺的教育特别是乡村教育，便早有耳闻。

利用为富顺的教育管理者做讲座的机会，在富顺教育局局长洪富祥的陪同下，我们驱车走进了富顺县代寺镇中心小学。代寺镇中心小学校长李东华恰巧在县城开会，便与我们同车前往。

李校长四十开外，平头，中等个儿，黑黑的皮肤，目光中有一种坚毅和自信。给我们的感觉，除了朴实、实诚、实在，还有就是对教育有激情，对乡村教育很有情怀。在车上，他给我们谈他的办学思路和理念，还有对乡村教育的理解和主张，以及学校发展的昨天、今天与明天，口若悬河，滔滔不绝。

我当时想，一个校长对学校如果没有付出全部心血和智慧，没有倾注他所有精力和情感，他是很难有这样的了如指掌和如数家珍。我们一行想一睹代寺镇中心小学芳容的欲望，被李校长撩拨得旺旺的。

车子在不算很宽的乡村水泥路上行驶了近一个小时，我们便来到了代寺镇中心小学。

一到学校，校正大门一侧用鲜红的大字所呈现的学校"三灵"办学愿景："办有灵魂的学校，塑有灵性的教师，育有灵气的孩子。"便映入眼帘，十分醒目。

进入校园，是一片大大的草坪，里面的一块石头上，雕刻的是"健康为本长身心，踏实为人长习惯，专注为学长智慧"，这"三为"，应该是学校的培养目标。

好一个极富创意和个性的"三灵""三为"！一个乡村学校，果真能实现这"三灵""三为"，我想，这里的教育绝对是孩子们向往的教育，这样的学校，一定是孩子们喜欢的学校。

带着极大的兴趣，我们漫步校园，边看边听。校园很美，绿树成荫，鸟语花香；也挺大，占地 60 多亩，3000 多名学生，教学区、生活区、运动区，建筑齐全，功能分明；文化气息也很浓郁，一草一木，一楼一道，一砖一瓦，一墙一壁，都被赋予文化的因子，注入文化的元素，烙上文化的印记，让校园到处都弥漫着文化的芬芳，而且这些文化元素差不多都是靠师生动手做上去的。

应该是带着欣赏而虔诚的心情，我们把校园转了一个遍，也听了李校长和其他老师的介绍，给我们感受最深的是代寺镇中心小学所探索出的"六味"教育，走出了一条当下突围乡村教育的发展之道。

土味，培育孩子对乡土的情感。在学校教学楼的楼道墙壁里，珍藏着很多泥土，有的是孩子们从家乡采掘的，有的是师生在外出游历时从祖国的四面八方采集带回的，孩子们将其做成标本，并对土壤特性做了梳理，制成卡片。学校的百年校史墙、农耕文化墙、长征文化墙，都是以泥土为材料，由师生制作而成，这已成为校园一道亮丽的风景线。孩子们创作的各种泥塑作品，惟妙惟肖，精妙绝伦，极具艺术情趣。

农味，让乡村学校有了乡村的气息。学校建有学农基地，通过劳动体验，研学实践，让孩子习得劳动知识，养成热爱劳动的习惯和品质。别具匠心的农耕博物馆，收藏了大量农村濒临失传的农耕用具、生活用品，让孩子们在认知中明白我们的祖祖辈辈，就靠这些家什，刀耕火种，繁衍生息，一步步走到现在，从而让他们有一种敬畏意识，懂得从小敬畏天地，敬畏祖先。校园的养殖区，喂养了兔子、鸭子、鸡等，孩子们细心照料，精心呵护，由此生发了最真实的生命教育课程。

野味，强健孩子体魄。学校利用一片空树林，打造了一个野战场，让孩子在这里天马行空、执仗火拼、摸爬滚打、攀树走壁、翻山越岭、野外露宿。在这样的一个过程中，尽情释放"野"性，涵养天性，培养他们的野外生存能力。

原味，彰显教育的立德树人属性。学校的党建馆和校史馆，作为德育和师德教育的阵地，通过对党的发展史、学校办学史、代寺解放史、学子成长史的整理与讲述，启迪师生不忘初心，牢记使命，勤奋学习，努力工作，让革命精神与党的事业，能够薪火相传，继往开来。

书味，让书与师生不期而遇。学校不仅建有三为书吧、咖啡书屋，还将图书室里的书"请"出来，通过在校园各个角落建书壁、书橱和班级图书角，让书漂流起来，师生们可以做到随手可取，随时可读。而且通过开展系列读书活动，比如，读书征文、读书演讲、经典诵读、师生同读一本书，以及"读书之星""书香班级""书香学生"等的评选，让师生积极参与，全情投入，热情高涨。

洋味，让每一个生命都有枝可依。学校共开设各类学生社团 64 个，这些社团，有具有乡土味道的，比如走高跷、跳大绳、打陀螺、走五子棋等，也有一些常规社团，比如绘画、剪纸、书法、体育等，还有一些高大上的带着"洋"味的社团，比如摄影社、文学社、合唱社、铜管乐队等。真可谓"土""洋"结合，"土""洋"合璧，让这里的孩子"洋"气十足，"阳"光自信，"扬"眉"土"气。

我们去的时候是下午三点多，属于社团活动时间，孩子们都根据自己的兴趣和爱好，选择了相应的社团。绘画社团的孩子在画画，剪纸社团的孩子在剪纸，书法社团的孩子在练字，棋类社团的孩子在对弈，合唱社团的孩子在训练声部，铜管乐社团的孩子在合奏，参加体育社团的孩子在操场要么打篮球、乒乓球，要么踢足球、毽子，要么跳大绳、走高跷、玩空竹……整个校园不仅是孩子们的学园，还是他们的乐园，不仅充满了生机与活力，还给这寂静而偏远的乡村带去了欢快和希望。

相对于一些乡村学校要么拼时间、拼生命、满堂灌，要么靠大量作业和考试填满孩子的时间，要么一味复制城市教育，这"六味"教育，实际上就是一种朴素的教育，一种生活化的教育，一种在地属性的教育，一种回归教育常识、回归教育本真的真教育，一种能够留下乡音、记住乡愁的扎根教育，一种符合乡村孩子特点有别于城市教育的乡村优质教育。

　　李东华校长很有感触地说，小学就应该像小学，就应该让小学生拥有快乐的童年，拥有更多的时间、空间和精力去体验生活，享受学习的乐趣和成长的快乐，而不应该一味为了分数，压榨孩子的身心。如果小学这段时间孩子们没有过好，埋下压抑、痛苦的种子，未来就会结下苦闷的种子。

　　其实，代寺镇中心小学做这种遵循规律的教育，既让学校得到了特色化发展，学校铜管乐队，在县市多次展演，获自贡市一等奖，鼓号队获四川省二等奖，学校被评为"四川省美育实践基地""全国教育系统先进集体"，又让学生得到了个性化成长，从这里走出的孩子既有了分数，又阳光自信，后劲十足。

　　看着身边孩子活泼可爱的身影，诗意灵动而有光的眼神，李校长充满信心地告诉我们，这些孩子今后哪怕考不上好大学，建设家乡，他都会带着一份责任和情感，即或做一个打工仔，他也会把日子过得诗情画意，有滋有味。

　　在代寺镇中心小学，我们看到了乡村学校应有的样子，也看到了乡村教育的美好，更看到了乡村教育明天与未来的希望！

幸福在双桥小学飞

认识陈军，是在 2018 年四川广汉的四川乡村学校发展联盟的成立会上。之后，他的学校——丹棱县双桥小学，加入了中国陶行知研究会农村教育专业委员会会员单位。

2019 年 7 月在广州华联私立学院举办的第二期乡村校长与教师高级研修班，他成了学员。后来的每次会议，在午饭后，他都会来到我房间，一起聊教育，一起探讨学校的发展。

在这几年的接触中，我感受到了他的孜孜以求和勤奋好学，感受到了他的儒雅淡定和书生气息，感受到了他的教育情怀和对乡村教育的执着坚守，感受到了他对学校发展的强烈愿望和对改变教育的如饥似渴，感受到了他全身心做教育的投入和用整个心做整个教育的虔诚，还感受到了他的节俭办学，用好每一分钱，把每一厘钱都用在刀刃上的质朴风范，以及他把每一个孩子都当成自己的孩子，把学校每一个老师都视为自己的兄弟姐妹的人文关切。

这些年，陈校长多次邀请我到他的学校去看看，一直却未成行。昨天到了丹棱，今天一大早便驱车直赶双桥小学。

双桥小学校位于人杰地灵的端淑故里，距大雅丹棱县城 17 公里。一到校门口，丹棱县教育局教育股王华云股长便已等候在那里。

进入校园，几棵苍劲古老、挺拔高大的小叶榕、黄果树，似乎在向我们诉说学校悠久的历史和发展变化。

陈校长先陪我们转了校园，看了教室，浓厚的校园文化，各具特色的班级文化，以及四处飘逸的书香，让我们置身其中，既受到了文化和书香的浸润和洗礼，也让我们从双桥小学老师的精气神和孩子的灵动诗意的眼神中，再次印证了文化与书香对于教育的重要，以及对人的教化与影响的奇特魅力。

然后我给老师们做职业幸福的相关讲座，眉山市东坡区富牛镇中心小学邓建忠校长听到我到了双桥小学，也带着老师们赶了过来。

双桥小学每天上午 10 点钟师生一起参加半个小时大课间活动，一直坚持，雷打不动，已成为一个品牌。当我讲到 10 点钟时，陈军校长示意我，讲座暂停，因为老师们和学生要一起参加大课间活动。我们也借此做了全程观摩。

伴随着铃声，孩子们像快乐的鸟儿飞出教室，整个校园沸腾了，整个乡村也似乎生机蓬勃了。

神奇的是，600 多名师生眨眼间竟魔幻般地站着整齐的队形，然后他们踩着欢快的节拍，和着优美的旋律，跳起了洋溢着青春活力的篮球操，让我们在惊叹中看到了双桥小学校园的温馨，师生关系的温润，五育教育的和谐并举。

大课间活动结束后，按照陈校长预设的时间 10 点 35 分继续讲座，时间一到，老师们准点入座，没有一个人迟到，更没有一个人落下，这让我进一步见证了双桥小学老师们强烈的时间观和雷厉风行的作风与素养。

在整个讲座中，老师们聚精会神，十分专注，对教师幸福话题的交流，既引起了他们的共鸣，又从他们幸福的教育生活与状态中，让我对教师职业幸福有了更多的思考和更深刻的理解。

做完讲座，我们又观摩了学生们的社团活动，参观了学校的劳动实践基地。

双桥小学因校制宜，开设了篮球、乒乓球、羽毛球、跆拳道、合唱、器乐、舞蹈、绘画、剪纸、书法、彩陶等二十多个特色社团，孩子们参与其中，在活动中个个变得阳光自信，都能抬得起头，都能从活动中爱上学校，爱上学习。老师们既是指导老师，又和孩子们一起参加活动。他们在活动中，充满童真，涵养童心，一边与孩子共同成长，一边享受着职业的尊严与幸福。

劳动是最好的实践教育，最好的生活教育，也是最好的德育。陈军校长带领老师们在教学楼、综合楼楼顶建有厢式劳动实践园，在校园的后山坡建有种植园、养殖场，在校园内建有厨艺长廊，学校还设置的有播种节、采摘节、收割节、品尝节。孩子们在这里,既接收到了应有的文化知识,又学会了劳动,学会了生活,学会了做人。

可以预料的是,孩子们今后不管考多少分,读什么样的学校,他们都拥有了陪伴一生的宝贵财富,相信他们都会过上一种优雅的生活,拥有一种幸福的人生。

在考察快结束的时候,陈军校长很有底气地给我说:"我们不差钱。"

我于是在想,当下的乡村学校,在很多地方难以为继,办学经费捉襟见肘,可以说正在日益凋敝,甚至走下没落,而在双桥小学,却欣欣向荣,一派蒸蒸日上,并且还"不差钱"。

这除了陈军校长会当家、会管理、会理财外,还有重要的一点,就是教育局对乡村学校的高看一眼,厚爱三分,政策倾斜,保障到位。

双桥小学的孩子是幸福的,因为有双桥小学这么好的老师;双桥小学的老师是幸福的,因为有这么好的校长;双桥小学的陈军校长是幸福的,因为他能够得到当地教育主管部门的认可和支持。

这一切,成就了丹棱教育的美好,大雅丹棱明天的美好!

一个乡村校长凭什么这么洋盘而有底气

——湖南省江华瑶族自治县码市中学探微

湖南江华的乡村教育很有特色，而且越偏远的学校，校园越美丽，师生的幸福感越强，带着强烈的好奇和兴趣，我和深圳的名校长武宏伟，在江华教育局政工股游股长的陪同下，来到距县城近120公里的码市中学。

码市中学置于群山环抱之中，一场大雨之后，天空白云朵朵，四周的山翠绿欲滴，看上去，就像一幅精致的水墨画。来到学校，我们似乎置身于画中，又似乎进入了一个童话世界。

学校是初中，有近千名学生。校长李荣胜，朴实淳厚，实诚实在。他所主导的"办有乡村味道的学校，做适合乡村孩子的教育"，和所追求的"让教育具有乡土的气息，乡村的味道，让乡村教育回归乡村，让乡村教育能够给孩子留下乡音，记住乡愁"，让这里的教育也像李校长这个人一样，朴素无华，甜美无痕。

一班一特色，让学生、班级与校园都变得美丽

当下一些区域教育，着眼于特色教育，倡导一校一特色，校长们都在纷纷追求"特色立校"，而在这里，却是一班一特色，班班有看点，班班呈亮点。

九年级210班的"蓝晒印相"，采用的是古典摄影工艺蓝晒法，学生们把两种药水一比一混合均匀涂抹在纸上，再把物体放在纸上，待曝光15分钟后，放于水中冲洗晾干，然后装裱上墙，一件件精巧的艺术作品便诞生了。

　　七年级 220 班的班级特色为"京彩国风"，学生们学习京剧脸谱知识，了解国粹京剧文化，通过画京剧脸谱、创作京剧脸谱，加深对京剧艺术的了解，再发展成学唱京剧，表演京剧，让班级充满了浓浓的艺术氛围。

　　班主任吴艳珍老师说，班上大部分都是留守儿童，又是农村孩子，自从有了这个班级特色活动，孩子们都变得活泼可爱，阳光自信，都爱上了学校，爱上了班级，爱上了学习。

　　七年级 224 班的班级特色是"妙泥生花"，"泥"就是超轻泥，用五颜六色的超轻黏土捏制、粘贴成作品。"花"就是丝网花，也就是手工丝网花制作，其工艺是先用铁丝做出花瓣骨架，再把彩色丝网编织上。丝网花作品立体感强，有韵味，好看。

　　班主任莫向阳告诉我们，这是特别细心的活儿，完成一件作品，需要相互配合，而且要花费很多时间。学生们在参与中，既培养了审美情趣，又磨炼了毅力和耐心，还能涵养他们一份宁静和专注。同时，一个班的学生围绕特色项目，群策群力，集思广益，还增强了班级荣誉感和凝聚力。

　　莫老师还给我们举了两个例子，她班上有一个男生，父亲去世，妈妈也不管他了，从小跟着爷爷奶奶，性格孤僻，生活和学习习惯差，也不大讲究个人卫生，班级特色活动让他有了很大改进，既开朗乐观了，又有了好的习惯，学习还有了很大的进步。班上还有一个牛高马大的男生，说话大大咧咧，做事粗粗糙糙，写字犹如鬼画桃符，在丝网花制作中他承担的是最精细的一部分，剪丝网，活动的陶冶，这之后，他慢慢地变得沉静细心了，字也写得好看多了。

　　班级特色不是由校长内定，而是班主任和班级老师根据各个班级学生的兴趣特点、意愿，在共同商量的基础上确定。

　　一旦确定，师生们共同整合班级优势和资源，把特色做大做强。目前全校 18 个班级，班班都有自己的鲜明特色。

　　各个班将这些体现班级特色的手工作品，用来装饰教室、学生宿舍、食堂，用来装点校园的墙面、楼道、围墙，构成了一道道亮丽的文化风景。这种文化风景，地地道道地体现了师生动手，浸润了他们的心血，饱含了他们的智慧，真切、亲切、朴素、低成本。而且学生们随时能欣赏到自己的作品，都有一种自豪感和成就感。

一生一特长，学生与老师共同成长

没有活动，就没有教育，没有丰富多彩的活动，就没有个性化的教育，也就没有学生特长天赋的彰显和发挥。

为了发现每个学生的特长，让每个学生都抬得起头来，让每个学生都有爱上学校和学习的理由，码市中学还开设了 20 多个学生社团，舞狮、耍龙、兰花、扎染、雕刻、版画、串珠、金线画、锦绣、衍纸、剪纸、器乐、书法、摄影、棋类、舞蹈、篮球……学生们根据自己的兴趣，选择适合而且喜欢的社团参加，在参加中掌握一种技能，发展一项特长。

学校安排每天下午 1 个小时的社团活动时间，这个时间，学生们都很期待和向往。一到活动时间，学生们精神饱满，生龙活虎，全身心投入，校园内灵动着学生们的身影，荡漾着学生们的笑声，弥漫着学生们的快乐，一派欣欣向荣、生机盎然的景象。

我们去的时候，正赶上学校舞狮社团的排练活动。随着锣鼓声的响起，几只雄狮踩着鼓点，摇头晃脑，翻滚而来，学生们舞得十分卖力，很专业。

两人一狮，狮随人舞，皮随人动，或进或退，或跃起或扑下，或转身或挪步，眼睛一眨一眨，尾巴也一摇一摆，起落得当，有板有眼，步调一致，宛若天合，十分逼真，我们都不由自主地鼓起掌来。

社团活动不仅促进了学生们的特长的发展、能力的提升，还促进了教师专业的成长。副校长余秀莲给我说，有些社团没有专业指导老师，老师们就先学习，学会了再指导学生。或者与学生们一起，共同参与，共同学习，共同成长。

更为重要的是，老师们在参与中，保持了一颗童心，涵养了一份童真、童稚、童趣，收获了职业幸福，远离了职业倦怠。

耕读乐园，既是学园，又是家园、花园和田园

怎样把劳动教育落地生根，码市中学为我们提供了好的借鉴和示范。学校依山傍水，周围的田园风光不仅进入了学生们的视野，还成了最好的课程与课堂，给学生们以最好的教育。

学校通过努力，在校园周边流转土地 20 多亩，建起了"耕读乐园"。每个班一块地，这块地，既是学农基地，又是进行劳动教育阵地，还是推进素质教育的高地。学生们在这里耕耘劳作，开展劳动对歌、劳动竞赛，掌握劳动知识，学习劳动技能，体验劳动乐趣，培养劳动情感。

走进"耕读乐园"，满眼都是绿油油的黄瓜、生姜、香芋、西红柿等农作物，在阳光的映衬下显得生机勃勃。"耕读乐园"和学校构成一个整体，互相生辉，相映成趣。

对于食材安全，人们十分关注。码市中学，作为农村寄宿制学校，师生一日三餐都在学校，师生们能吃到廉价的、绿色的、无公害的、自己动手种的菜蔬，享受到自己的劳动成果，都有种特别的感觉和味道。

"耕读乐园"里还有学生们自己养的鸡、鸭、鹅，学生们呵护它们，同这些小家伙一起成长，似乎听到了生命的滋滋拔节，生命教育也在这里生成和演绎。

"耕读乐园"还展示了一些濒临失传的农耕用具，让学生们知道我们祖先就是靠这些刀耕火种，繁衍生息，一步一步走到现在，从而让他们有一种敬畏意识，懂得敬畏天地、敬畏祖先、敬畏万物、敬畏这些农耕用具。

快乐与幸福，荡漾在校园上空

我一直主张，看一所学校的教育生态，看师生过没过上一种快乐而幸福的教育生活，就看"双神"：学生的眼神和老师的精神。如果学生的眼神是灵动的、传神的、有光的、诗意的，老师的精神状态是振作的、抖擞的、高昂的、激情的，这所学校的教育生态就好，师生的教育生活就快乐而幸福。

老师们一旦有了职业的幸福，他就有了情怀，有了用心，有了责任感，就能够静下心来教书，潜下心来育人。作为乡村教师，更重要的是，能够扎根。

副校长余秀莲参加工作十多年了，爱人在江华二中教书，孩子还很小，教育局要调她到城区学校，她几次放弃，她舍不得这里的环境，她留恋这里的幸福教育生活，她也放不下这里的乡村孩子。

莫向阳是她的学生，湖南第一师范学院毕业后，放弃了江华，选择了码市中学，在这里工作已三年了。她说，她的对象也在这所学校，马上要结婚了，准备在这个学校扎根一辈子。

校长李荣胜，更是爱上了乡村，爱上了乡村教育，爱上了这所乡村学校。组织上多次安排他去城区大的学校担任校长，他最终割舍不掉这份乡村情愫，选择了继续坚守。他说，他是从大山里走出来的，乡村和乡村教育，更对他的味儿。他要用他的坚守和努力，尽可能地让乡村教育变得美好，让乡村师生的教育生活更快乐幸福。

武宏伟校长问他，学校搞这些特色，开展这些活动，还让学生们种地劳作，会不会影响学生们的学习，会不会影响教学质量。

"呵呵，哈哈！"李校长用一个乡村教育人特有的几声爽朗而清脆的笑声回答："这怎么可能呢？学生们死整蛮干、麻木地学习，能够获得一个分数，难道快乐而幸福地学习，还收获不了分数吗？"

李校长最后自豪而骄傲地说："码市中学的教学质量，我们现在想掉下去，都掉不下去！"

一旁的江华教育局游股长补充道："码市中学每次考试，在全县都是数一数二。"

当时我在想，真是自信！真是有底气！我们的校长如果都有这种自信和底气，多好呀，教育就会多好啊！

在码市中学待的时间不长，但在不长的时间里却给我们带来了很多的感受和启发，急于诉诸笔端，以期能给更多的校长和老师，带去一些思考和改变。

绽放在大山深处的苗乡村小

受李晓玲校长之邀，考察其名校长工作室部分学校，这是我第四次到高县！

用了一天时间跑了五所学校。尽管学校放假了，没有学生和老师，但是校园优美的环境和各具特色的文化，深深地吸引了我们，给我们留下了深刻的印象。尽管当天上午下着雨，川南天气炎热，空气中仍然弥漫着浓浓的暑气，但是共同的情怀和取向，让我们马不停蹄地奔波，乐此不疲。

可久中学把校园内成片的天然香樟林作为文化之源，挖掘香樟精神所架构的理念系统、营建的校园文化，令人耳目一新，为师生们提供的香樟树吧和香樟林读书苑，成为校园内师生的精神高地。

硕勋幼儿园老师、家长与孩子自己动手，依托废旧材料所做的环创，变废为宝，一楼一主题，一壁一特色，琳琅满目，化"腐朽"为神奇，徜徉其中，犹如进入了一个童话般的世界。

特别是园内的"幼儿开心农场"和幼儿农耕文化墙，彰显了幼儿教育鲜明的自然化、生活化属性。当天晚上在微信朋友圈分享了一组图片后，便引起了大家的关注。吉林省长白山保护开发区池北区宝马小学陈晶校长微信于我："汤老师好！我是长白山保护开发区池北区宝马小学陈晶，看了你的'汤勇教育行走0141'，对农耕教育文化墙挺感兴趣，能否请汤老师给我提供一些图片？"

在月江镇，相传清代月口场举人樊鹏举夜游南广河，在月江渡口见河底一块圆形巨石在月光的映照下，洁白明亮，如一轮明月沉于河底，即兴题写"江心月白"四字于岸边石壁上，并于次日请石匠临刻而就。临江而生，伴月而行，月江小学便依托这样的一个美好传说，构建了"千江有水千江月，月江少年各不同"的"江""月"文化。

沙河实验小学本着"承驿道神韵，展博雅风采"所架构的文化体系，诸如"农耕园"文化、校史文化、驿道文化、竹梅兰菊四君子文化、豆贴画手工文化、校园电视台文化等等，让校园文化浓郁芬芳，令人驻足流连。

礼义小学是文江镇小学所辖一所村小，其所在地棕树村为全县唯一的少数民族村，苗族人口占到全村人口的一半以上。

这是大山深处的一所学校，学校周边环境优美，空气清新，四面山清水秀，云雾缭绕，绿树成荫，鸟语花香，犹如仙境一般。

车子在一个坝子停下，一栋两层小楼突兀而起，我们以为这便是礼义小学。文江镇小学校长王小飞告诉我，这是村委会。经过村委会旁边的一块菜地，便是礼义小学。礼义小学与村委会一前一后，错落有致。

这块菜地是小学的劳动实践基地，菜地里，玉米已经收获，苕藤、瓜藤，却密密麻麻，布满了园子，一派生机。

菜地里面的小山坡，通过治理，成了礼义小学的一面文化墙壁，在上面有一句话，"培礼义之根，育善正之人"，这应该是学校办学理念的核心表达。将校名镶嵌其中，而且融合办学目标、教育使命，很是新颖、得体而醒目。

我们拾级而上，便到了礼义小学。校园不大，一栋两层建筑的教学楼，一个不大的操场，操场的一头是一个不大的舞台。

学校充分挖掘淳厚的苗族文化底蕴，围绕"忠、孝、仁、义、礼、智、信"主题，所构建的苗族文化，让校园有了浓郁的民族文化气息。

这里的校园文化简洁、朴素，没有高大上，差不多都是师生动手。墙壁文化用师生书画和手工作品点缀，楼梯两旁悬挂的是苗族农耕、文化、生活用具与用品，具有浓烈的乡土味道，校园围墙不是用砖石垒砌，也不是用铝合金、钢管建造，而是用一节一节树木做上去的。这样的围墙通透、清新、天然、环保、造价低廉，校园与乡村、与大自然融为一体。校园置于大自然怀抱，大自然一切又辉映着校园，显得是那样的和谐美好。

围墙上挂着一些花盆，围墙下是用木棍制成的花框花栏，里面是孩子们自己种的花草，孩子们浇水、施肥、修剪、观测温度，这些花花草草同孩子们一起成长，似乎听到了生命的滋滋拔节。

装点在围墙上的木版画，呈现的是"仁义礼智信"等古代优秀礼义故事。制作木版画的木板是礼义小学校长陈志勇和文江镇小学校长王小飞从村里弄来的木材，亲自开车拉到镇上锯成板，然后由师生在木板上共同作画、写书法而成。

每个班级有独特的名片墙，教室里设有卫生角、图书角，教室四周有班级之星公示栏、学生作品展示栏，还有体现本班个性特色的班训、励志标语。

与浓郁文化相匹配的，是这里的浓厚书香氛围。学校在可利用的楼道角落、墙壁，建开放式书架、书橱，不让图书在图书室里睡大觉，书籍在学校几乎唾手可得，课间休息，学生也会拿起书来看一看。

为传承和弘扬苗族文化，礼义小学还研发了一系列独具苗家特色的课程，比如《苗之源——蜡染》《苗之乐——芦笙》《苗之舞——竹竿舞》。这些特色课程，进课堂，进社团活动，孩子们十分喜欢。

在这里，每个孩子都会做蜡染，都会跳苗舞，都会吹芦笙，虽然我们没有看到孩子们的展示和表演，但是从陈志勇校长给我们提供的一些图片，可以看出这些孩子多才多艺，眼神灵动，活泼开朗，阳光自信，聪慧可爱，根本看不出是大山里的孩子。

不仅如此，礼义小学还开展说苗语、唱苗歌、着苗装、国学诵读、办手抄报等教育活动。同时组织孩子进苗寨，开展搜集民间故事、苗族歌谣，拜访当地民族手工艺高手等社会实践活动。全方位、多角度给孩子除分数以外，能够陪伴孩子一生有用的东西，不让一个孩子因厌学而掉队。

我给同行的校长讲，这是我在全国各地行走中，所看到的最（醉）美的乡村小规模学校，当然也是最（醉）美的村小。

乡村学校，是乡村的灵魂，是乡村的希望，也是乡村的梦想。在乡村，特别是在大山深处，如果能够在那群山环抱的崇山峻岭中，看到一面五星红旗冉冉升起，迎风飘扬；能够在那鸡犬相闻、炊烟袅袅的山村，听到上下课铃声、读书声；能够在那纵横交错的田间地头、阡陌小道，邂逅一群群背着书包上学、放学的孩童，整个乡村就一下活了，就一下有画面感了，就一下有了温暖了。

这一点，在这里得到了印证。我们离开学校，在村委会正要上车，村支部陈书记给我们说，村子里有这所学校，让苗村都有了文化的味道，学校不仅是对孩子教育的地方，也是村里的文化中心，学校培养的孩子不仅知书达礼，而且通过学校的教化和影响，连村民们都懂文明、知礼仪了。

陈书记还调侃说："专家们多指导，下次来了，我们敲苗鼓，吹芦笙，组织村里的苗族姑娘给你们跳苗族舞。"

在一旁围观的许多村民，我们从他们的笑脸中，也读到了他们对这所乡村学校的认可，还有这所乡村学校带给他们的幸福和希望。

在不少乡村学校特别是村小因为孩子少，要么办得死气沉沉，要么没落荒芜，要么被撤销合并，为什么在高县深处的这所村小却有她的美丽与美好，有她的特色与存在价值，有她的生机与活力呢？

我以为，校长能够热爱乡村教育，能够扎根，这是前提。校长陈志勇就是这个村的人，而且家离学校不远，他已在这所村小工作三十五年了，学校似乎已经成了比他的家还重要的"家"了。

好的办学理念，让孩子们能够快乐学习，这是关键。试想，这样的一所村小，如果只有知识的生硬灌输，只有分数，只有考试，只有排名，在一味应试的教育环境和生态下，孩子们没有快乐而幸福的学习生活，没有个性化的成长，没有对学校的依恋，也许孩子们早就被送出大山，或者辍学回家了。至少可以肯定的是，孩子们不可能有这样美好的生命状态。

各级对乡村学校的重视和关爱，乡村学校有她的发展动力和前景，这是保证。高县教育局对乡村学校，无论是在经费投入、项目安排、教师编制上都尽可能向乡村学校倾斜，而且通过各种激励措施留住乡村教师。县委、县政府对乡村学校也是高看一眼，厚爱三分。今年六一儿童节，高县县长黄修国还专程到礼义小学开展"六一"慰问。

建立乡村学校发展机制，解决制约短板，让孩子们享受到优质而公平的教育，这是基础。礼义小学有 2 个教学班和 1 个学前班，教师 3 人，在校学生 49 人，其中小学生 31 人，学前班 18 人。为了保证开齐课程，特别是音乐、体育、美术等课程，高县建立了走课机制，这些课程在全镇乃至全县范围内通过教师走课的形式进行。礼义小学所缺学科教师，包括校园文化建设的引领教师，都是在文江镇其他学校和高县实验一小确定教师走课承担。

当下的精准扶贫，正全力推进。如果我们能办好每一所乡村学校，能够让每一所乡村学校，包括每一所乡村小规模学校都能像礼义小学那样，成为孩子们喜欢的学校，成为老百姓拥戴的学校，成为点亮乡村的学校，就能够真正地阻断贫困的代际传递，这便是最大的扶贫。

像礼义小学这样的学校多了，乡村教育便会美好起来，乡村更会因乡村教育的美好而美好，而充满无限魅力与希望！